나는
메트로폴리탄 미술관의
경비원입니다

ALL THE BEAUTY IN THE WORLD
by Patrick Bringley
Copyright © 2023 by Patrick Bringley
All rights reserved.

This Korean edition was published by Woongjin Think Big Co., Ltd. in 2025
by arrangement with Patrick Bringley c/o Chase Literary Agency LLC
through KCC(Korea Copyright Center Inc.), Seoul.

이 책의 한국어판 저작권은 (주)한국저작권센터(KCC)를 통한
저작권자와의 독점계약으로 (주)웅진씽크빅에 있습니다.
저작권법에 의해 한국 내에서 보호를 받는 저작물이므로
무단전재와 무단복제를 금합니다.

나는 메트로폴리탄 미술관의 경비원입니다

가장 경이로운 세계 속으로 숨어버린 한 남자의 이야기

패트릭 브링리 지음 | 김희정·조현주 옮김

ALL THE BEAUTY IN THE WORLD

웅진 지식하우스

한국어판 특별 서문

아름다운 것이 이토록 많은 세상에서,
한국의 독자들을 생각하며

제 이야기에 공감해줄 사람이 단 한 명이라도 있을지 모르겠다고 생각하며 고독하게 이 책을 썼습니다. 따지고 보면 이 책에 담긴 대부분의 생각 또한 고독한 상태에서 떠오른 것이었지요. 미술관 경비원이라는 직업의 장점 중 하나는 지켜보는 사람이 아무도 없다는 것입니다. 그래서 그 길고 조용한 시간 내내 자유롭게 생각할 수 있었고, 때로는 저 스스로도 예상치 못한 방향으로 생각이 뻗어나가곤 했습니다. 이것은 흥분되는 일이기도 하지만 동시에 위험하기도 했지요. 아무도 제 옷깃을 착 여며주면서 "패트릭, 넌 경비원이야. 이제 더 이상 붕 떠 있지 말고 땅에 발을 붙여야 해" 하고 현실을 일깨워주지 않기 때문입니다. 저는 위대한 그림을 다른 세계를 향해 난 창문처럼 대하기도 했고, 신들의 조각상이 어떤 의미에서 정말 신성하다는 느낌을 받기도 했습니다. 이런 생각을 하는 걸 막을 사람은 아무도 없었지요.

제 생각을 글로 쓸 때가 다가오자 비로소 현실을 확인할 수 있을 것 같았습니다. 물론 예술을 사랑하는 사람들이 많다는 것은 잘 알고 있습니다. 그중 일부는 저와 똑같은 짙은 색 유니폼을 입은 경비원 동료들이지요. 하지만 제가 묘사하려 한 경험은 지극히 사적이고 말로 표현하기 매우 힘든(예술은 말과 달라도 너무 다르니까요) 것이었습니다. 제가 하고 싶은 말을 명확하게 표현하지 못할 수도 있고, 설령 했다 하더라도 제 경험이 너무 특이해서 널리 공감을 사지 못하거나 아예 이해받지 못할 수 있겠다는 생각도 했습니다.

출판 에이전트, 편집자, 아내, 어머니 등 저와 가까운 이들은 확신을 가지고 이 프로젝트를 지지해줬습니다. 그러나 한 번도 만난 적 없는 사람들이 이 책을 읽은 후 제가 이상하지 않고, 제가 표현한 것을 이해할 뿐만 아니라 자신들도 같은 감정을 느꼈다고 말해주기 전까지는 이 책이 누군가의 공감을 끌어낼 수 있다고 생각하지 못했습니다. 그리고 그런 일이 실제로 일어났다는 것은 제 인생에서 가장 큰 기쁨 중 하나였지요. 그 경험은 한 통의 이메일로 시작됐습니다. 이 책을 읽은 캔자스주 로런스의 한 서점 주인이 보낸 것이었습니다. 이후 더 많은 이메일을 받았습니다.

그러다 사람들을 만났습니다. 실제로 살아 있는 사람들 말입니다. 여러 미술관과 박물관에서 독자들을 만날 때마다 생각지도 못한 이야기를 들었습니다. 예술과 미술관에 대한 사랑, 상실의 경험, 숲속 산책, 긴 수술에 참여한 수술실 간호사의 경험 등이 모두 제가 책에서 표현한 것과 놀라울 만큼 긴밀히 연결된다는 이야기였습니다.

그러던 어느 날, 정말이지 경이로운 소식을 들었습니다. 저는 그때 뉴욕 브루클린에 있는 제 아파트에 있었습니다. 노동자들이 사는 동네의 유행에 뒤떨어진 아파트, 소박하고 살짝 어질러진 집을 떠올리면 됩니다(제가 세상에서 가장 좋아하는 선셋파크에 위치한 곳이지요). 아이들을 학교에 데려다주고 돌아와 이메일을 확인하다가 뉴욕에서 수천 킬로미터 떨어진 곳에서 제 책이 어리둥절할 정도로 큰 사랑을 받고 있다는 소식을 접한 것입니다.

한국의 독자 여러분께 닿을 글을 직접 쓸 수 있어 영광입니다. 가장 먼저 감사하다는 말씀을 드리고 싶습니다. 열정이라는 아름다운 선물을 주셔서, 그리고 혼자 고독 속에서 쓴 책이 언어의 장벽을 넘고 바다를 건너 수많은 사람들과 깊숙이 연결될 수 있다는 사실을 알게 해주셔서 고맙습니다. 이것은 실로 마법 같은 일입니다. 저는 지금 잠깐 숨을 멈추고 이 기적의 마법을 음미하고 있습니다.

제 이야기가 한국에서 왜 이토록 큰 사랑을 받는다고 생각하느냐는 질문을 여러 번 받았습니다(솔직히 말하면 잘 모르겠습니다. 오히려 여러분이 제게 이야기해주셨으면 좋겠군요!). 저로서는 통찰력 있는 한국 독자들이 제게 해준 이야기를 옮겨 적는 것 말고는 할 수 있는 일이 없는 듯합니다. 저는 한국에서 스트레스를 받는 많은 사람들, 특히 젊은이들이 제 책을 일종의 '해독제'처럼 느낀다는 말을 들었습니다. 유망한 직장을 그만두고, 삶의 속도를 늦추고, 정말 중요한 것을 찾는 여정에 나서고, 느낄 필요가 있는 감정을 음미하는 일이 그런 효과를 발휘했다는 이야기였습니다. 그것이 사실이라면 도움이 될 수 있어서 기쁩니다. 세상은 아주 넓고, 멋진 사무실보다 더 중요한 것이 있다는 건 확실하니까요.

제가 들은 또 다른 이야기는 제 책에 드러난 예술에 대한 태도가 전형적인 한국인의 그것과 다르다는 것이었습니다. 오랜 문화적 전통을 지닌 한국은 교양을 쌓는 것에 깊은 존경심을 지니고 있고, 그래서 예술에 대한 견해를 밝히려면 체계적인 지식을 쌓아 그 방면의 전문가 정도는 되어야 한다는 인식이 널리 퍼져 있다는 말을 들었습니다. 이 이야기를 들려준 분에 따르면, 제 태도는 그와 다른 미국적인 느낌을 준다고 했습니다. 미국 문화는 역사가 비교적 짧아 일관된 정통 문헌이 존재하지 않는 데다 적어도 뉴욕에서는 가나, 파키스탄, 푸에르토리코, 그리스 혹은 한국 등에서 온 사람이 절반이라 예술에 대해 더 자유롭게 생각한다는 것이었습니다.

'오케이, 물론 내가 중국 서예 작품이나 네덜란드 그림이나 콩고의 주술 조각상 같은 것을 잘 아는 전문가는 아니지. 하지만 어느 누구도 모든 분야의 전문가가 될 수는 없잖아. 어디에나 아름다운 것이 이렇게 많은 세상인데 말이야. 메트로폴리탄 미술관에 소장된 세상 모든 아름다운 것에 대해 전문가가 될 수 있는 사람은 아무도 없어. 우리는 모두 어떤 의미에서는 아마추어야. 그리고 우리는 모두 이 위대한 미술관에 있는 보물들을 손과 심장과 머리로 빚어낸 놀라운 생물종인 인류의 일원 아니겠어? 그러니 내가 이 미술관에 있는 짧은 시간 동안, 아니 지구상에 사는 이 짧은 시간 동안 온 힘을 기울여 모든 것에 참여하고, 실수도 하면서 즐거움과 의미를 찾는 것이 최선이야'라고 말입니다.

제 책에 대한 이런 분석이 맞다면, 예술에 대해 다른 관점을 제시할 수 있어 다행입니다. 물론 한국의 전통적 관점을 공부하면서 많은 것을 배우리라 확신하고, 그럴 기회가 있기를 희망합니다.

그간 독자들과 이야기를 나누며 제 마음에 가장 깊이 새겨진 것은 예술에 별로 관심이 없는 분들과의 대화였습니다. 어떤 분은 이 책을 다른 무엇보다 상실과 슬픔, 치유에 관한 것으로 받아들였습니다. 또 어떤 분은 무대 뒤 이야기를 즐겼고, 경비원들의 세계로 초대받은 듯한 느낌이었다고도 했습니다. 이 책을 어떤 각도로 읽든 모두 환영합니다.

마지막으로 저는 여러분의 아름다운 나라에 가본 적이 없습니다. 정말로 가보고 싶은 곳이라 한국을 방문할 기회를 진심으로 기다리고 있으며, 그럴 수 있다면 큰 영광일 겁니다. 언제든 여러분과 patrick@patrickbringley.com을 통해 소통하고 싶습니다. 한국에 있는 여러분과 직접 만날 그날을 기대하겠습니다.

2024년 늦가을
뉴욕 브루클린에서
패트릭 브링리

이 책을 향한 찬사

"앞으로 방문할 모든 미술관에서 내 곁에 패트릭 브링리가 있으면 좋겠다. 다행히 이 책은 그 차선책이 될 수 있을 것 같다."

― 호프 자런, 『랩 걸』 저자

"뉴욕에 1년간 살았을 때, 메트는 내 삶의 중심에 있었다. 외로운 날이면 전시실을 어슬렁거렸다. 무작정 미술관을 배회하다 보면 발길을 붙드는 그림이 꼭 하나쯤은 있었고, 나는 새로 사귄 친구처럼 그 그림과의 관계를 정립하며 이국異國 생활의 고달픔을 달래곤 했다. 인적 없는 회랑을 순찰하며 그림과 대화를 나누는 저자의 발길을 따라 나는 다시 메트에서 낯선 고독을 어루만지던 그 시절로 되돌아갔다. 이 책은 미술관의 그림을 지킨 이야기 같지만, 사실은 예술을 통해 제 마음의 소중한 부분을 경호한 이야기일지도 모른다."

― 곽아람, 조선일보 문화부 기자·『나의 뉴욕 수업』 저자

"오래된 그림들을 우두커니 지키고 있는 저자의 사색을 따라가다 보면, 나 역시 미술관을 거닐며 머물고 있는 이들을 조용히 바라보는 기분이 든다. 관객으로서 미처 알지 못했던 작품들 이면의 이야기와 이 이야기들을 지키는 사람의 삶을 관조할 수 있는 이 책은 더없이 아름답고 행복한 기분을 선사한다."

― 김소영, 방송인·책발전소 대표

"아름다움에 관한 아름다운 이야기. 고귀한 것과 평범한 것 모두에서 기쁨을 찾는 슬픔에 관한 이야기이기도 하다." _《워싱턴포스트》

"미술관, 그곳에 있는 작품, 그리고 그 공간을 운영하는 사람들에 대해 인내심 있는 관찰자가 들려주는 공감 가는 연대기." _《뉴욕타임스》

"이것은 아름다운 위로다." _《가디언》

"세계적인 박물관의 경이로움에 대한 깊은 오마주이자 슬픔까지 포용하는 일에 대한 빛나는 이야기." _《북페이지》

"이 책을 다 읽고 나면 많은 예민한 독자들이 박물관 경비원이 되고 싶어 할 것이다." _《더타임스오브런던》

"메트로폴리탄 미술관의 걸작들만큼이나 감동적인 통찰이 풍부한 이 책은 '예술로부터 배우는 것'의 중요성을 일깨워준다." _《NPR》

"잊을 수 없을 정도로 아름답다. 슬픔에 빠진 그를 위로해준 오래된 명화만큼이나 빛나는 예술 작품들." _《AP통신》

● 편집자 일러두기

국내 25만 부 판매를 기념하여 제작된 이번 개정판은 초판과 본문의 모든 내용은 동일하나, 본문에 소개된 총 167가지 예술 작품의 이미지와 정보를 부록이 아닌 본문에서 함께 경험하고 싶다는 국내 독자들의 지속적인 요청에 따라 저작권사의 특별 허가를 얻어 한국어판에만 본문 내 QR코드를 삽입해 재편집한 것임을 밝힌다. 본문 하단에 삽입된 QR코드는 각 작품의 고해상도 이미지를 볼 수 있는 메트로폴리탄 미술관 또는 주요 미술관 웹사이트로 연결된다. 단, 작품의 전시 및 소장 상황에 따라 QR코드를 통해 작품 정보는 확인할 수 있으나 이미지는 볼 수 없는 경우도 있음을 알린다.

● 저자 일러두기

본문에 언급된 모든 작품의 원 작품명과 한국에서 통용되는 작품명을 335쪽에 수록했고, 미술관을 방문하지 않고도 작품을 고해상도로 감상할 수 있는 웹사이트 주소를 함께 실었다.

이 책은 내가 메트로폴리탄 미술관$^{\text{Metropolitan Museum of Art}}$에서 10년간 경비원으로 일하면서 겪은 실제 경험을 담고 있다. 그 경험의 다양성을 강조하기 위해 여러 날에 걸쳐 일어난 일을 하루에 모으기도 했다. 직원들의 이름은 변형해서 실었음을 밝힌다.

차례

1장. 가장 아름다운 곳에서 가장 단순한 일을 하는 사람   17
2장. 완벽한 고요가 건네는 위로   41
3장. 위대한 그림은 거대한 바위처럼 보일 때가 있다   59
4장. 사치스러운 초연함으로   77
5장. 입자 하나하나가 의미를 갖는 드문 순간   113
6장. 예술가들도 메트에서는 길을 잃을 것이다   133
7장. 우리가 아는 최선을 다해   161
8장. 푸른색 근무복 아래 비밀스러운 자아들   173
9장. 예술이 무엇을 드러내는지 이해하려고 할 때   201
10장. 애도의 끝을 애도해야 하는 날들   229
11장. 완벽하지도 않고 완성할 수도 없는 프로젝트   263
12장. 무지개 모양을 여러 번 그리면서   283
13장. 삶은 우리를 내버려두지 않는다   309

감사의 말   332
본문에서 언급한 작품들   335
참고 문헌   357

나의 형, 톰을 위해

1장

가장 아름다운 곳에서

가장 단순한 일을 하는 사람

메트로폴리탄 미술관 지하층의 경비원 배치 사무실 앞에 빈 예술품 운송 상자들이 쌓여 있다. 1층의 무기와 갑옷 전시관 바로 아래에 있는 사무실에 놓여 있는 운송 상자는 형태와 크기가 제각각이어서 커다란 박스처럼 생긴 것도 있고, 캔버스처럼 폭은 넓고 두께가 얇은 것도 있다. 그러나 하나같이 위풍당당하고, 가공하지 않은 옅은 색 원목으로 단단하게 만들어 희귀한 보물 혹은 이국적인 야수까지 담아 운반할 만반의 준비를 갖춘 듯 보인다. 근무복을 입고 출근한 첫날, 이 견고하고 낭만적인 물건들 곁에 서서 앞으로 이곳에서 어떤 일을 하게 될지 상상해본다. 그러나 지금 당장은 나를 둘러싼 모든 것에 너무 강렬하게 사로잡혀 아무런 생각도 들지 않는다.

여자 경비원이 나를 데리러 왔다. 나의 사수, 아다[Aada]다. 키가 크고 밀짚 같은 머리를 가진 그녀는 동작도 갑작스러워 마치 마법에 걸린 빗자루가 움직이는 것처럼 보인다. 그녀는 낯선 억양으로(핀란드계일까?) 인사하며 내 짙은 푸른색 상의에 떨어진 비듬을 털어내고는 근무복이 잘 맞지 않는 데 눈살을 찌푸린다. 그러고는 '운송 중인 예술품 우선'이라고 쓰인 경고 표지판이 붙어 있는 노출 콘크리트 복도 쪽으로 휘휘 손짓하며 나를 데려간다. 성배 하나가 카트에 실린 채 미끄러지듯 옆으로 지나간다. 우리는 이동식 리프트(그림을 걸거나 전구를 갈 때 사용한다는 설명을 들었다) 옆 닳아빠진 계단을 통해 2층으로 올라간다. 리프트 한쪽 바퀴 옆에는 반으로 접은 《데일리뉴스》 신문과 종이컵, 읽던 곳을 접어둔 헤르만 헤세의 『싯다르타』 한 권이 놓여 있다. "지저분해." 아다가 내뱉는다. "개인 소지품은 라커에 보관하도록."

그녀가 평범한 철제 문을 밀어 열자 마치 〈오즈의 마법사〉처럼 흑백 세상에 갑자기 색이 입혀지듯 환상 같은 〈톨레도 풍경 View of Toledo〉[1](스페인의 도시 톨레도를 묘사한 엘 그레코El Greco의 대표작. 그는 그리스 출신이자 스페인 르네상스를 대표하는 예술가로 신비롭고 역동적이며 표현적인 회화로 명성을 얻었다. - 옮긴이)이 우리를 맞이한다. 감탄할 시간은 없다. 아다가 걸어가는 속도에 맞춰 플립북을 넘기듯 그림들을 스쳐 지나가며 수 세기를 넘나든다. 그림의 내용은 신성과 세속을 오가고, 배경은 스페인이었다가 프랑스가 되었다가 네덜란드였다가 다시 이탈리아가 된다. 마침내 우리는 높이가 2.5미터에 달하는 라파엘로의 대작 〈성좌에 앉은 성모자와 성인들 Madonna and Child Enthroned with Saints〉[2](라파엘로 특유의 우아한 색감과 대칭적 화면 구성이 돋보이는 작품. 〈콜론나 제단화 Pala Colonna〉라는 제목으로도 알려져 있다. - 옮긴이) 앞에서 발길을 멈춘다.

"여기가 첫 근무지인 C구역이야." 아다가 말한다. "우리는 10시까지 여기에 서 있어야 해. 그다음은 저기. 11시에는 저쪽 A구역으로 갈 거야. 조금씩 돌아다니거나 서성거리는 건 괜찮지만, 친구, 우리 자리는 여기야. 명심해. 자, 그다음에는 커피를 마시러 갈 거야. 여기가 당신의 전속 근무지지? 옛 거장의 회화^{Old Master Paintings}(메트로폴리탄 미술관 홈페이지에는 'European Paintings'로 소개된다.–옮긴이) 전시실." 나는 그런 것 같다고 말한다. "그러면 운이 좋은 거야." 그녀가 말을 잇는다. "결국 다른 곳으로도 배정받게 되겠지. 고대 이집트 전시실에 서 있다가 갑자기 잭슨 폴록으로 갈 수도 있고. 하지만 처음 몇 달간은 당신을 여기로 배치할 거야. 나중에는 흠, 아마 근무일의 60퍼센트 정도만 여기서 일하게 될 테지. 여기서 근무하는 동안에는…." 그녀는 발을 두 번 구른다. "나무 바닥이라 발이 덜 피곤할 거야. 믿기지 않을 수도 있겠지만, 날 믿어. 나무 바닥에서 열두 시간 근무하는 건 대리석 바닥에서 여덟 시간 근무하는 거랑 동급이야. 여기서 열두 시간 근무는 정말 아무것도 아니지. 발이 거의 아프지도 않을 거야."

우리는 전성기 르네상스 갤러리에 있는 듯하다. 모든 벽에는 웅장한 그림들이 가느다란 구리 선에 매달려 있다. 방 자체도 위용이 넘친다. 크기는 세로 12미터에 가로 6미터 정도이고 쌍여닫이식 출입문이 세 방향으로 나 있다. 바닥은 아다가 장담한 대로 말랑하고, 천장은 높다랗고, 천창으로 들어오는 자연광과 램프의 불빛이 전략적인 각도로 작품들을 비추고 있

다. 방 가운데에는 벤치가 하나 놓여 있는데 그 자리에는 중국어로 된 관람객용 지도가 버려져 있다. 벤치를 지나니 비어 있어서 더 눈길을 끄는 벽 위로 한 쌍의 철사가 느슨하게 드리운 모습이 보인다.

아다가 그것을 의식하고 이야기한다. "벽면에 붙은 라벨의 서명을 보면…." 이곳이 충격적인 범죄 현장이 아니라는 유일한 증거가 있는 쪽을 그녀가 몸짓으로 가리키며 말한다. "프란체스코 그라나치Francesco Granacci 작품이 여기 전시되어 있었는데 보존 연구원이 청소를 하려고 가져갔어. 그게 아니라면 어딘가로 대여돼서 반출됐거나, 큐레이터 사무실에서 살피는 중이거나, 스튜디오에서 촬영 중일 수도 있겠지. 누가 알겠어. 하지만 어떤 경우에든 이런 라벨이 남아 있을 거야."

우리는 관람객이 그림에서 약 1미터 이내에는 접근하지 못하게 쳐져 있는 정강이 높이의 방지선을 따라 서성이며 관리해야 할 다음 전시실로 들어간다. 이곳에서는 보티첼리가 가장 유명 인사인 것으로 보인다. 그다음으로는 더 많은 피렌체 출신 예술가들의 작품이 들어찬 조금 작은 세 번째 전시실이 있다. 여기까지가 오전 10시까지 순찰할 영역이고 이후에는 그다음 세 개의 전시실로 이동할 것이다. "인명과 재산을 보호해. 반드시 그 순서대로." 아다는 한결같이 스타카토처럼 강조하는 말투로 강의를 이어간다. "이건 복잡할 것 없는 일이야, 젊은 양반. 하지만 바보같이 굴어서도 안 돼. 항상 눈을 크게 뜨고, 주위를 둘러보

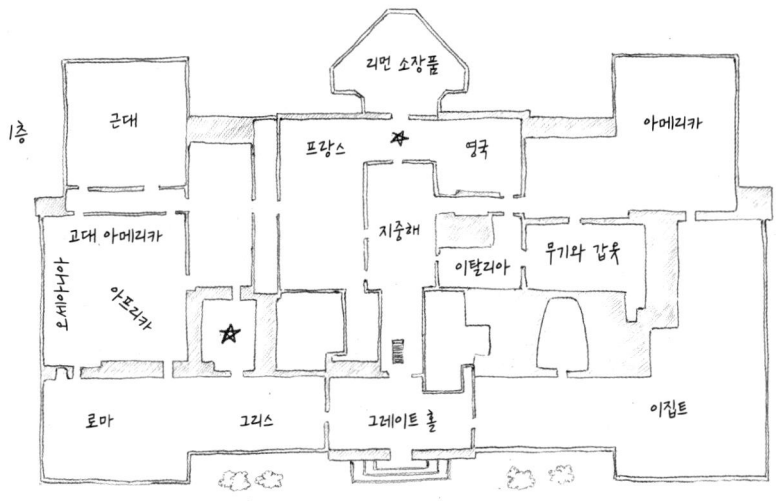

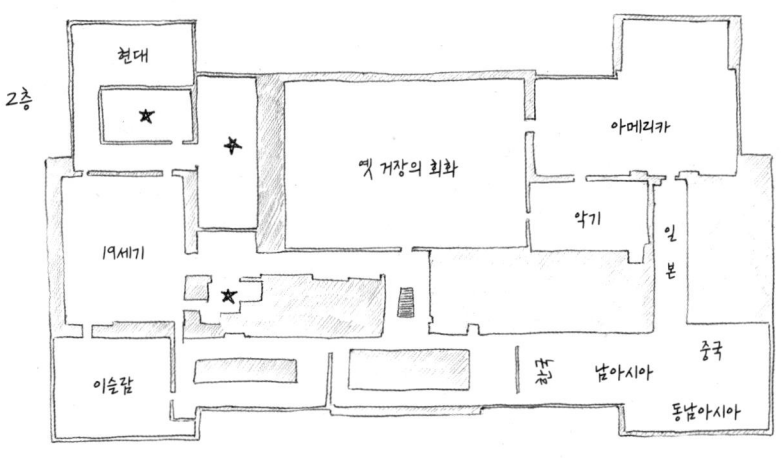

★ 특별 기획전

메트로폴리탄 미술관의 현재 배치와 차이가 있음

고, 성가신 일을 허수아비처럼 쫓아버려야 해. 작은 사건이 일어나면 알아서 처리해. 만약 더 심각한 일이 발생하면 사령실에 통보하고 교육 때 배운 프로토콜을 따라야 해. 우리는 얼간이들이 경찰 역할을 하게 만들 때 빼고는 경찰이 아니야. 다행히도 그건 자주 있는 일은 아니고. 아침이니까 우리가 가장 먼저 해야 할 일이 몇 가지 있는데…."

라파엘로 전시실로 돌아간 아다는 까치발을 들고서는 관람객용 계단으로 통하는 유리문을 열쇠로 열었다. 그런 다음 아무렇지도 않게 관람객 접근 방지용 케이블을 넘어갔다. 놀라운 범죄 현장을 목격하는 듯한 느낌이다. 묵직한 황금색 액자 아래 쭈그려 앉은 그녀는 계기판의 스위치들을 가리키며 말한다. "보통은 심야에 근무하는 야간 순찰대가 조명을 켜둘 테지만, 만약 아니라면…." 그녀가 스위치 여섯 개를 한꺼번에 내리자 우리가 서 있는 곳은 길고 어두운 터널이 되고 벽에 걸린 르네상스 그림들은 뿌연 은빛 범벅이 되었다. 스위치를 다시 올리자 놀랄 정도로 크게 "덜컹" 하는 소리와 함께 전시실들에 차례로 하나씩 불이 들어왔다.

9시 35분 정도가 되니 관람객들이 조금씩 흘러 들어오기 시작한다. 옆구리에 낀 포트폴리오로 보아 미대생인 듯한 첫 방문자는 전시실에 자기 혼자라는 것을 깨닫고 놀란 나머지 글자 그대로 숨을 삼킨다. 그녀가 나와 아다를 의식하지 않는 건 어쩌면 당연한 일이다. 한 프랑스인 가족이 '뉴욕 메츠$^{\text{New York Mets}}$'라고 적헌 캡 모자를 맞춰 쓰고(아마도 그들은 그게 관광객들이 더 흔히 고르는 뉴욕 양키스 팀의 모자라고 생각하고 있을 것이다) 뒤를 이어 들어오자 아다의 눈이 가늘어진다. 그녀는 "우리 방문객은 대체로 멋진 사람들이지"라고 인정한다. "하지만 여기 그림들은 매우 오래됐고 손상되기 쉬워. 이걸 알고도 사람들은 아주 바보 같은 짓을 할 수 있지. 어제는 아메리카 전시관에서 일했는데 하루 종일 사람들이 애들을 세 마리 청동 곰 동상 위에 앉히고 싶어 했어. 상상이나 할 수 있어? 여기 옛 거장 전시관은 훨씬 낫지. 아시아 미술 전시관만큼 조용하지는 않지만 19세기 전시관에 비하면 식은 죽 먹기야. 물론 어디에서 일하든 생각 없이 다니는 사람들을 주의해야 해. 저기 좀 봐. 바로 저쪽!" 복도 건너편에서 프랑스인 아버지가 방지선 너머로 손을 뻗어 라파엘로풍 디테일을 가리키며 딸에게 설명하고 있다. "무슈Monsieur!" 아다는 필요 이상으로 약간 크게 소리친다. "실 부 플레S'il vous Plaît! 그렇게 가까이는 안 돼요!"

잠시 후 나이 든 남자가 익숙한 근무복을 입고 어슬렁거리며 들어온다. 아다가 그 경비원을 보면서 말한다. "오, 잘됐다. 우리 훌륭한 동료, 알리 씨!"

"최고의 경비원, 아다!" 그는 그녀의 말투를 바로 캐치하고 같은 리듬으로 대답한다. 알리 씨는 자신을 우리 팀(1팀 B조)의 '교대병'이라 소개하며 우리를 B구역 쪽으로 밀어낸다.

아다는 격렬하게 동의하며 묻는다. "알리, 당신이 1소대에요?"

"2소대야."

"일-월 휴무?"

"금-토 휴무."

"아, 그럼 이건 오버타임 근무군요. 브링리 씨, 알리 씨는 오늘 아침 우리보다 조금 일찍 일을 시작했어. 하지만 그래서 5시 반이면 집에 갈 수 있지. 이분은 당신이나 나 같은 3소대원처럼 터프하지 않아. 아름다운 아내를 보러 집에 가야 하는 분이지. 무슨 요일에 일한다고 했지, 브링리 씨? 아 맞다, 말해줬지. 금, 토, 일, 화, 열두 시간, 열두 시간, 여덟 시간, 여덟 시간. 좋다. 긴 근무일이 평범해질 거고, 보통 근무일은 짧게 느껴질 거야. 오버타임 근무를 선택하면 3일째에는 무조건 쉴 수 있어. 우리 3소대에 붙어 있으라고."

이어지는 순찰 구역은 13세기와 14세기 이탈리아의 그림뿐만 아니라 바로 옆 커다란 전시실의 프랑스혁명 시기 그림들까지 아우른 곳이라 우리는 역사의 타임라인을 오르락내리락한다. 돌아다니면서 때때로 아다는 필요하긴 하지만 능력은 자신보다 한 수 아래로 치는 감시 카메라와 경보기의 위치를 알려준다. 인간 노동자를 더 대단하다고 여기는 그녀는 우리 경비원들과 거의 맞먹게 중요하다고 생각하는 이곳의 숨은 조연들을 열거하는 데 더 열을 올린다. 관리인, 우리의 노조 형제자매, 진통제를 나눠주는 간호사, 한 달에 하루밖에 쉬지 않는 계약직 엘리베이터

관리인, 은퇴했거나 비번일 때 미술관에 상주하는 소방관 두 명, 무거운 작품을 옮기는 인부, 더 섬세한 작품을 다루는 전문 아트 핸들러, 목수, 페인트공, 목공 기술자, 엔지니어, 전기 기술자, 조명 기술자, 그리고 우리가 비교적 덜 마주치는 큐레이터와 보존 연구원, 경영진까지.

이 모든 것이 매우 흥미로웠지만, 나는 우리가 1300년경에 그려진 두초Duccio의 〈성모와 성자Madonna and Child〉[3]에서 불과 몇 걸음 떨어진 곳에서 수다를 떨고 있다는 사실을 의식하지 않을 수 없었다. 오전 내내 어떤 그림도 마주 서서 제대로 들여다볼 기회가 없던 터라 나는 4천5백만 달러라고 알려진 이 그림의 가격을 화제 삼아 아다의 주의를 끌 수 있을까 고민한다. 그러나 아다는 내가 그런 저속한 이야기를 했다는 사실에 슬퍼할 뿐이다. 그녀는 그 작은 그림 패널 가까이 나를 끌어당기며 속삭인다. "액자 하단에 검게 그을린 자국들 보이지? 봉헌 촛불 때문에 생긴 그을음이야. 아름다운 그림이지? 이 모든 게 아름다운 그림이야, 안 그래? 나는 이 사람들, 학생들, 관광객들⋯ 이곳을 찾는 모두에게 여기 그림들은 거장의 작품이라는 걸 상기시키려고 노력해. 너와 나, 우리는 거장들과 함께 일하는 거야. 두초, 페르메이르, 벨라스케스, 카라바조. 뭐와 비교해서?" 그녀는 아래층 아메리카 전시관의 이웃들을 내려다본다. "조지 워싱턴의 초상화랑? 오, 제발. 말도 안 되는 소리."

알리 씨가 전시실 반대편에서부터 양팔로 우리

를 익살스럽게 밀어내는 동작을 하며 다가온다. 그 때문에 우리는 유리문을 통해 미술관의 그레이트 홀(메트로폴리탄 미술관 정문으로 들어오면 가장 먼저 만나게 되는 로비 같은 공간 - 옮긴이)이 내려다보이는 거대한 전시실로 밀려난다. 옛 거장 전시관에서 거의 벗어나다시피 한 이곳이 우리가 다음으로 담당할 구역이다. 복잡한 교차로 같은 곳이라 아다는 미라, 사진, 아프리카 가면 등을 찾는 사람들의 요청에 끊임없이 시달리며 "고대 의료 기구나 뭐 그런 것들은 없나요?" 같은 질문에는 "이곳에는 없습니다"라고 자신 있게 대답하며 대화를 끝낸다. 아다는 질문 수준이 낮은 것에 대해 내게 양해를 구하면서, 주위가 좀 조용해지면 흥미로운 질문도 듣게 되리라 말한다.

드가의 발레리나 조각상[4]으로 가는 경로를 능숙하게 설명하고 난 후 그녀는 나를 툭툭 치며 때마침 지나가는 고급 슈트 차림의 남자를 가리킨다. "이 전시실의 큐레이터, 모건인가 뭔가 하는 사람이야." 그가 바닥에 시선을 고정한 채 우리를 지나 두 초의 작품들이 있는 복도를 따라 황급히 사라지는 것을 지켜본다. "사무실로 가는 거야." 아다가 설명해준다. "루벤스 전시실의 초인종이 붙어 있는 문 뒤에 있어." 우리 둘 다 그 아이러니를 놓치지 않는다. 탁 트인 이쪽 바깥에서 걸작들과 온종일 시간을 보내는 것은 오히려 우리 같은 싸구려 근무복을 입은 사람들이었다.

11시가 다 되어 곧 휴게 시간이다. 이즈음 아다

의 안내를 받으려는 사람들이 모여들어 짧은 줄이 생겼고, 나에게는 동굴 같은 그레이트 홀을 내려다볼 짬이 생겼다. 관람객들은 연어 떼가 강을 거슬러 오르듯 중앙 계단을 올라와 마치 냇물에 박혀 있는 돌인 양 나를 빠르게 스쳐 지나간다. 미술 애호가, 관광객, 뉴요커가 물밀듯 몰려 들어오는 것을 바라보는 대신 이 계단을 오르내렸던 과거의 많은 시간을 떠올린다. 그들 대부분은 세상의 축소판과도 같은 이 미술관에서 보낼 수 있는 시간이 터무니없이 짧다고 느낄 것이다. 이곳에서 보낼 나의 시간은 더는 짧을 필요가 없다는 사실에 새삼 놀란다.

∩∩∩

누구도 메트Met(메트로폴리탄 미술관Metropolitan Museum of Art의 애칭과도 같은 약칭 - 옮긴이)를 처음 방문했던 때를 잊지 못한다. 그때 열한 살이었던 나는 어머니와 함께 시카고 외곽에 있던 집에서 뉴욕으로 여행을 왔다. 아득하게 들리는 '어퍼 이스트 사이드'라는 곳까지 지하철을 타고 간 긴 여정과 동화책 같았던 동네의 느낌이 기억난다. 제복을 입은 문지기, 자랑스럽게 솟아 있는 브라운스톤 아파트, 파크 애비뉴, 매디슨 애비뉴에 이어 5번가까지 넓고 유명한 거리들. 입구의 넓은 돌계단이 처음 본 메트의 모습이었던 것으로 유추하면 우리는 이스트 82번가를 따라 미술관으로 향했던 것 같다. 돌계단은 어느 색소폰 연주자에게 원형극장 무대가 되어주고 있었다. 기둥이 많은 메트의 정면은 고대 그리스 양식 같은 인상을 주어 놀라우면서도 친숙했다. 오히려 마법 같았던 것은 건물에 가까이 다가가면 다가갈수록 건물이 점점 더 넓어 보여서 미술관 앞 핫도그 트럭과 물을 뿜는 분수 옆에서도 건물 전체가 한눈에 들어오지 않는다는 점이었다. 너비 따위는 가늠할 수 없는 곳이라는 사실을 곧바로 깨달았다.

우리는 대리석 계단을 올라 문지방을 넘어 그레이트 홀로 들어섰다. 전형적인 모린^{Maureen}형(두루 친절하고 인정을 베푸는 사람을 뜻하는 대명사. 저자의 어머니 이름이 실제로 '모린'이기도 하다. - 옮긴이)인 어머니는 자신이 적당한 기부금을 내기 위해 줄을 서는 동안 로비를 돌아다녀보라고 권했다(메트로폴리탄 미술관은 관람객이 입장료 대신 자율적으로 기부금을 내는 방식으로 운영했으나 2018년 1월부터는 이를 폐지하고 고정 입장료를 제시하고 있다. - 옮긴이). 그랜드 센트럴 터미널 못지않게 웅장한 로비는 기차역에서 모험을 떠날 준비를 하는 사람들이 내뿜는 것과 맞먹는 에너지로 가득 차 있었다. 로비 한쪽 입구를 통해 눈이 부시도록 하얀, 아마도 고대 그리스 시대 것인 듯한 조각상[5]들을 볼 수 있었다. 반대편 입구 너머로는 모래빛 무덤이 살짝 보이는 걸로 봐서 고대이집트로 가는 길이 분명했다. 정면에는 넓고 곧은 장엄한 계단이 범선의 돛처럼 크고 팽팽한 형형색색의 캔버스[6]에 닿도록 뻗어 있었다. 입장권 대신 받은 작은 양철 배지를 옷깃에 꽂

고 나니 계단을 오르는 것이 세상에서 가장 자연스러운 일처럼 느껴졌다.

미술에 관해 내가 아는 건 모두 부모님에게서 배웠다. 대학생 때 부전공으로 미술사를 공부한 어머니 모린은 자신의 아마추어적 열정을 형 톰과 누이 미아, 그리고 나에게 전도했다. 우리는 적어도 1년에 몇 번씩 시카고 미술관으로 모험을 떠났다. 그곳에서 마치 도둑질을 준비하는 도굴꾼들처럼 가장 마음에 드는 그림을 고르며 살금살금 걸어 다니고는 했다. 어머니는 시카고 극단 소속 배우였는데, 시카고 극단에 관해 조금이라도 들어본 사람이라면 그것이 화려하거나 영화롭기보다 근면과 굳은 믿음으로 사는 삶이라는 것을 알 것이다. 어머니와 함께 차를 타고 시내로 나가면 배우 친구들이 그녀를 모린이 아니라 '모'라고 부르며 반기던 순간이 기억에 남아 있다. 또 공연장의 불이 꺼지고 무대 조명이 밝아지는 장면을 보며 밖에서 울리는 경적 소리에도 아랑곳하지 않고 이 신성한 놀이를 계속할 수 있는 충분한 공간이 세상에는 늘 있다는 것을 깨닫던 날들이 생생하다. 집에서는 어머니의 큰 침대에 다 함께 모여 모리스 샌닥(미국을 대표하는 그림책 작가. 세계적으로 2천만 부 이상 판매된 대표작 『괴물들이 사는 나라』로 잘 알려져 있다.-옮긴이)의 그림책을 읽곤 했는데 거대한 괴물이 튀어나와 우리 머릿속에서 한바탕 소동을 벌이게 만드는 이 책이 예사롭지 않다고 생각했다. 이렇게 미술은 달빛 가득한 다른 세계에 속한다는 인상을 갖게 되었고, 여기에는 어머니의 영향이 컸다.

    아버지는 좀 더 완고한 사람이었지만 우리에게 나름대로 여러 교훈을 주었다. 시카고 사우스 사이드의 지방은행에서 일했던 아버지는 세상 모든 '미스터 포터'를 본능적으로 경멸하는 현대판 '조지 베일리'였다(프랭크 캐프라 감독의 영화 〈멋진 인생〉에 등장하는 캐릭터들. 미스터 포터는 돈만 탐내는 속물이자 권력욕에 사로잡힌 악역이고, 조지 베일리는 이타적이고 헌신적인 성품이 특징인 주인공이다. - 옮긴이). 아버지는 일과가 끝난 후 집에 있던 업라이트 피아노를 몇 시간이고 연주하곤 했다. 그는 피아노를 사랑했다. 한동안 자동차 범퍼에 '피아노'라고만 적힌 스티커를 붙여놓을 정도였다. 아버지는 언제나 자신의 재능은 그 자체가 아니라 즐거움에서 비롯한 부지런함이라고 말했다. 그래서 비록 뛰어난 실력을 갖추지는 못했지만 그가 존경하는 음악인의 양대 산맥인 바흐와 듀크 엘링턴의 음악을 다소 불안정할지언정 수줍어하지 않고 연주했다. 그리고 연주하는 내내 음악의 아름다움을 진심으로 찬양하며 큰 소리로 노래를 불렀다. 예술가란 두려워하지 않는 사람이라는 내 생각은 분명 아버지에게서 물려받은 것이다.

    어머니와 함께 메트를 처음 방문했던 날, 나는 다음 모퉁이를 돌면 더욱더 놓칠 수 없는 광경이 계속 펼쳐질 거라는 생각에 사로잡혀 선두에 서서 엄청난 속도로 미술관을 통과했다. 1880년에 개관한 이래 미국에서 최고로 꼽히는 이 미술관은 부속 건물

에 또 부속 건물을 이어 짓는 식으로 무질서하게 확장돼서 완전히 새로운 분위기가 난데없이 펼쳐지곤 한다. 우리는 꿈속에서 저택을 탐험하듯 이리저리 방향을 바꾸며 방황했다. 방들이 우리 앞으로 홀연히 나타났다가 뒤로 소리 없이 사라졌고, 두 번째 방문하는 전시실도 새로운 각도에서 보면 낯설었다. 소용돌이 같던 그날 명확히 기억나는 작품은 단 두 점이다. 그때까지 나는 파푸아뉴기니의 아스마트 부족이 만든 나무 조각, 그중에서도 기둥 하나당 사고야자나무 한 그루씩을 써서 만든 토템 폴 totem pole(북아메리카 대륙 북서 해안 원주민 부족들이 집 앞에 세운 기둥 모양 조각 - 옮긴이)만큼 상상력이 뛰어난 작품은 보지 못했다. 그중 내가 가장 좋아한 토템 폴은 문신한 남자들을 서로의 어깨 위로 쌓아 올린 뒤 가장 위에 있는 남자의 성기를 야자나무 이파리 모양으로 넓어지도록 조각한 것[7]이다. 그건 세상이 내가 생각했던 것보다 훨씬 더 많은 가능성을 지니고 있다는 사실을 증명하는 것 같았다.

그리고 옛 거장 전시관에서 피터르 브뤼헐 Pieter Bruegel the Elder의 1565년 작품인 〈곡물 수확 The Harvesters〉[8] (7~8월 농촌 풍경을 그린 작품으로, 총 여섯 점으로 구성된 사계절 시리즈의 일부다. 북유럽 르네상스를 대표하는 작가는 농민들의 생활상을 재치 있게 표현한 것으로 유명하다. - 옮긴이)에 사로잡혀 발걸음을 멈췄다. 지금 생각해보면 나는 근본적으로 예술만이 지닌 특별한 힘에 반응하듯 그 위대한 그림에 반응했다. 다시 말해 그림의 위대한 아름다움을 어떻게 대해야 할지 몰랐음에도 이미 그것을 충분히 경험한 것이다. 그때는 내가 느낀 감상을 말로 분출할 수가 없었다. 사실 할 수 있는 말이 별로 없었다. 그 그림의 아름다움은 언어적인 것이 아니라 물감과도 같이 과묵하고 직접적이며 물질적이어서 생각으로 번역하는 것조차 거부하는 듯했다. 그래서 그림에 대한 나의 반응은 새 한 마리가 가슴속에서 퍼덕이듯 내 안에 갇혀 있었다. 그 감정을 어떻게 받아들여야 할지 알 수 없었다. 아직도 늘 어려운 일이다. 이제는 경비원으로서 수많은 방문객이 각자의 방식으로 이 신비로운 감정에 반응하는 것을 지켜볼 수 있게 되었다.

그로부터 7년 후, 대학에 진학하면서 뉴욕으로 이사했다. 그 가을의 메트로폴리탄 미술관은 우연히도 브뤼헐의 그림과 판화 컬렉션을 기획전으로 선보였고, 나는 다시 장엄한 중앙 계단을 올랐다. 이번에는 노트를 움켜쥔, 빛나는 눈과 야심을 품은 학생으로서였다. 평생 나는 똑똑한 형의 뒤꽁무니를 쫓아다니는 신세였다. 나보다 두 살 위였던 톰은 말하자면 수학 천재였고 나는 스스로를 예술가라는 부푼 꿈을 지닌 패기 넘치는 남동생쯤으로 여겼다.

1학년 1학기, 나는 영문학 강좌 중 제목이 가장 진지해 보이는 존 밀턴 세미나를 수강했고 12주 동안 『실낙원』 열두 권을 구문별로 해석하게 됐다.

검연쩍음을 안 악마는 그곳에 서서

선善의 지독함을 느끼었네

페이지마다 이런 구절이 나왔고 이것들만 해석하기에도 12주는 족히 더 걸릴 것 같았다. 위대한 책과 위대한 예술은 나에게 그렇게 엄청난 것으로 다가왔다.

몇 과목밖에 듣지 않은 미술사 강좌는 학부 수업 중 가장 설레는 시간이었다. 강의실 불이 꺼지고 슬라이드 프로젝터가 웅웅거리며 살아나면 스크린 위로 성당, 이슬람 사원, 궁전 같은 세상 모든 웅장함이 딸깍, 딸깍, 딸깍 소리를 내며 튀어 올랐다. 르네상스 시대의 작은 초크 그림이 백 배로 부풀어 올라 초기 영화의 한 장면처럼 밝은 스크린 위에서 고요히 진동하는 더 정적인 순간도 있었다.

공부를 하면서 겸손도 배웠다고 말할 수 있다면 좋겠지만, 그러기에는 너무 어렸던 것 같다. 시스티나 예배당의 천장 벽화 청소 작업에 참여하셨던 교수님께 수업을 받을 때면 마치 내가 촉망받는 학자가 되어 그 현장의 작업대 위에 올라선 것 같은 기분이 들곤 했다.

브뤼헐 전시회를 관람한 날, 나는 큐레이터들이 작품 캡션에 빼곡히 짜 넣은 모든 단어를 흡수하는 데 열중했다. 첫 방문에서 〈곡물 수확〉을 보고 느낀 멍해졌던 감각, 유치하고 심지어 바보처럼 여겨지기까지 하는 반응을 넘어 앞으로 나아갈 준비가 됐다고 생각했다. 세련된 사람이 되고 싶었던 나는 적절한 학문적 도구를 갖추고 최신 용어를 익히면 예술을 제대로 분석하는 법을 배울 수 있고, 따라서 예술을 대하는 데 부족함이 없으리라 생각했다. 가슴속에서 작은 새가 날갯짓하는 것이 또 느껴졌나? 하지만 문제 될 것은 없었다. 나는 이제 그림의 모티프에 정신을 집중하거나 유파 혹은 화풍을 파악하면서 그 묘한 느낌을 가라앉힐 수 있지 않은가. 이러한 전략은 소리 없는 아름다움에 대한 나의 인식을 뛰어넘어 현실 세계에서 나의 느낌을 자유롭게 표현할 수 있도록 해줄 언어를 찾기 위함이었다.

하지만 형인 톰이 갑자기 병상에 누우면서 모든 우선순위가 뒤바뀌었다. 대학을 졸업하고 2년 8개월 동안 나에게 현실 세계란 베스 이스라엘 병원의 병실과 퀸스에 있는 방 하나짜리 형의 아파트가 전부였다. 졸업 후 뉴욕 중심가의 고층 빌딩에서 화려한 직장 생활을 시작했지만 정작 나에게 아름다움, 우아함, 상실, 그리고 어쩌면 예술의 의미를 가르쳐준 것은 그런 조용한 공간이었다.

2008년 6월, 형이 세상을 떠나자 나는 내가 아는 공간 중 가장 아름다운 장소에서 떠올릴 수 있는 가장 단순한 일을 하는 일자리에 지원했다. 열한 살 때와 달리 이번에는 앞으로 나아가는 것은 생각지도 않으며 메트로폴리탄 미술관에 도착했다. 가슴이 벅차고 찢어지는 듯했다. 한동안은 그저 가만히 서 있고 싶었다.

오후에 아다가 내 어깨를 잡으며 말한다. "젊은이, 이제 당신을 혼자 있게 해줄게. 당신은 여기 있어. 나는 저기 있을 테니." 그러고는 스페인 전시관 쪽으로 사라진다. 물론 완전히 혼자 남은 것은 아니지만 지나가는 낯선 이들은 동행처럼 느껴지지 않고 뉴욕 평균 크기 아파트 약 3천 개를 합친 면적의 미술관은 너무도 장황하게 펼쳐져 있어서 이런 전시실 정도는 거의 붐비지 않는다. 몇 분간 C구역에 서서 멈춘 게 아닐까 싶을 만큼 느린 속도로 시간이 서서히 전진하는 것을 느낀다. 나는 앞으로 손깍지를 낀다. 뒤로 손깍지를 낀다. 손을 바지 주머니에 넣어본다. 문설주에 기댔다가 잠시 서성거렸다가 벽에 기대본다. 새끼 오리처럼 아다를 졸졸 따라다니다가 주위를 경계하며 가만히 서 있는 갑작스러운 태세 전환에 준비가 되지 않은 듯 안절부절못하고 있는 것이다.

생각해보니 지난 몇 주 동안 형이 죽은 뒤 처음으로 내 삶이 방향을 잡았다고 느끼게 해준 일들을 지나고 있었다. 지원서를 제출하고, 면접을 보고, 훈련을 받고, 뉴욕주 운전면허 시험을 통과하고, 지문을 등록하고, 근무복 제작실에서 미술관의 재단사가 내 치수를 재고⋯ 그리고 마침내 이곳에 도착한 것이다. 그런데 이제 내가 할 일은 오직 고개를 들고 있는 것뿐이다. 망을 보는 것. 두 손은 비워두고, 두 눈은 크게 뜨고, 아름다운 작품들과 그것들을 둘러싼 삶의 소용돌이 속에 뒤엉켜 내면의 삶을 자라게 하는 것. 이는 정말 특별한 느낌이다. 끝없이 길게 느껴진 몇 분이 더 지난 후, 나는 이것이 진정으로 나의 역할이 될 수 있겠다고 믿기 시작한다.

2장

완벽한 고요가 건네는

위로

아침은 늘 쥐 죽은 듯 고요하다. 더욱이 미술관 문을 열기까지 30분 정도 남겨두고 근무 구역에 도착하는 날이면 말을 걸어 나를 속세로 끌어내릴 사람은 아무도 없다. 그저 나와 렘브란트, 나와 보티첼리, 나와 실제로 살아 움직이는 사람들이라 믿을 만큼 강렬한 환영뿐이다. 메트의 옛 거장 전시관이 마을이라면 주민은 거의 9천 명에 달한다(몇 년이 흐른 후 전시실 하나하나를 섭렵하면서 모두 세어본 결과 정확히는 8,496명이었다. 전시관을 크게 확장한 다음에는 숫자가 달라졌지만 여기에는 배경에 나오는 아기 천사, 투우장의 관객, 개미 크기의 곤돌라 사공까지 모두 포함되어 있다. 어떻게 그런 것들까지 모두 셀 수 있었을까 궁금하다면 나에게 시간이 얼마나 많았는지 실감하지 못해서다). 주민들은 596점의 그림 속에 살고 있는데 우연히도 거의 그 숫자에 맞먹는 햇수 이전에 붓으로 창조된 사람들이다.

가장 나이가 많은 주민은 1230년대에 태어난 성모마리아와 그녀 품에 안긴 아기 예수(《성모와 성자 Madonna and Child》[1], 중세 이탈리아의 화가 베를린기에로

의 작품으로 알려진 단 두 점 중 하나. 고대 철학자의 복식을 하고 있는 아기 예수의 모습이 특징이다. - 옮긴이)이고, 가장 젊은 주민은 프란시스코 데 고야$^{Francisco\ de\ Goya}$가 1820년에 탄생시킨 초상화 속 인물²이다. 그 이후 그림들은 여기서 훌쩍 떨어진 미술관 남쪽 끝에 산다. 거기는 현대 세계가 꾸준히 세력을 확장하고 있는 전시관이다. 대외적으로는 기계의 힘, 자본주의나 독일, 이탈리아 같은 이름의 민족국가가 등장하고, 예술계에서는 사진과 튜브에 든 기성품 물감이 등장한다.

옛 거장 전시관에 사는 주민들의 공통점은 이 모든 것 이전에 탄생했다는 사실이다. 이쪽 주민들은 칠흑 같은 어둠에 도사린 위험이 발을 들이지 못하게 밤이면 성문을 닫는 중세도시에 사는 장인, 실크 스타킹 차림에 누구누구 부인을 알현하기 위해 애를 끓이는 궁정의 신사다. 혹은 신앙심이 두터운 수도사, 앞장서서 제국의 위대함을 선전하는 사람, 막 형성되기 시작한 중산층이 고용할 수 있는 비싸지 않은 초상화 화가다. 그들이 누구였든 간에 현대인으로서는 모두 상상력을 극한까지 펼쳐야 닿을 수 있는 사람들이다. 옛 거장 중 우리 시대와 가장 근접한 시대에 살았던 고야만 해도 적어도 여덟 명의 자녀를 두었지만 성인이 되기까지 살아남은 건 그중 한 명뿐이었다.

전시관을 거닐다 보면 낯설고 먼 땅을 여행하는 사람이 된 것처럼 느껴진다. 옆구리를 찌르는 동반자도 없이 혼자서 말도 통하지 않는 외국 도시를 돌아다녀본 사람이라면 그것이 얼마나 놀랍도록 몰입도 높은 경험인지 알 것이다. 가로등, 작은 물웅덩이, 다리, 교회, 1층에 난 창문으로 슬쩍 들여다보이는 광경에 자신이 녹아서 스며드는 느낌 말이다. 살아 숨 쉬는 듯한 이국적인 디테일은 물론이고 날개를 퍼덕이는 평범한 비둘기까지 이상하리만치 강렬한 인상을 남기는 거리를 걷는다. 어딘가 시적이다. 조심스럽게 미끄러지듯 거리를 누비면 마법은 깨지지 않을 것이다.

일을 시작하고 처음 몇 주는 뇌가 반쯤 작동하지 않는 듯했다. 정말 그 정도로 몰두했기 때문이다. 모든 그림이 '짠' 하고 커튼을 열어 안을 보여주는 건물 1층 창문처럼 보였다. 보통 한 전시실에는 네 면의 벽에 걸쳐 열 개에서 스무 개 정도의 금테를 두른 '창문'이 나 있다. 어느 창문은 돌벽을 단숨에 뚫고 바깥으로 이어져 굽이치는 언덕과 요동치는 바다의 풍경을 보여준다. 그런가 하면 다른 창문은 창틀에 턱을 받치고 들여다보라는 듯 집 안 광경으로 초대한다. 혹은 고개를 들면 빤히 쳐다보는 낯선 사람과 눈이 마주치게 되는 창문도 있다. 그들은 코를 유리에 박다시피 하고 이쪽을 바라본다(그 창문에 유리가 있다면 말이다. 이 그림들에는 대부분 유리 한 장도 덮여 있지 않다).

그렇게 조용하던 어느 날 아침, 눈을 비벼 남아 있는 졸음을 쫓으며 고개를 들었는데 바로 눈앞에 〈스페인 왕녀 마리아 테레사 María Teresa, Infanta of Spain〉[3] (훗날 프랑스 루이 14세의 왕비가 된 마리아 테레사 왕녀를 그린 초상화. 스페인의 궁정화가로 활동했으며 대작 〈시녀들 Las Meninas〉로 유명한 디에고 벨라스케스 Diego Velázquez 의 작품이다. - 옮긴이)가 있었다. 작품을 보는 순간 나는 디에고 벨라스케스가 그녀와 같은 공간에 있었다는 사실을 감지했다. 그는 허리를 깊이 굽혀 절을 하고 몇 미터 떨어진 곳에 이젤을 세운 다음 마법을 부리기 시작했을 것이다. 그녀의 총명함을 바로 눈앞으로 가져와 보여주는 마법 말이다. 정말 독특한 얼굴이다. 마리아 테레사는 열네 살이라는 나이에 비해서는 어려 보이지만 나이보다 성숙한 눈을 가졌다. 예쁘거나 활발한 편은 아니다. 친절하지도 불친절하지도 않고, 무엇을 보여주지도 감추지도 않은 모습이지만 꽤 솔직하고 침착해 보인다. 자신의 이상한 삶에 너무 익숙해져서 더 이상 그것을 이상하다고 느끼지 못하고, 후퇴나 양보에 익숙하지 않은 모습. 거울에 비친 내 얼굴을 보듯 그녀의 얼굴이 똑똑히 보였다.

어떨 때는 허수아비로서의 내 역할을 더 뚜렷이 의식하기도 한다. 허수아비는 아다가 쓴 단어인데 조금 더 근사하게 말하면 왕실 근위병이라고 할 수도 있을 것이다. 일을 처음 시작한 다음 주, 나는 처음으로 요하네스 페르메이르 Johannes Vermeer의 그림이 있는 곳에 배치됐다. 현재 서른네 점밖에 남아 있지 않은 귀중한 그의 작품 중 어이없게도 메트가 다섯 점이나 소장하고 있다. 그 사실을 아는 나는 허리를 좀 더 곧게 편다. 이른 아침이지만 영국, 일본, 미국 중서부 등에서 방문한 관광객 몇 명이 그림에 경의를 표하러 왔기 때문이다. 포니테일을 한 예쁘장한 젊은 엄마가 1665년경에 그린 진주 귀걸이를 한 소녀의 초상화(〈젊은 여성-습작 Study of a Young Woman〉[4], 요하네스 페르메이르의 대표작 〈진주 귀걸이를 한 소녀 The Girl with a Pearl Earring〉와 비슷한 시기에 그린 같은 테마의 작품으로 작가 특유의 구도와 명암 처리 기법을 볼 수 있다. – 옮긴이) 앞에 선다. 헤이그에 있는 미술관이 소장한 같은 테마의 더 유명한 그림으로 착각했을 수도 있지만 그렇다 하더라도 굳이 설명해서 그녀를 실망시킬 이유는 없다.

 모두가 규칙을 잘 지키고 있다. 내 시선이 페르메이르가 즐겨 그렸던 조용한 집 안 풍경에서 멈춘다. 뺨을 손으로 받치고 졸고 있는 하녀(〈잠든 하녀 A Maid Asleep〉[5], 잠든 인물을 둘러싼 일상 속 물건들이 정적인 분위기를 이루고, 실내로 들어오는 빛의 자연스러운 표현이 절묘한 작품 – 옮긴이)가 보이고, 그 뒤로는 잘 정돈되고 텅 빈 듯한 집 안 모습이 모든 것을 특별하게 만드는 작가 특유의 빛을 받으며 펼쳐진다. 그림을 보다가 페르메이르가 포착한 것이 무엇인지 깨닫고 깜짝 놀랐다. 가끔 친숙한 환경 그 자체에 장대함과 성스러움이 깃들어 있다는 느낌이 들곤 하는데 그가 바로 그 느낌을 정확히 포착한 것이다. 그것은 형의 병실에서 끊임없이 들었던 느낌이고, 쥐 죽은 듯 고요한 메트의 아침이면 떠올리게 되는 바로 그 느낌이기도 했다.

일을 시작하고 한 달이 지난 후, 어느 팀에 배치되었는지 듣기 위해 대장 자리로 향하는데 나답지 않게 마음이 초조했다. 오늘은 괜스레 베네치아 전시실에 배치되길 원했기 때문이다. 아다가 대장 책상에 당당한 포즈로 앉아서 진짜 대장이 오기를 기다리고 있다. 내가 희망 사항을 이야기하자 그녀는 별로 흥미 없는 이야기라는 듯 고개를 끄덕이는 둥 마는 둥 한다. 지지직거리는 라디오 소리, 철컹거리는 열쇠 소리와 함께 싱 대장이 온다. 경험이 많아 경비과의 베테랑으로 통하는 그는 마흔 살로 우리 과에 소속된 수많은 가이아나계 미국인 중 하나다. 싱 대장은 아트 핸들러들이 일할 구역에 관람객이 접근하지 못하게 차단봉을 세워줄 사람이 있는지 물었고, 아다가 자원했다. 덕분에 그녀는 배치될 구역을 선택할 수 있었다. "고마워요, 과장님. 3팀 두 번째 조를 맡을게요"라고 말한 그녀는 잠시 후 덧붙인다. "그리고 여기 브링리 씨가 3팀 세 번째 조를 맡으면 되겠네요."

아다는 B구역 소속의 나머지 열네 명 중 누가 우리 팀으로 올지 알게 될 때까지 남아 있자고 고집을 부린다. 결국 나와 함께 일을 시작한 열여덟 명의 신입 중 두 명이 우리 팀에 배치되었다. 허드슨 밸리 출신인 블레이크는 내 또래로, 곱슬머리에 책을 많이 읽는 사람이다. 내 나이의 곱절은 되는 대런스는 쾌활하고 떠들썩한 성격으로 가이아나 출신 이민자다(경비원의 출신 국가를 추측할 때 가이아나, 알바니아, 러시아 중 하나를 찍으면 적중할 확률이 높다. 다른 카리브해 연안국과 구소련 국가가 그 뒤를 따른다). 나와 테런스는 만나자마자 친구가 됐다(사실 그와 친구가 되지 않는 사람이 더 드물긴 하다). 하지만 교육 기간이 끝나고 그는 중세 예술품을 전문으로 전시하는, 맨해튼 북쪽의 메트 분관 클로이스터스에 배치되었다. 오늘은 오버타임 근무를 하느라 이쪽으로 온 것이다. 나는 블레이크와 약간의 거리를 유지해왔는데 별다른 이유가 있어서라기보다 그저 내가 혼자만의 시간이 소중하다고 여기고, 비슷한 또래의 친구를 만들 마음의 준비가 되지 않았기 때문이다. 우리 넷은 기분 좋게 대화를 나눴다. 동료들이 얼마나 대화하기 수월한 상대인지 깨닫고 살짝 감명을 받는다. 하지만 각자 자기 자리를 찾아 네 방향으로 흩어지고 나자 마침내 완벽한 고독으로 충만한 하루를 시작하며 짐을 벗듯 마음이 가벼워진다.

베네치아는 세상에 존재한다는 사실 자체가 불가능해 보일 정도의 도시였다. 파도가 철썩이는 118개 섬을 연결해 만든 이 도시는 한때 세상에서 가장 밝고 가장 선명한 색을 자랑했다. 아프가니스탄에서 온 군청색, 이집트에서 온 청록색, 스페인에서 온 적색. 베네치아라는 이름도 '바닷물처럼 푸른'이라는 뜻의 라틴어 '베네투스venetus'에서 파생한 것이다. 16세기 베네치아의 가장 위대한 화가는 '티션Titian'이라는 애칭으로 불리는 티치아노 베첼리오Tiziano Vecellio다. 그는 마치 물웅덩이와 적포도주를 섞어서 색을 빚어내기라도 하듯 자신이 그려내는 광경을 장밋빛으로 감쌌다. 나는 그의 명작 〈비너스와 아도니스Venus and Adonis〉[6](로마의 시인 오비디우스의 『변신 이야기』에 등장하는 설화 속 한 장면을 표현한 그림 - 옮긴이)에 다가간다. 이 작품은 너무나 아름다운 침묵의 시와도 같아서 앞에 선 내 기분까지 함몰되어버린다. 죽을 수밖에 없는 운명인 인간 아도니스에게 절박하게 매달리는 아마빛 금발의 비너스와 여신의 품을 거부하고 위험 가득한 속세로 돌아가려는 자신만만한 젊은이 아도니스. 둘 중 누가 더 아름다운지 고를 수가 없다. 나도 티션이 본 고대의 시를 읽었기 때문에 이야기가 어떻게 끝나는지 알고 있다. 아도니스는 죽고 비너스는 가늠할 수 없는 슬픔에 빠져 그의 흐르는 피에서 붉은 아네모네 꽃이 피어나도록 한다. 아네모네는 '바람에서 태어나다'라는 뜻이다.

아직 관람객이 없는 시간, 나무 바닥이 삐걱거리는 소리를 들으며 전시실 안을 걷다가 티션의 또 다른 작품을 발견한다. 〈비너스와 아도니스〉보다 훨씬 작고 덜 알려진 작품이다. 티션이 젊었을 때 그린 〈남자의 초상Portrait of a Man〉[7]이라는 그림이다. 애를 써서 여러 번 수정하거나 공을 들인 흔적 없이 너무도 능숙한 솜씨로 완성한 작품이라 햇빛이 어른거리는 연못에 우연히 비친 얼굴처럼 보인다. 초상화의 주인공은 긴 머리에 턱수염을 길렀지만, 그것들이 그의 천사 같은 얼굴을 가리지는 못

한다. 온화하고, 생기 넘치고, 젊음으로 가득한 얼굴이다. 그는 생각에 잠겨 있으면서도 무슨 생각을 하는지 자신도 모르는 듯하다. 표면적으로는 그가 장갑을 벗는 순간을 포착한 그림이지만 단지 짧은 찰나를 보는 것 같지 않다. 그림 안 시간은 한순간에 얼어붙었다기보다 흘러들어 고인 듯한 느낌이다. 과거와 미래가 생명력 넘치는 현재에 휩싸인 듯 이 젊은이는 가차 없는 시간의 화살을 피할 수 있기라도 한 듯하다.

이 초상화의 묘한 특징을 어느 정도는 물리적으로 설명할 수 있다. 티션은 반투명 유약을 겹겹이 발라 빛이 끊임없이 새로운 느낌으로 흐르고, 반사되고, 굴절하도록 했다. 그러나 작품이 내 안에 불러일으키는 감각을 피할 수는 없다. 그림은 너무도 아름답고 부드럽게 생명으로 가득 차서 그 자체로 살아 숨 쉬는 듯하다. 살아 숨 쉬는 기억, 살아 숨 쉬는 마법, 살아 숨 쉬는 예술…. 뭐라 불러도 좋지만 그 자체로 완전하고, 밝고, 더 이상 단순화할 수 없고, 퇴색하지 않는 그 무엇이다. 인간의 영혼이 그랬으면 하는 바로 그 상태 말이다.

내 라커의 맨 위 선반에는 어머니에게 받은 톰의 사진들이 든 해진 봉투가 놓여 있다. 그 스냅사진과 이 그림에는 큰 차이가 있고, 나는 그 이유를 알아내기 위해 여러 사진을 머릿속에서 떠올려본다. 결혼식 날 턱시도를 입은 사진 속 톰은 덩치가 크고, 건장하고, 소년처럼 행복한 표정을 짓고 있다. 박사 학위 수여식에서는 암 때문에 수척해진 몸에, 벗겨진 머리를 헐렁한 박사모로 가리며 약간 수줍고 자랑스러운 표정이다. 히커리 로드의 빨간 벽돌집에서 보낸 어린 시절에 찍은 스냅사진도 많다. 낙엽 더미 위에서 뛰고, 생일 케이크를 먹고, 침대 위에서 씨름을 하는 모습. 포착된 그 모든 순간과 수많은 기억은 낡은 사진처럼 시간 속으로 사라져버릴 듯 위태롭다. 그러나 그 모든 것을 더한 총합은 그보다 훨씬 큰 것, 바로 톰에 관한 기억을 만들어내서 눈을 감으면 언제라도 떠올릴 수 있는 것이 된다. 그 기억은 티션의 초상화와 매우 비슷하다. 밝고, 더 이상 단순화할 수 없고, 퇴색하지 않는 이미지 말이다.

오늘의 첫 방문객이 도착한다. 나는 경비원이 서 있기에 좋은 구석으로 가서 자리를 잡는다. 그러면서 미술관에서는 눈을 감지 않아도 느끼고 싶은 것을 느낄 수 있음을 깨닫는다.

"맙소사! 여기도 예수 그림이잖아!"

가장 기억에 남는 불평 중 하나는 일을 시작한 지 몇 주 되지 않았을 때 듣게 되었다. 옛 거장 전시관에서도 가장 오래된 그림을 소장한 전시실들이 있는 복도를 순찰하다가 들은 말이었다. 전시관 중앙에 나란히 난 두 개의 널찍한 복도를 따라 한쪽에는 이탈리아, 다른 한쪽에는 플랑드르와 네덜란드 후기 고딕, 르네상스 초기 작품들이 걸려 있었다. 망치로 두드려 얇게 편 금박을 입힌 배경에 특수 도구를 써서 새겨 넣은 후광, 잔금이 간 유리처럼 크레이징이 잔뜩 보이는 표면 등으로 구현한, 기원후 1세기 갈릴리에 살던 한 남자에게 집착하는 이 그림들은 그냥 나이만 많은 게 아니라 보기에도, 느끼기에도 오래된 것들이었다. B구역에만 210명의 예수가 산다.

관람객이 불만을 갖는 것도 이해가 된다. 그런데 나는 기독교인은 아니어도 예수 그림을 정말 좋아한다. 이 전시실을 거닐다 보면 우울하지만 유난히 내밀한 가족 앨범을 보는 듯한 느낌이 든다. 그중 아기 시절의 모습을 담은 그림들이 있다. 경배, 성가족, 성모와 아기 예수를 담은 그림들 말이다. 물론 젊은이의 삶이 변화를 맞는 순간을 포착한 그림도 있다. 침례, 황야의 예수가 그 예다. 그리고 마지막으로 여러 수난의 장면을 담은 그림들이 보인다. '수난'이라 번역되는 영어 단어 'passion'은 원래 '고통을 받다, 견디다, 참아내다'라는 의미다. 예로는 겟세마네 동산에서의 고통, 종교적 자학, 십자가에 못 박힌 예수, 수탄, 피에타 등이 있다. 옛 거장들은 자신의 재능과 에너지를 전부 쏟아, 한 사람의 짧고 힘든 삶을 통해 모든 경의와 두려움을 묘사한 것 같다.

그런데 이 전시실을 다시 지나가다가 이렇게 포착된 예수의 삶 중에서 그가 설교를 하고 다니던 시기, 다시 말해 '그의 말 자체가 주역이 되었던 시기'는 거의 모두 빠져 있다는 사실을 문득 깨닫고 충격을 받았다. 그의 설교인 산상수훈 Sermon on the Mount 을 묘사한 그림은 하나도 보이지 않고, 교훈을 담은 우화를 그리려는 노력도 거의 찾아볼 수 없다. 옛 거장들은 예수의 삶에서 가장 반향이 큰 부분은 그의 인생이 시작된 지점과 끝난 지점이라고 확신했음에 틀림없다. 게다가 부활, 승천, 왕좌에 앉은 그리스도와 같이 초인간적 존재로서의 그리스도를 묘사한 그림보다 인간의 육신을 가졌을 때의 모습을 묘사한 장면이 대여섯 배는 많았다. 그가 고통을 받고 있는 그림에서는 머리 뒤 후광이 아니라면 그가 인간 이상의 존재라는 사실을 알아차리기도 힘들 정도다.

메트에 소장된 작품들 중 가장 슬픈 그림은 베르나르도 다디 Bernardo Daddi의 〈십자가에 못 박힌 예수 The Crucifixion〉[8]일 것이다. 그림에 가까이 다가가보면 매우 슬픈 광경이지만 유난스럽게 묘사되어 있지는 않다. 그리스도의 몸은 위엄을 잃지는 않았지만 축 늘어져 있다. 온화한 우아함이 우러나오는 분위기로 보아 그는 용감하게 고통에 맞섰던 듯하다. 마리아와 요한은 생각에 잠겨 땅에 앉아 있다. 두 사람은 무엇보다도 지쳐 보인다. 미친 듯 흘러간 하루가 끝나고, 남은 건 죽음뿐이다. 죽음이라는 그 단도직입적인 사실, 불가해한 수수께끼, 거대하고도 돌이킬 수 없는 단호함만이 두 사람을 감싸고 있다.

작품을 지켜보는 일을 하는 나는 이 작품을 본래의 의도대로 바라볼 수 있다는 사실이 고맙다. 14세기 화가는 언젠가 예술품 비평가라는 직업이나 미술사를 전문적으로 다루는 교과서가 등장하리라고는 상상하지 못했을 것이다. 베르나르도 다디에게 그림은 고통스럽지만

꼭 해야 할 필요가 있는 생각을 돕는 도구였을 것이다. 나는 예수 그림에서 새롭거나 미묘한 뉘앙스를 찾는 데 관심이 없다. 내가 이해한 건 다디는 고통 자체를 그렸다는 점이다. 그의 그림은 고통에 관한 것이다. 고통 말고는 아무것도 없다. 그래서 우리는 말문을 막히게 하는 엄청난 고통의 무게를 느끼기 위해 그림을 본다. 그렇지 않다면 그림의 정수를 보지 못한 것이다.

많은 경우 위대한 예술품은 뻔한 사실을 우리에게 되새기게 하려는 듯하다. '이것이 현실이다'라고 말하는 게 전부다. 나도 지금 이 순간에는 고통이 주는 실제적 두려움을 다디의 위대한 작품만큼이나 뚜렷하게 이해하고 있을지 모른다. 하지만 우리는 이내 그 사실을 잊고 만다. 점점 명확함을 잃어가는 것이다. 같은 그림을 반복해서 보듯 우리는 그 현실을 다시 직면해야 한다.

3장

위대한 그림은

거대한 바위처럼 보일 때가 있다

내가 태어났을 때 형인 톰은 두 살이 채 되지 않았다. 내가 어린이였을 때 형도 어린이였고, 내가 사춘기를 거칠 때는 형도 10대였다. 그리고 내가 스물다섯 살 생일을 맞이한 직후 형이 세상을 떠났을 때도 그는 젊은이였다. 하지만 그런 건 모두 현실처럼 느껴지지 않는다. 동생에게 형은 언제나 다 큰 어른인 법이다. 새 학년이 될 때마다 교실에 가면 선생님이 출석부를 한번 쓱 보고는 반쯤은 기쁘고 반쯤은 경계하는 표정으로 "브링리라고? 톰 브링리 동생?"이라고 물었다. 백 살까지 산다 해도 나는 어딜 가나 톰 브링리의 동생으로 기억될 것 같았다.

형은 뛰어난 아이였다. 선생님을 기운 나게 할 수도, 완전히 지치게도 할 수 있었고, 중학생 때부터 동네 고등학교에 가서 수학 수업을 받았다. 고등학생이 되어서는 지역 대학교에서 수학을 공부했다. 수학이라면 가르치는 대로 흡수했던 형은 불공평하게도 다른 과목에서까지 뛰어났다. 과제를 내주고 또 내줘도 그의 눈에서 '어때요, 선생님, 이 정도면 괜찮지 않을까요?' 하고 묻는 듯한 장난기가 사라지지 않았다. 그리고 누구라도 괜찮다고 하지 않을 수 없었다. 형은 명랑하고, 인내심 많고, 도움이 필요한 사람을 돕고, 겸손하고, 정상적인 아이였다. 뽐내지도 않고, 스트레스를 받는 것처럼 보이지도 않았다. 형에게서 비눗방울처럼 뿜어져 나오는 만족스러운 분위기 덕분에 웃음을 터뜨릴 수밖에 없었다.

시간이 많이 흐른 뒤에 순수 수학이 아니라 생물 수학 박사 학위를 받기로 한 이유를 설명할 때도 형은 변함없는 모습을 보여줬다. 내가 알기로, 형은 살아 있는 세포 안에서 액체가 소용돌이치는 방식을 연구했다. "순수 수학은 물론 굉장히 아름답지. 우아하고 군더더기가 없어. 물리학도 마찬가지고. 하지만 생물학은 우아함과는 거리가 멀지. 완전 엉망진창으로 헝클어져 있어. 패트릭, 정말 믿지 못할 거야. 나도 크리스타의 유기화학 교과서를 읽기 전까지는 믿지 않았으니까." 크리스타는 형이 듀크대에 다닐 때 만난 여자 친구로 나중에 형수가 됐다.

"이렇게 말하면 될까? 너나 내가 기계를 만든다면 논리적으로 접근하겠지. 최소한의 부품을 써서 깔끔하고 효율적인 방법으로 움직일 수 있도록. 하지만 살아 있는 자연은 그런 식으로 작동하지 않아. 겹치는 것도 엄청나게 많고, 빙빙 돌고, 주제 하나를 놓고 수백만 개의 변형을 만들어내. 그래서 4분의 3쯤 잘못돼도 생명체는 죽질 않아. 그 결과로 생기는 게 골드버그 장치 같은 건데, 무지 튼튼한 골드버그 장치인 거지. 상상할 수 없을 만큼 괴상하고 엄청나게 여러 겹으로 이루어진 물건이 탄생하는 거야. 글자 그대로 상상이 불가능한 물건. 무슨 말이냐면 우리 두뇌로는 이해할 수 없을 정도로 위대하고 엄청난 것이 작은 세포 안에 숨겨져 있다는 얘기야. 난 그게 정말 재미있다고 생각했어." 톰은 '재미있다'는 말을 여기저기에 붙였다.

또 한번은 잉링 맥주(미국 동부에서 특히 인기가 많은 대중적인 크래프트 라거–옮긴이)를 한잔 마시다가 고개를 들더니 말했다. "진짜 대단한 게 뭔지 알아? 살아 있는 모든 것, 그러니까 무당벌레, 세쿼이아나무, 마이클 조던, 녹조류 할 것 없이 살아 있는 건 모두 단 하나의 세포에서 진화했다는 사실이야. 하지만 그보다 더 대단한 게 뭐게?" 톰의 동생은 그게 뭔지 몰랐다. "바로 그 단 하나의 세포." 당시만 해도 우리는 톰의 왼쪽 다리에 있던 세포 하나가 변이를 거쳐 군대를 일으키고 그를 포위하게 되리라는 걸 알지 못했다.

톰은 몸집이 크고 건강했다. 형이랑 몸싸움을 할 때면 형 머리를 뭔가로 후려치고 도망갈 수라도 있으면 성공이라 생각했다. 형은 라인배커(미식축구에서 상대 팀 선수들에게 태클을 걸며 방어하는 수비수–옮긴이)의 재능과 재치 있는 엔터테이너 크리스 팔리, 부처를 모두 섞어놓은 사람 같았다. 대학 2군 리그에서 미식축구 경기를 할 때, 센터를 맡은 형이 스냅을 하지 못하고 스쾃 자세로 남아 있는 도중 팀원들이 부정 출발을 하면서 큰 혼란이 벌어진 적이 있었다. 경기가 끝나고 형은 미안한 표정으로 어깨를 으쓱해 보이면서도 장난스럽게 손가락을 들며 말했다. "그런데 주심 판정이 틀렸어. 주심이 '오프사이드! 공격수 전부 반칙!'이라고 했잖아. '센터는 제외!'라고 말했어야 했어."

톰은 2003년 가을, 대학원에 가기 위해 뉴욕으로 이사를 했고 2005년 여름에 결혼을 했다. 건강한 몸으로 같은 뉴욕 하늘 아래 살았던 그 2년 동안 우리는 아마 한 달에 한 번쯤 만났을 것이다. 물론 형보다는 대학 친구들을 더 자주 본 셈이지만 형은 내 대학 친구가 아니었다. 조급해할 필요가 없었다. 형과 내 아이들은 사촌이 될 것 아닌가. 결혼식이 끝나고 형은 왼쪽 허벅지에서 이상한 감각을 느꼈다. 그해 11월에 종양 제거 수술을 받았고 방사선치료와 화학요법을 계속했지만 2007년 1월, 암이 폐에 전이되었다는 진단을 받았다.

형이 건강을 잃은 상태로 뉴욕에서 함께 산 2년 8개월 동안 도시 자체가 변한 것처럼 느껴졌다. 대학에 다니는 동안 뉴욕은 레코드 가게와 싸구려 식당, 워싱턴 스퀘어의 분수대로 이루어진 도시였다. 두서 없고 오색찬란하고 낭만적인 도시, 젊은 연인이 서로의 손을 잡고 걷는 도시였다. 대학을 졸업하고 업타운으로 거점을 옮긴 내게 뉴욕은 마천루, 옐로 캡, 멋진 거리와 유명한 건물이 가득한 도시이자 뒤처지지 않으려면 어떻게든 발 디딜 곳을 찾아야만 하는 도시였다. 그러다가 형이 병에 걸렸다. 뉴욕은 하루아침에 암 병동의 병실과 형의 퀸스 아파트만 남은 도시가 되었다.

형의 아파트.

이제 눈을 감고 형을 떠올리면 언제나 퀸스에 있다. 형은 너덜너덜한 종이 더미를 무릎에 올려놓은 채 낡은 빨간 소파에 앉아 있다. 텔레비전에는 야구 경기가 중계된다. 형은 암 때문에 야위었고 머리숱도 거의 잃은 상태다. 나는 형네 집에 와 있고 누이 미아도 함께였다. 어머니와 아버지도 와 계셨지만 저녁이 되면서 이제는 익숙해진 호텔 방으로 돌아간 후다. 톰은 종이 더미에서 눈을 떼지 않은 채 마감 기한 전에 수학 문제 풀이를 끝내려 애쓰고 있는데 다들 자꾸 말을 걸어 방해를 한다(형은 그렇게 아픈 와중에도 결국 박사 논문을 완성했다). 하지만 괜찮다. 형은 사람들이 방해하는 걸 좋아한다.

"형." 내가 말한다. "형." 나는 별 필요도 없는 긴 이야기를 시작해서 세세한 부분까지 하나하나 말하면서 길게 끈다. 어느 누구보다도 형한테 그런 이야기를 하는 것이 좋고, 형도 그걸 너무 좋아하고, 나도 그걸 매우 즐기기 때문이다. 형은 몸을 젖혀 소파에 기댄 채 내 이야기를 듣는다. 마치 머리가 둔해서 내 말을 못 알아듣기라도 하는 듯 내가 마음껏 이리저리 돌려 말하며 수다를 떠는 여유를 누릴 수 있도록 기꺼이 시간을 내준다. 그리고 마침내 자기 차례가 되자 형은 자리에서 일어난다. 『모비 딕』이나 야구, 조니 고모에 관해 하려는 말에 스스로 감동해서일 수도 있고, 웃음을 터뜨릴 결정적인 한 방을 날리기 전에 뜸을 들이는 것일 수도 있다. 그러고는 다시 앉아 꽁무니를 잘근잘근 씹어놓은 펜으로 수필가처럼 능숙하게 뭔가를 써 내려간다. 하지만 형이 써 내려가는 것은 영어 문장이 아니라 그리스 문자다. 페이지를 넘길 때마다 수학 기호, 등호가 계속 이어지는 일종의 『일리아스』라고 할 수도 있겠다. 그게 그 아파트에서 형이 보여준 모습이었다. 병을 앓고 있지만 그 상황에 익숙해져서 생겨나는 평화로움에 우리도 젖어 있었다.

그래서 어느 날 오후, 매우 당황한 크리스타 형수의 전화를 받고 놀랄 수밖에 없었다. 형의 상태가 급속도로, 이유를 알 수 없이 나빠지고 있었던 것이다. 내가 어떻게든 도와볼 요량으로 달려갔을 때 형은 겁에 질려 있었다.

"신경과로 데려가세요." 형의 주치의가 전화로 말했다. "지금 가세요. 진료 예약 같은 건 걱정 마시고. 차에 태워서, 지금!"

나는 형의 왼팔을 내 어깨에 둘러 부축하면서 택시가 오기를 기다렸다.

"그래서 패트릭." 형이 속삭였다. "잘 지냈어?" 우리는 둘 다 웃음을 터뜨렸다.

현대의 수난극이 펼쳐지는 칙칙한 병원 대기실에서 나는 형에게 게토레이 한 병을 건넸다. 형은 뚜껑을 열 힘이 없다는 사실을 깨닫고는 잉크 묻은 왼손으로 주먹을 쥐고 병뚜껑을 계속 내리쳤다. 이렇게 말하면 믿어지지 않겠지만 형이 무너지는 모습을 본 것은 그때뿐이었다. 자가면역 체계 문제로 밝혀진 그 위기는 넘겼지만 형은 그로부터 며칠 후 눈을 깜빡일 힘도 없을 정도로 약해졌다.

"이봐, 형." 언젠가 내가 이렇게 물었다. "왜 이런 일이 벌어졌을까?" 이런 일이라는 건 암을 뜻했다. 형이 고개를 갸우뚱했다. "흠, 모를 일이지. 내가 하는 일, 그러니까 생물 수학이 웃기는 게 가끔은 나도 장외 홈런을 치기도 한다는 사실이지. 생각해보면 대단한 일이야. 멋들어진 순수 수학뿐 아니라 우리가 관찰과 본능을 통해 알고 있는 것들이 실제로 자연을 정확하게 설명한다는 걸 깨달을 때가 있거든. 믿기 힘든 일이지. 하지만 일을 하다 보면 많은 순간 진심으로 겸손한 마음이 들어. 연조직 육종으로 말하자면 왜 그런 일이 벌어지는지 아는 사람은 아무도 없어. 적어도 내가 알기로는." 형은 호기심 어린 표정으로 자기 다리를 바라봤다. "뭔가가 그런 일이 벌어지게 만들긴 하겠지."

자가면역질환으로 위기가 극에 달하자 형은 우리를 차례로 한 사람씩 방으로 불러 작별 인사를 했다. 방에서 나온 나는 부서질 대로 부서져 더 이상 부서질 수도 없게 된 심장을 부여잡고 의료 정보가 담긴 소책자 뒤에 이렇게 갈겨썼다.

이제 곧 말을 못하게 될 거야. 하지만 행복해. 여러 가지로 운이 좋았지. 가족, 크리스타를 잘 돌봐줘. 수학을 끝내지 못한 건 후회가 돼. 포기하지는 않을 거야. 넌 걱정 안 해. 훌륭한 녀석. 사랑해. 나도 괜찮은 사람으로 산 거 같아. 잠들었는데 그 사이에 누가 비디오를 대여점에 돌려줘버렸어. 누구나 고통을 겪지, 내 차례야. 누구나 죽어, 내 차례고. 고통을 피하는 약을 먹고 싶기도 하고 먹고 싶지 않기도 해. 죽는 건 상관없어. 다만 고통을 겪고 싶진 않아. 모두들 늙어가는 걸 보고 싶은데…. 크리스타를 행복하게 해줘. 행복한 추억이 많아. 너랑 이야기한 것도 좋은 추억이야. 영화를 보다 잠이 들었는데 다 끝내지 않은 비디오를 누군가가 돌려줘버린 느낌이야.

다행히 우리는 그 후로 형과 1년을 더 보낼 수 있었다.

∽∽∽

병원.

형의 아담한 입원실은 대체로 명랑한 분위기였다(사실 형은 여러 병실을 전전했지만 내 기억에는 모두 하나의 병실로 뭉뚱그려져 남아 있다). 검소한 방이었다. 십자말풀이, 신문, 야구 중계 방송을 하는 텔레비전, 책을 읽어주는 소리, 점심 배달 주문. 형은 투병 중에도 침착했다. 새 종교를 찾지 않았고 자기가 늘 좋아했던 것들을 계속 좋아했다. 그 덕분에 나는 형이 좋아했던 것들에서 뭐랄까, 후광이 비치는 것 같은 느낌을 받았다. 함께 보던 야구 경기는 좋은 경기였고 책은 좋은 책이었으며 병실을 찾아온 친구는 좋은 순례자였다. 모든 게 단순했고, 모든 게 포옹 같았다.

형은 라파엘로를 좋아했다. 그래서 우리는 병실 침대 머리맡에 〈검은 방울새의 성모 Madonna of the Goldfinch〉[1] (라파엘로가 친한 친구의 결혼 선물로 그린 작품. 성모와 아기 예수, 세례자 요한의 모습을 담고 있으며, 작품 속 방울새는 전통적으로 십자가에 못 박히는 예수의 운명을 상징한다. - 옮긴이)를 붙여뒀다. 디킨스를 존경하고 좋아하는 아버지는 책을 집어 들고 슬프고 웃긴 구절을 낭독했다. 위대한 예술이 그렇게 쉽게 평범한 환경과 섞이는 것은 참으로 신기한 현상이었다. 그 전까지는 늘 그 반대를 상상했기 때문이다. 특히 대학에 다닐 때는 대성당 벽에 그린 작품이나 고전이라 불리는 책으로 남긴 위대한 예술은 입을 헤벌린 채 쳐다보거나 눈을 크게 뜨고 뚫어져라 보아야 하는 것이라 생각했다. 하지만 이제는 수난극처럼 숭고한 이야기마저 가깝고 신비스럽지 않은 이야기, 바로 그 병실에서 벌어지는 일상을 숨김없이 표현하려는 시도와 다를 바 없게 느껴졌다.

그러다가 밤이 오곤 했다. 형이 많이 아플 때는 대부분 크리스타 형수가 함께 밤을 보냈지만 그러지 않을 때도 누군가가 병실을 지켰다. 형이 자는 동안 우리는 소리를 죽인 채 텔레비전을 보곤 했는데 그럴 때면 방에 믿을 수 없는 정적이 흘렀다. 사실 방 안의 어떤 것도 믿기 힘든 건 마찬가지였다. 형만 해도 그랬다. 친근하고 익숙한 형, 한때는 거대하고 활기 넘치던 몸의 형이 있었지만 이제 온화하고 우아한 몸을 지닌 형이 있다. 얼마나 아름다운가. 잠시 후면 내가 형을 옆으로 눕히고, 주먹 쥔 손으로 아픈 허리를 문지를 것이고, 형은 신음을 하면서 작은 목소리로 고맙다고 할 것이다.

그런 다음에는 다시 정적이 찾아온다. 그리고 나는 형이 숨 쉬는 모습을 지켜볼 것이다.

그날도 그런 순간 중 하나였다. 동이 트기 시작하는 새벽녘이었을 것이다. 나와 함께 형의 침대 옆에 앉아 있던 어머니는 모든 것을 마치 처음인 듯 바라봤다. 어머니는 잠이 든 아들을 보고, 나를 보고, 새벽빛을 보고, 아픈 몸을 보고, 그 끔찍함을 보고, 그 우아함을 보았다. "우리 좀 봐." 어머니가 말했다. "봐, 지금 우리가 바로 옛 거장들이 그린 그런 그림이잖아."

몇 달 후, 우리는 필라델피아에 사는 어머니의 네 형제자매를 찾아갔다. 스물여섯 살짜리 아들을 땅에 묻은 후에 자신의 형제자매, 그리고 그들의 자녀들과 이야기하는 것이 얼마나 위로가 되는지 혹은 되지 않는지, 또 얼마나 어려운 일일지 짐작이 갈 것이다. 시간을 보내다가 어머니가 좀 더 단순하고 조용한 곳으로 가자고 제안했고 우리 두 사람은 자리에서 슬쩍 빠져나왔다. 차창 밖으로 평범한 도시의 삶이 흘러가고 있었다. 거리는 조깅하는 사람, 개를 데리고 산책하는 사람을 비롯해 누군가에게 하늘이 무너지는 듯한 일이 벌어졌다고 해도 세상이 멈추는 일은 없다는 것을 알려주는 증거로 넘쳐났다. 우리는 벤 프랭클린 파크웨이를 벗어나 미술관 앞에 차를 세웠다.

내 기억 속 그 미술관은 쥐 죽은 듯 고요해서 조각상들이 방금 누군가가 건 마법에 빠진 듯 보였다. 너무 조용해서 걸음을 옮길 때마다 창백한 색깔의 돌바닥에 울리는 우리의 발소리가 들렸다. 우리는 계단을 올라 금색 〈다이애나 Diana〉[2](뉴욕 매디슨 스퀘어 가든 타워 꼭대기를 장식하기 위해 제작한 동상이다. 현재 필라델피아 미술관이 소장 중인 이 작품은 디자인 수정을 거쳐 두 번째로 제작한 것이다. 첫 번째 작품은 1894년 화재로 소실되었다. – 옮긴이) 동상 쪽으로 향했다. 한쪽 발 아래의 구에 모든 무게를 영원히 싣고 끊임없이 활시위를 당기고 있는 모습이다.

우리의 이 순례길을 이끌던 어머니는 빛바랜 태피스트리와 조명을 받고 있는 필사본들을 지나 옛 거장들의 회화 작품이 있는 곳으로 갔다. 그곳은 스테인드글라스 창문들과 돌로 된 세례반, 그리고 모린 갤러허라는 이름의 필라델피아 걸이 익숙하게 느낄 만한 성인들의 수난과 신의 은총을 묘사한 그림들로 교회나 수도원 분위기를 풍기는 전시실이었다. 어머니는 오래전에 가톨릭 신앙을 잃었지만 이런 광경에 대한 감정은 그대로 간직하고 있었다. 사실 전시실의 분위기는 너무도 익숙했다. 주름치마나 엄격해 보이는 수녀들 때문이 아니었다. 톰의 침대 옆을 지키던 그 몇 달간 병실에 흐르던 분위기, 말문이 막히게 하는 수수께끼와 아름다움과 고통의 분위기가 떠올라서였다.

우리는 각자 자기만의 슬프고 밝은 그림을 찾기 위해 아무 말 없이 갈라졌다. 내가 찾은 그림은 지금으로부터 7세기 전에 알려지지 않은 이탈리아 화가가 단순하고 진솔하게 그린 보석과도 같은 패널 그림[3]이었다. 자그마한 포플러나무 패널에 달걀노른자로 만든 물감인 템페라를 사용한 그림으로, 갓난아기를 안은 성모마리아가 작은 동굴 입구에 있는 장면을 묘사했다. '기쁨의 별'이 머리 위에서 빛나고 현자들과 천사들이 이 광경을 목격하고 경배하기 위해 모여 있다. 마리아는 주위의 소란이 전혀 들리지 않는 듯 구유에서 평화롭게 잠든 조용한 아기에게 시선을 고정하고 있다.

이런 테마의 장면을 '경배Adoration'라고 부르는데 나는 그 아름다운 단어를 마음에 품었다. 그런 순간에 생겨나는 애정 어린 숭배의 마음을 표현하기에 참 적합한 단어라는 생각이 들었다. 이런 이미지 앞에서 우리는 말문을 잃고 말랑말랑해진다. 뒤이어 강렬하고 명백하지만 일상생활의 소란 속에서는 약하게만 느껴지던 무엇인가가 우리 안으로 침투한다. 경배하는 대상에 대한 설명은 필요 없다. 맥락을 더하는 것은 이 수수께끼 같지 않은 수수께끼의 명백한 의미를 흐릴 뿐이다. 누구나 자고 있는 아이나 연인, 떠오르는 태양 혹은 어쩌면 성스러운 유물이나 죽은 지 오래된 이탈리아인이 곱게 그려낸 그림을 보면서 그런 느낌을 받은 적이 있을 것이다. 형이 두 손을 꼭 쥐고 용감하게 고통을 참아내는 모습을 보면서 그 느낌 말고는 다른 감정이 거의 들지 않았다. 기쁨의 별에서 특별한 종류의 선명한 빛이 나오는 듯했다. 옛 거장의 그림에서 볼 수 있는 선명함 같은 것이었다.

그 그림을 뒤로하고 어머니를 찾으러 초기 르네상스 전시실로 갔다. 어머니는 내가 찾은 그림보다 더 인정사정없고, 더 아름답고, 심지어 더 진실되어 보이는 그림 앞에 서 있었다. 14세기에 활동한 피렌체 출신의 니콜로 디 피에트로 제리니^{Niccolò di Pietro Gerini}라는 거장이 그린 그림[4]이었다. 특징 없는 금색 배경 앞으로 매우 아름답지만 당돌하리만치 죽은 게 확실한 젊은이를 그의 어머니가 온몸으로 받치고 있는 장면이다. 마치 아들이 살아 있는 것처럼 그를 껴안고 있는 어머니를 그린 이 그림은 '통곡^{Lamentation}' 혹은 '피에타^{Pietà}'라고 부르는 장르에 속한다. 어머니는 잘 울었다. 결혼식에서나 영화관에서나 눈물을 흘리곤 했지만 이번에는 달랐다. 두 손으로 얼굴을 감싼 채 어깨가 흔들리고 있었다. 나와 눈이 마주쳤을 때 그녀가 심장이 부서지는 동시에 충만해져서 그렇게 울었다는 것을 깨달았다. 그 그림이 어머니 안의 사랑을 일깨워 위안과 고통 둘 다를 가져다주었기 때문이었다. 우리는 '경배'를 할 때 아름다움을 이해하고, '통곡'을 할 때 '삶은 고통이다'라는 오래된 격언에 담긴 지혜의 의미를 깨닫는다. 위대한 그림은 거대한 바위처럼 보일 때가 있다. 말로 표현하기에는 너무 냉혹하고 직접적이며 가슴을 저미는 바위 같은 현실 말이다.

한두 시간쯤 흘렀을까. 튼튼한 바위 기단처럼 느껴지는 미술관을 떠나 그 너머에서 존재감을 뽐내며 펼쳐진 소

3 4

위 현실 세계로 돌아갈 시간이었다. 부모님과 누이 미아는 비행기를 타고 시카고로 돌아갔다. 나는 암트랙 기차를 타고 새로운 고향 뉴욕으로 향했다. 내 나이 스물다섯이었다. 모든 의미에서 어디로 갈지 갈피를 잡지 못한 채 미드타운의 분주한 행인들 틈에 섞였다. 운 좋게 얻은 전도유망한 직장이 있는 마천루의 사무실로는 돌아가고 싶은 마음이 들지 않았다. 세상 속에서 앞으로 나아가기 위해 애를 쓰고, 꾸역꾸역 긁고, 밀치고, 매달려야 하는 일은 할 수 없었다. 나는 누군가를 잃었다. 거기서 더 앞으로 움직이고 싶지 않았다. 어떤 의미에서는 전혀 움직이고 싶지 않았다. 필라델피아 미술관에서는 침묵 속에서 빙빙 돌고, 서성거리고, 다시 돌아가고, 교감하고, 눈을 들어 아름다운 것들을 보면서 슬픔과 달콤함을 느끼는 것만 허락되었다.

지친 승객을 가득 태우고 브루클린을 향해 달리는 지하철의 흔들림에 몸을 맡겼다. 그러다 한 생각이 머릿속에서 형태를 갖추기 시작했다. 오랫동안 나는 뉴욕의 훌륭한 미술관에서 일하는 사람들을 눈여겨봐왔다. 보이지 않는 사무실에서 일하는 큐레이터들이 아니라 구석마다 경계를 늦추지 않고 서 있는 경비원들 말이다. 그들 중 한 사람이 되면 어떨까? 해결책이 이렇게 간단해도 되는 것일까? 앞으로 나아가기만 하는 세상에서 빠져나가 온종일 오로지 아름답기만 한 세상에서 시간을 보낸다는 속임수가 과연 가능한 것일까? 브루클린 5번가를 따라 걸으면서 멕시코 식당 대여섯 곳을 지나 엘리베이터도 없는 건물 3층에 있는 집에 도착했다. 문에 열쇠를 넣고 돌릴 즈음에는 모든 것이 놀라울 정도로 간단하게 느껴졌다. 그렇게 2008년 가을, 메트로폴리탄 미술관에서 일을 시작했다.

4장

사치스러운 초연함으로

경비원 일을 시작한 지 넉 달이 되어갈 무렵 고대이집트 전시관 뒤편에 있는, 옷장이라 해도 믿을 만큼 좁은 노동조합 사무실로 소환됐다. 허튼짓은 용납하지 않는 조합장 카터 씨가 들어오라 손짓하며 드물게 성이 아니라 이름으로 나를 부른다.

"축하하네, 어, 음, 패트릭." 그가 말한다. "수습 기간이 끝났으니까 이제 자네는 정식으로 DC37(뉴욕에서 가장 큰 공무원 노조-옮긴이), 1503지부의 회원이 됐네. 이 양식을 작성해주게. 좋아, 좋아. 새로운 병가와 연차 수당 기준은 바로 반영될 거고 급여는 1년간 근속해야 인상될 거야. 내년 봄쯤 첫 휴가 일정을 잡을 무렵에 자네를 다시 부를 텐데, 휴가는 그다음 겨울, 2월 정도로 계획하고 있으면 될 거야. 휴가 주간은 선임자가 무조건 우선 선택권을 가지니까 후임들에게 돌아가는 건 보통 그 정도야. 하지만 이제 배치 사무실이 자네를 온갖 구역으로 보낼 테니 최소한 그런 식으로라도 여행을 다닐 수 있겠군…. 좋아, 아주 좋아. 혹시라도 주소가 변경되면 우리에게 알려주고, 조합원 카드는 우편으로 받게 될 거야. 근무복 제작실에서 신발을 찾으러 오라니까 이제 그쪽으로 가보게. 아, 그리고 다음 월급을 받으면 첫 양말 수당이 포함되어 있는지 확인해봐. 매년 80달러씩이니까."

"감사합니다, 조합장님." 명세서 중 어디를 봐야 양말 수당이라고 적힌 것을 찾을 수 있을지 고민하며 사무실을 나섰다.

평범한 아침이면 이스트 82번가를 따라 장엄한 보자르Beaux-Arts 양식(19세기 중·후반 프랑스에서 유행한 신고전주의 건축양식 – 옮긴이)으로 지은 건물과 기둥, 그리고 우아하게 펼쳐진 치맛자락 같은 대리석 계단을 정면으로 바라보며 미술관으로 향한다. 물론 경비원은 대리석 계단 같은 건 오르지 않는다. 대신 나는 84번가에 있는 경비 초소로 방향을 틀어 미술관 외관 구석구석을 벤치 삼아 델리에서 산 커피를 마시고, 수다를 떨고, 담배를 피우고, 명상을 하고, 일찍 도착해《타임스》와《데일리뉴스》를 읽고 있는 동료들을 지나친다. M1 버스 한 대가 맨해튼 북부에서 통근하는 경비원 몇을 내려주자 누군가 "차 좀 잡아줘!"라고 소리치고, 야간 근무조 경비원들이 집으로 향하는 그 버스를 타려고 내가 가던 길을 전속력으로 가로지른다. 초소에 가까워지자 흰색 트럭 하나가 하역장 출입 심사를 통과하는 모습이 보인다. 루브르 박물관에서 대여한 예술품을 싣고 있는지 아니면 키즈밀에 넣을 핫도그 빵을 나르는 건지는 알 수 없다. 이윽고 두 번째 부스로 가서 출입증을 대자 모니터에 내 얼굴이 번쩍거리며 나타난다. "좋은 아침이야." 이제 얼굴만 봐도 나를 알아보는 고참 동료가 부스 안에서 인사를 건넨다.

무거운 철문을 밀고 들어가자 에스코트 사무소 앞에서 대기하던 한 무리의 인부들이 내 앞을 가로막고 있다가 점프슈트를 입은 한 경비원을 따라 사라진다. 미술관 어딘가에서는 늘 보수 공사가 진행되고 있지만, 인부들이 전동공구를 가지고 맘대로 돌아다니게 놔둘 수는 없기 때문에 에스코트 요원이 일하는 내내 그들을 따라다닌다. 헬멧을 쓴 일꾼들은 미술관 1층의 분위기와 잘 어울린다. 발밑은 콘크리트, 머리 위로는 각종 배관이 지나가고, 예술품 운송 상자가 쌓여 있는 가운데 서 있는 화물 운반대에는 여러 언어로 된 지도가 여기저기 놓여 있다.

이곳에서 유일하게 장식적인 요소는 백 년이 넘는 세월 동안 미술관 안팎에서 촬영한 오래된 사진의 행렬이다. 방수포에 덮인 채로 5번가에 늘어선 덴두르 신전Temple of Dendur(오늘날의 이집트 지역이 로마제국의 속주였던 때를 일컫는 아이깁투스Aegyptus 시대의 건축물. 기원전 10년에 완공되었다. 이집트 정부가 기증해 1978년부터 메트로폴리탄 미술관이 소장 및 전시 중이다. - 옮긴이)의 돌들, 애스터 코트Astor Court(중국 명나라 양식을 본떠 미술관 내부에 지은 정원과 건축물. 1981년 완공되었다. - 옮긴이)라고 불리는 중국식 정원 건축 현장을 둘러보는 애스터 부인의 모습, 이디스 워턴Edith Wharton(미국의 작가이자 디자이너 - 옮긴이)처럼 차려입고 〈델라웨어강을 건너는 워싱턴Washington Crossing the Delaware〉(조지 워싱턴이 미국 독립 전쟁 중 영국과 손을 잡은 독일 용병단을 공격하고자 감행한 작전 장면을 그린 대형 군상화 - 옮긴이) 앞에 선 20세기 초 여학생들, 고전적인

스타일의 문설주에 기댄 채로 카메라를 정면으로 응시하는 어느 경비원의 오래된 흑백사진까지. 그는 뒷짐을 진 채 기둥에 엉덩이를 기대고 다리는 30도 정도 앞으로 뻗어 발목을 꼰 모습이다. 그 시절에는 전시관 아래인 이곳에 사격장이 있었는데 매년 열리는 사격 대회에서 주간 경비원들과 야간 경비원들이 경합을 벌였다. 여기서 내가 가장 좋아하는 사진은 티파니사$^{Tiffany\ \&\ Co.}$에서 맞춤 제작한 트로피 옆에서 총을 든 채 포즈를 취하고 있는 대회 우승 팀의 모습이지 싶다.

배치 사무실로 가는 길에는 조직의 보스처럼 검은 정장을 차려입은 경비실장이 사령실 앞에서 접근 코드를 입력하는 모습을 훔쳐보지 않을 수 없다. 그의 뒤로 문이 닫히고 잠기기 직전에 가까스로 사령실을 가득 채운 보안용 CCTV 모니터를 볼 수 있었지만, 아마 10년이 지나도 그곳을 제대로 들여다볼 수는 없을 것이다. 그와 반대로 배치 사무실은 정겹다. 카운터에는 오버타임 근무 가능 인원 명부에 이름을 적고 있는 경비원 하나, 휴가 신청서를 작성하는 경비원 하나, 그리고 격주로 발행되는 직원 소식지인 《메트 매터스$^{Met\ Matters}$》를 훑어보는 경비원이 또 하나 있다. 카운터 뒤로는 배치 사무실 직원 몇 명이 컴퓨터를 들여다보고 있고, 흰 턱수염을 기른 밥이라는 남자가 선 채로 대형 게시판에 작업을 하고 있다. 밥은 5백 명이 넘는 경비원의 이름을 모두 아는 극소수 중 하나다. 우리가 사무실에 들어서면 그는 이름과 소속 구역이 적힌 타일을 찾아 미술관의 수많은 관리 구역 중 하나를 나타내는 게시판의 세로줄에 놓는다. 구역마다 그가 채우고자 하는 할당 인원이 있지만, 당일에 필요한 특별 근무 인원에 따라 각 구역에 배치할 인원을 늘리거나 줄이기도 하고, 몇몇 전시실을 닫기도 한다. "브링리, A(중세)구역!" 그가 곧 외친다. 아니면 "R(근대)!", "K1(그리스·로마)!", "F(아시아)!", "I(19세기)!", "G(아메리카)!" 혹은 또 다른 시대, 문화, 지역을 외친다. 오늘 아침은 "브링리, H구역!"이다. 나는 곧바로 이곳이 이집트 전시관이라는 사실을 기억해낸다.

나는 "H구역이요"라고 되풀이해서 말한다. 그러고는 사무실에 들어선 속도만큼 빠르게 핀볼처럼 튕겨져 나온다.

라커 룸으로 가는 길목에서 동료들이 배정받은 구역을 비교하고 있다.

"오늘은 어디 근무야?"

"C(그레이트 홀). 대체 뭐야. 이번 주에만 벌써 세 번째야. 너는?"

"J(현대미술). 나쁘지도 않고 좋지도 않고, 라커 룸에서는 멀고…. 그래도 해야지. 그나저나 밥이 구역을 어떻게 정하는 것 같아?"

"누가 알겠어? 예전에는 엄청 일찍 오면 항상 전속 구역으로 배정받을 수 있을 거라고 생각했어. 하지만 내가 그런 가설을 세울 때마다 밥이 변화구를 던진다고."

우리는 아직 사복 차림으로 내려오는 사람들과 정결한 '신도의 제복'을 갖춰 입고 올라가는 경비원들로 행렬이 나누어진 계단참에 도착한다. 그제야 나는 미술관 재단사 조니에게 바지 한 벌을 맡겼다는 걸 기억해낸다.

계단 아래 근무복 제작실로 고개를 들이밀자 우리가 '조니 버튼스'라고 부르는 재단사가 짙은 푸른색 정장들이 걸려 있는 옷걸이 옆 재봉틀 앞에 앉아 있는 모습이 보인다. 벽에는 브룩스 브러더스 포스터가 붙어 있고, 누군가가 포스터 속 모델이 블레이저 단추를 바르게 채운 방식을 강조해 화살표로 그려두었다. 조니는 한국전쟁 참전 용사로 투덜대는 태도에도 모두가 그를 좋아한다. 그는 나를 보자 입에 물고 있던 핀을 뺐다.

"바지 맞지? 주머니 찢어진 거…. 얘야, 그 주머니 안에 손을 넣고 뭘 하고 있었니? 말 안 해도 돼, 말 안 해도 돼."

그는 일어나서 옷걸이 쪽으로 발을 끌며 걸어가다가 멈춰 서서는 나를 돌아본다.

"세상에, 얘야, 그림 속 벌거벗은 여자들이 진짜가 아니란 건 알잖아…."

또 다른 경비원이 들어온다. 스티브다.

"내가 이쪽한테 말하고 있었지." 조니가 스티브에게 나를 가리키며 말한다. "손은 호주머니 바깥으로 빼둬야 한다고. 알잖아, 신사답게 말이야."

스티브가 그 말을 무시하고는 말한다. "조니, 이것보다 나은 셔츠를 받으려면 어떻게 해야 해요? 이것 좀 봐요, 조니. 숨 막혀

죽을 것 같아요. 나는 시키는 대로 해요, 조니. 셔츠를 저기 '더러운 옷' 수거함에 넣는다고요. 그다음엔 기다리고, 드라이클리닝된 깔끔한 셔츠를 기대하면서 내 라커를 열어요. 빳빳하게 다림질한 셔츠 말이에요. 하지만 돌아오는 게 이런 거예요! 이건 내 셔츠가 아니에요! 여기서 열 살짜리 애가 일하기라도 하는 거예요, 조니? 이 목둘레 좀 봐요!"

조니는 모두가 알다시피 셔츠는 자신의 책임이 아니며 이 문제는 당크워스 씨에게 따져야 한다고 말하기 위해 스티브가 얘기를 끝내길 기다리며 고개를 주억거리고 있었다.

"당크워스 씨를 부르라니…." 스티브가 씩씩거린다. "미치겠네, 지금 나더러 당크워스 씨를 부르라고요? 제대로 한 방 먹이시네요, 조니. 온종일 엉덩이 깔고 앉아서 단추나 꿰매면서 사람들한테 당크워스 씨랑 얘기하라고…."

"그래, 그러는 넌 뭘 하는데?" 조니가 말한다. "그 빌어먹을 조각상들이랑 수다나 떨면서 가만히 서 있는 것 빼고."

둘은 웃음을 터뜨리고, 조니는 나에게 수선한 바지를 건넨다.

라커 룸은 철제문이 덜컹거리며 닫히는 소리와 십수 개의 언어로 여기저기서 쏟아져 나오는 수많은 대화 소리 때문에 요란하다. 나는 이를 닦고, 면도를 하고, 다양한 단계의 탈의 상태로 아침을 먹고 있는 남자들을 지나친다. 일부는 흐릿한 눈으로 발을 끌고 다니고, 다른 이들은 프로 정신으로 세련되게 구두를 닦는다. 나는 내 열로 가서 여느 사물함과 마찬가지로 고등학생 키에 맞춘 라커 앞에서 옷을 입고 있는 성인 남자들 사이로 끼어들며 양해를 구한다. 어떤 날 아침에는 단체로 대화가 오가지만, 오늘은 사람들이 다들 짝을 이뤄 라커 룸을 이용하고 있다. 방글라데시 출신인 라만 씨는 끝부분이 멋들어지게 휜 콧수염을 기른 폴란드인 경비원 유진과 농담을 주고받는다. 근육이 도드라져 보이는 헤비메탈 셔츠 차림의 젊은 뉴저지 청년 살바토레는 할렘 토박이 잭슨 씨와 남성 패션에 관해 이야기한다. 조용조용한 말투의 필리핀계 이민 2세인 네이션은 대화 상대인 라이베리아 출신 이민자이자 시각예술가 토미와 똑 닮은 위생 관념으로 콘크리트 바닥에 종이 타월을 깔고 신발을 벗는다. 몇 분 후에는 20년 동안 라커 룸 이웃 사이인 뉴욕 원주민 루이스와 J. T가 주고받는 만담이 거의 모든 사람이 귀 기울일 만큼 크고 재미있게 울려 퍼진다.

 그들이 나누는 농담을 들으며 나는 근무복을 걸치고, M자 모양의 황금색 핀 두 개를 옷깃에 꽂고, 쉬는 시간에 읽을 문고본을 조끼 주머니에 넣는다. 그러면서 조끼 안쪽 주머니에 수정 펜으로 써뒀던 내 직원 번호가 희미해지고 있다는 걸 알아차린다. 호주머니를 더듬거리며 호루라기와 열쇠가 있는지 확인하고, 근무용 신발을 신고, 와인색 클립 온 타이(와이셔츠 가장 위 단춧구멍에 고리를 끼워 매는 간이 넥타이-옮긴이)를 맨다. 동료들에게 별 대꾸를 하지 않지만 여기선 누구든 원하는 대로 하도록 내버려두는 편이라 아무도 그런 나를 신경 쓰지 않는다.

나무뿌리는 그 나무의 가지만큼 뻗어나간다고들 한다. 그건 대중이 알고 있는 미술관 크기만큼 끝이 없는 공간을 전시관들 아래 두 개 층에 확보하고 있는 메트에도 해당하는 이야기다. 재능 있는 경비원이라면 미술관 전체를 머릿속에 입체적으로 떠올리며 어느 지하 화장실 앞에 섰을 때 아즈텍 신들[1]이 머리 위에 있고, 그 위에는 세잔의 사과[2]들이 있다고 알려줄 수 있는 정도가 된다. 재능이 모자란 나는 이따금 목재 공방, 플렉시글라스 공방, 보존 작업 스튜디오와 수장고, 그리고 무기 수리실을 지나며 기상천외한 방향으로 방황하다가 우연히 찾은 계단으로 올라가서 이번에는 예술의 세계 어디쯤에 착륙하게 됐는지 깨닫는다. 오늘은 아우구스투스 황제의 석고상을 끼고 마지막으로 방향을 틀어 올라갔다. 한때는 이런 석고상을 전시하는 게 유행이었지만, 지금은 뒷방 신세다. 위층에서 나를 기다린 것은 고대 미술 전시관이다. 그리스가 내 오른쪽, 로마는 왼쪽에 있다. 헬레니즘 양식을 갖춘 운동선수 조각상의 벌거벗은 엉덩이가 내 앞에 있고, 그 뒤와 위로는 이오니아 아르테미스 신전의 거대한 기둥[3]이 자리하고 있다. 머릿속에 H구역 대장의 데스크로 가는 가장 효율적인 루트를 그리면서 그레이트 홀을 지나 고대 이집트 전시관에 들어선다.

"자네가 브링클리인가?"

"네, 브링리입니다, 대장님."

1
2
3

"못 알아봐서 미안하네, 브링리. 자네, 3소대인가?"

"네, 대장님."

"오늘 밤에 오버타임 근무할 텐가? 자정에 페트리 코트에서 무슨 파티가 열린다고 하더군. 한 시간 반 정도."

"아닙니다, 대장님. 오버타임은 하지 않겠습니다."

"알겠네, 브링리, 가서 3조 세 번째 순번 자리를 채우게."

"3조라면… 신전이랑 그런 게 있는 쪽인가요?"

"아니, 페르네브의 무덤 Tomb of Perneb[4] (고古왕국 시기의 이집트에서 건축된 무덤. 왕가의 일원이나 궁정 관리의 무덤으로 추정된다. 1913년, 미국의 자선가 에드워드 스티븐 하크니스가 이집트 정부에게 사들인 뒤 메트로폴리탄 미술관에 기증했다. - 옮긴이)이 있는 저기 앞쪽이야. 기다려봐, 브링리. 메모를 써줄 테니."

내 뒤의 경비원들을 잠시 기다리게 하고, 대장은 나 같은 풋내기 신참을 위한 작은 커닝 페이퍼를 마련해준다.

"좋은 하루 보내게, 브링클리." 그녀가 말한다. "다음."

◯◯◯

일하기에 아주 좋은 곳이다, 이집트는. 2만 6천 점에 달하는 컬렉션 대부분을 동시에 전시할 수 있을 만큼 거대한 구역으로 메트의 다른 큐레이터 부서가 차지할 수만 있다면 서로 죽이려 들 것 같은 호화로운 공간이다. 그런 엄청난 스케일에도 이곳에 전시된 모든 것에는 유별날 정도로 통일성이 있다. 모든 유물이 아주 본질적이고 뚜렷하게 이집트적이다. 고대이집트인 만큼 3천 년이 넘는 긴 시간 내내 자신들답게 존재한 인류는 없었을 것이다. 관람객들은 전시실에 들어서는 순간 이집트 특유의 미학을 알아본다. 무엇보다도 이집트는 우리의 상상력에 마중물을 붓는다. 왕가의 계곡, 피라미드, 주기적으로 범람하는 나일강…. 모든 것이 지어낸 것처럼 느껴지지만, 실재하던 것들이다. 이곳은 메트의 전시관 중 가장 다양한 방문객을 끌어들이는 곳이다. 청소년, 트위드 재킷을 걸친 교수부터 명상가, 아프로퓨처리스트 Afrofuturist(아프리칸 디아스포라의 역사와 기술 과학적 상상을 접목하는 문화적 장르-옮긴이) 만화가들이 혼재해 있다. 이곳의 경비원이라면 방문객들이 던지는 가장 상징적인 질문을 귀에 딱지가 앉도록 자주 듣게 된다. "저기요, 이거 진짜예요?"

나는 기원전 2350년에 석회암으로 소박하게 지은 마스타바 Mastaba(고대이집트 왕과 귀족을 위해 벽돌과 돌 등으로 지은 직사각형 분묘-옮긴이)인 페르네브의 무덤 앞에 배치된다. 한 젊은 커플이 다가온다. 차림새와 걷는 모습으로 보아 뉴요커 같은데 분명 메트에 와본 적이 없는 듯하다. 어쩌면 미술관에 발을 들인 것이 처음일지도 모른다. 눈을 커다랗게 뜨고 주위를 두리번거리며 이 상황에 신나 하기보다 뭔가를 망설이는 듯한 낯빛이 역력하다. 그들은 아직 이곳을 어떻게 받아들여야 할지 모르는 것이다.

4

"실례합니다." 커플 중 남자가 말한다. "제 여자 친구가 여기 있는 유물이랑 다른 것 모두가 진짜라는데, 정말, 그러니까, 진짜인가요?"

나는 그렇다고 답한다.

"그렇지만 그게 무슨 뜻이죠?" 남자가 밀어붙인다. "저것들이, 막, 진짜인 거예요? 다 진품이에요? 이집트에서 온?"

나는 유물들이 이집트에서 왔다고 답한다.

"그러면 여기 이게…." 이번에는 여자가 말한다. 그러면서 동시에 화강암으로 된 사자상[5]의 갈기를 쓰다듬으려 손을 뻗자 나는 가볍게 그녀를 저지한다. "아, 그렇지. 미안해요. 그러면 여기 이거, 얼마나 오래된 거죠?"

나는 5천 년 된 석상이라고 답한다.

"5천 년?" 그녀가 말한다.

"5천 년!" 그가 말한다. 둘은 별거 아니라는 듯 장난스럽게 주고받으며 되풀이한다. "그런데요." 이제 남자 친구가 내게 정말 솔직하게 말해달라는 투로 묻는다. "이 모든 게 다 정말 진짜일 리는 없잖아요…."

이 커플이 퍽 마음에 든 나는 그들이 미술관에서 가장 오래된 유물들이 들어 있는 전시 케이스를 들여다보는 걸 지켜본다. 그들은 구석기시대 손도끼[6]와 신석기시대 화살촉 하나하나를 시간을 들여 차분히 살펴본다. 그들이 이토록 느리게 이동하는 이유가 짐작이 간다. 이 미술관이 얼마나 큰지 전혀 모르는 것이다.

여자는 동행의 옆구리를 쿡쿡 찌르며 한 라벨에 적힌 정보를 가리킨다. 그녀의 주의를 끈 것은 아마도 그 손도끼가 기원전 30만 년에서 9만 년 사이에 만들어졌다는 정보였을 것이다. 깨알같이 적힌 이 기간에 약 천 년의 미국 역사가 반복될 만큼의 시간이 담긴 셈이다. 시선을 30센티미터 정도 옮겼을 뿐인데 그들은 수만 년의 역사를 통과해 인류, 그중에서도 이집트 문명이 궤도에 오르고 있던 세계로 들어선 것이다. 7천 년 전, 부싯돌로 만든 이 우아한 화살촉은 하늘의 작은 새를 쏘는 데 쓰였을 것이다.

우리 뉴요커 커플은 인내심을 갖고 집중하고 있다. 어쩌면 그들은 이 믿기 어려운 선사시대 유물이 현실과 동떨어져 있다고 느낄지도 모른다. 아니면 저 손도끼가 자기 손에 얼마나 잘 맞을지 알아차렸을 수도 있다. 아마도 그들은 10만 년이라는 시간이 도대체 어떤 의미인지 실감하려 애쓰고 있을 것이다. 어쩌면 상상력을 동원하는 과정에서 마침내 이 물건들에 대해 현실감을 가지게 되었고, 점차 다른 사람들과는 꽤 다른 시각으로 물건들을 보고 있을 수도 있다. 이 전시를 기획한 큐레이터조차 이 물건들을 현실 속 일상에 동화시키는 데 성공하지 못했을 것이다. 우리가 지질학적 시간이나 천문 공간을 대할 때처럼 노력한다면 이 엄청나게 방대한 인류의 계보를 조금은 엿볼 수 있다. 하지만 노력을 멈추는 순간 우리는 그 현실을 잊고 만다. 우리가 언제든 과거를 기억할 수 있게 해주는 박물관에 대한 고마

5 6

움으로 내 가슴이 점점 벅차오른다.

한참 같았던 잠시가 지난 후 여자는 끝이 없는 듯한 고왕국 전시실의 복도를 발견하고는 뒤돌아 웃음을 터뜨리며 남자 친구를 살짝 흔든다. 그들은 순식간에 보통 속도로 움직이는 미술관 관람객으로 변신한다. 남자가 손목시계를 확인한다. 외출한 목적을 떠올리며 여자의 눈이 가늘어진다. 그러고는 그들은 아무것도 놓치지 않겠다는 듯 본격적인 이집트의 역사 속으로 나아간다. '안녕, 친구들.' 나는 속으로 인사하며 자리에 머문다. 내 뒤에 있는 무덤은 방문객들에게는 갈림길을 의미한다. 나는 점차 늘어나고 있는 군중의 절반 정도가 큐레이터들의 의도와는 반대로, 마지막 파라오인 클레오파트라 사후에서 시작해 대피라미드 시대Great Pyramids와 왕국 이전의 시기로 수천 년을 거슬러 올라가며 전시를 관람하고 있다는 사실을 깨닫는다. 수많은 이집트 예술품이 이런 영속성을 지니고 있다. 아마도 대다수 사람들은 그들이 거꾸로 가고 있다는 사실을 눈치채지도 못할 것이다.

다음 순번이 오고, 관람객의 주요 동선에서 벗어나 종종 잊히는 한 전시실로 이동한다. 전시실 안에는 1918년부터 1920년까지 발굴이 진행되면서 큰 성과를 낸 출토 유물 가운데 정확히 절반이 있다. 나머지 절반은 당시의 표준 절차를 따라 이집트 당국에 넘겨졌다. 미술관의 발굴단은 메케트레Meketre라는 어느 부자의 도굴된 무덤 주변을 파고 있었는데 한 인부가 바위 틈새로 흙이 빠져나가는 것을 발견했다고 한다. 곡괭이로 그곳을 파보자

도굴꾼들이 놓친 무덤의 방이 드러났고, 거기에는 4천 년 동안 아무도 손대지 않은 보물이 들어 있었다. 황금도 보석도 아닌 그 보물은 실제와 매우 흡사하게 만든 배[7], 양조장[8], 정원[9], 곡물 창고[10] 등의 모형 속에 놓인 23센티미터 정도 높이의 나무 조각상 2백여 점이었다. 관료였던 메케트레의 영지 이곳저곳에서 일했던 사람들의 아바타로 사후 세계에서도 마법처럼 그를 위해 일할 수 있도록 매장한 것이다.

    양조장과 제빵소가 합쳐진 모형에 바짝 다가선다. 그것은 전시실 안 다른 유물들과 마찬가지로 유리벽 뒤에 있어 방문객들의 손길에 대한 경계를 조금이나마 늦출 수 있다. 그즈음 틈틈이 이집트 역사에 관한 책을 읽고 있던 나는 책으로 읽는 것과 예술품을 직접 보는 경험이 얼마나 다른지 다시 한번 느낀다. 책 속 정보는 이집트에 관한 지식을 진일보시켰지만, 그와는 대조적으로 이집트의 파편을 실제로 마주하는 것은 나를 멈추게 한다. 이것이 예술의 본질적 특성이다. 우리는 내용을 완전히 이해하고 그다음으로 간단히 넘어갈 수 없다. 예술은 어느 주제에 관해 몇 가지 요점을 아는 것이 대단하게 여겨지는 세상을 경멸하는 것처럼 보인다. 요점이야말로 예술이 절대 내놓지 않는 것이다. 예술 작품은 말로 단번에 요약하기에 너무 거대한 동시에 아주 내밀한 것을 다루는 경우가 많고, 오히려 침묵을

7
8
9
10

지킴으로써 그런 것들에 관해 이야기한다.

눈앞에는 그야말로 폐소공포증을 유발하는 끔찍한 장면이 펼쳐져 있다. 열여덟 명이 비좁은 곳에서 노동하고 있는 모습으로 머리를 깎고 허리 위로는 벌거벗은 남자들, 어깨까지 오는 머리에 싱글 스트랩 리넨 작업복을 입은 여자들이 가득하다. 남자들이 키만큼 큰 절굿공이로 곡식을 짓뭉개는 동안 그것을 더욱 잘게 빻는 것은 여자들의 몫이어서 각자 손에 든 돌 방망이를 쉴 새 없이 곡식 위로 굴린다. 남자들 중 다른 몇몇은 손으로 빵 반죽을 치대고 반죽과 물로 이루어진 곤죽을 발로 밟아 으깬 다음 맥주가 될 액체를 큰 통에 부어 발효시킨다. 이 모든 일은 서류 보관함의 두 배 정도 되는 공간에서 일어난다.

이집트인은 시간에 대해 우리와 다른 관념을 갖고 있었다. 그들은 시간을 '네헤흐Neheh', 즉 '수백만 년간'이라고 불렀고, 그것의 본질은 화살처럼 앞으로 나아가는 것이 아니라 원과 같은 순환이었다. 해가 뜨고, 지고, 또 뜬다. 나일강은 범람하고 물러났다가 또다시 범람한다. 별들은 한자리에 선 관찰자의 주위를 절대적인 규칙에 따라 회전하며 거대한 시간의 바퀴 또한 망자를 처분하고, 새로 태어난 이를 성숙과 숙성을 겪게 해 죽음으로 안내한다. 모든 것은 끊임없이 흐르지만 실제로 변하는 것은 없다. 이집트인에게 이것은 너무나 명백한 사물의 본질로 여겨졌고, 이런 사고방식은 사후 세계로 확장되어 메트에 전시된 인물상들의 끝없는 노동을 필요로 하게 되었다.

나는 특히 여자 일꾼들을 보면서 그들의 과거와 현재와 미래가 얼마나 분간되지 않을 정도로 똑같았을지, 매일 그 방망이를 돌리는 일상이 절대 끝나지 않고 다른 어떤 것도 종결되지 않을 때 어떤 느낌이 들었을지 마음 깊숙이 감각한다. 그 시대에 이미 고대의 것이 되어 있었고, 그 후로도 수천 년간 문화의 구심점이 될 피라미드가 버티고 있는데 진보하는 역사를 상상한다는 것은 얼마나 말도 안 되는 일이었을지.

공상은 누군가의 휴대전화가 울리면서 끝났다. 위법자와 눈이 마주치자 나는 받으면 안 된다고 정중히 고개를 저었다. 하지만 소용이 없다. 그는 불손한 손가락을 치켜들며 전화를 건 동료와 다소 긴급한 일을 처리한다. 딱 1분 주겠다고 마음먹고 마무리하기를 기다리며 내가 현대사회에서 얼마나 드문 의무를 수행하고 있는지 곰곰이 생각한다. 이 사업가 혹은 대부분의 사람들과 달리 나에게는 앞으로 나아가야 할 일도 없고, 추진할 프로젝트도 없고, 지향하는 미래도 없다. 이 일을 앞으로 30년 동안 한다 해도 아무런 발전이 없으리라는 이야기다. 대중은 이곳에 미라가 어디 있는지, 화장실이 어디에 있는지 앞으로도 모를 것이다. 그들은 계속해서 투탕카멘의 무덤으로 가는 길을 물을 것이고 화강암 석관을 손으로 때리는 짓도 멈추지 않을 것이다. 얼마 전까지만 해도 나는 지금과는 아주 다른, 사람들이 흔히 크게 성공할 직업이라고 말하는 일을 하고 있었다. 사업가가 마침내 통화를 마치자 모든 것이 평화를 되찾았고, 나는 어디로도 가지 않아도 되는 지금이 행복하다는 것을 깨닫는다.

○○○

대학을 졸업하고 톰이 아프기 전, 나는 《뉴요커》에 지원했고 말로 다 표현할 수 없을 만큼 기쁘게도 합격하게 되었다. 단순 신입 이상의 직급으로 채용되었기에 나는 마치 빅 리그로 수직 상승할 공식 허가를 받은 것 같은 느낌이었다. 회사 빌딩은 브로드웨이에서 조금만 가면 나오는 42번가 쪽이었다. 나는 엘리베이터를 타고 20층으로 올라가 책 더미에 완전히 깔려버리기 직전인 리셉션 데스크에서 C. 스탠리 레드베터 3세라는 남자를 만났다. 스탠리 좌우로 보이는 유리문과 황금빛 로고가 대기업다운 엄정함을 상징하고 있었다. 그러나 그 문까지 가려면 이 위풍당당한 데스크 직원이 가져다 두었을 요상한 현대미술 설치물을 걸려 넘어지듯 통과해야만 했다. 모든 게 '그래, 너는 《뉴요커》에 도착했어'라고 말하고 있었다.

스탠리는 나의 건투를 빌어주었고 나는 편집자들이 '게라(조판한 활자판을 담는 상자 - 옮긴이)'와 '교정본(최종 인쇄 전, 오류를 잡아내기 위해 시험 삼아 인쇄한 원고 - 옮긴이)' 같은 낯선 것들을 들고 이리저리 오가는 복도를 따라 안내되었다. 나도 곧 내 자리에서 업무 관련 프로그램을 활용하는 법을 배우고, 매주 잡지를 완성하며 단락이 잘리고, 기사가 취소되고, 천 개쯤 되는 수정 사항

이 건의되고, 거절당하고, 강제되는 모습을 실시간으로 목격할 예정이었다. 또 한 주의 리듬도 체득하게 될 것이었다. 출근 첫날은 월요일이었기 때문에 매우 차분했지만, 일의 호흡은 장벽 같은 마감 기한이 돌진해오는 목요일까지 빨라지다가 금요일에는 절정 직후의 무너짐이 찾아오는 날들이 기다리고 있었다.

내 데스크에서는 엠파이어 스테이트 빌딩이 보였다. 이곳은 대학과는 아주 다른 곳이라는 생각이 들었다. 대학이 마치 학생들의 손에 쥐어진 고무 찰흙 같은 놀이터였다면 이곳은 창밖의 저 탑처럼 상징적이고 완고한 기관이었다. 내가 원하는 대로 주무르는 것이 아니라 이곳이 나의 틀이 될 것이다. 나는 《뉴요커》의 저명한 틀에 들어가 다시 태어날 준비가 되어 있었다.

나는 잡지사의 공개 행사, 특히 매년 열리는 '뉴요커 페스티벌'을 진행하는 작지만 꽤 매력적인 부서에서 일하게 되었다. 상사는 커다란 게시판에 색색의 포스트잇으로 그녀의 꿈을 써 붙이며 오전을 보내곤 했다.

- 편집자 데이비드 렘닉과 제이지JAY-Z의 대담
- 미하일 바리시니코프의 연습실 방문
- 월드 익스플로러 패널: 산악인 라인홀트 메스너, 고지대 전문 고고학자 콘스탄사 세루티, 그리고 심해 잠수부 한 명(?)

이런 아이디어들은 어떨 때는 실현됐고 또 어떨 때는 그러지 못했다. 내 일은 출연자 섭외를 돕고, 제작과 이동에 관한 복잡한 절차를 해결하고, 그러고 나서 1년에 72시간 동안 정장을 차려입고 맨해튼 전역에 걸쳐 열리는 행사에서 거물처럼 연기하는 것이었다.

나는 스티븐 킹에게 "안녕하세요, 저는《뉴요커》에서 나온 패트릭 브링리입니다"라고 인사하며 키가 거의 2미터에 달하는 그가 세단에서 내리는 것을 도왔다. 팬들은 "스티븐! 스티븐!"을 연호하며 우리에게 들이닥쳤다. 살짝 맛이 간 사람들이었다.

그들과 달리 나는《뉴요커》매거진의 패트릭 브링리였다.

"마이클 셰이본 씨, 스티븐 킹과 아세요?" 퓰리처상을 수상한 젊은 소설가에게 이렇게 말하고 있는 나 자신의 목소리가 비현실적으로 들렸다. 그는 스티븐을 몰랐고, 나에게 소개를 부탁했다. 행사가 시작되자 셰이본은 첫 연사로 마이크를 잡았고 킹과 나는 무대 옆 커튼 뒤에서 그 모습을 지켜보았다. 셰이본이 자신의 단편소설을 낭독하자 공포 장르의 대가 스티븐 킹은 마치 콜트레인(재즈 역사에 큰 족적을 남긴 미국의 재즈 색소폰 연주자이자 작곡가-옮긴이)의 연주를 듣는 스윙 재즈 연주자처럼 "그렇지, 친구, 그래. 그렇지, 친구, 그래. 오…" 하며 고개를 끄덕이고 자리에서 건들거렸다. 너무 이상하면서도 너무 멋지고, 이 상황의 일부가 될 수 있다는 것 자체가 너무 영광인 순간이어서 내가 두 사람의 책을 읽지 않았다는 사실 같은 건 떠오르지 않았다.

그것은 나에게 경종을 울리는 일이었어야 했지만, 나는 밝은 조명에 눈이 한참 멀어 있었다. "어디서 일한다고 했죠? 《뉴요커》?!" 하지만 누구라도 멋진 조명 아래 있으면 이런 건 진짜 내 모습이 아니라 조명발이라는 사실을 받아들이기 어려워진다. 물론 내가 잡지사에 취직했을 때 처음으로 한 일에는 워드 문서를 열고 재치 넘치고 세련된 《뉴요커》 스타일로 기사를 쓰는 것도 포함되어 있었다. 하지만 나는 누가 봐도 이 일을 하는 척만 했고 결국에는 그마저 실패했다. 그러나 그것에서 교훈을 얻기보다 최면 같은 합리화의 안락함으로 후퇴하기를 택했다.

나는 나 자신에게 말했다. '이렇게 뛰어난 많은 사람들과 함께 일한다는 것은 내가 잘하고 있다는 뜻이야! 그들 중 많은 이들이 내 이름을 알고 있어! 나는 중요하고 존재감 있는 자리의 명함을 지니고 있으니까, 이런 식으로만 계속하면 반드시 그런 사람이 될 거야!'

이 달갑지 않은 역설을 직시하는 데 거의 3년이 걸렸다. 내가 만약 덜 '대단한' 일을 하고 있었더라면 그동안 틈틈이 내 생각을 흐릿하게나마 적어두었을 테고, 영감을 주는 주제가 있다면 그게 무엇이든 과감히 도전해 글을 써보았을 것이다. 하지만 도리어 이런 빅 리그였기에 내 생각에 스스로 족쇄를 채웠고 야망은 이상하리만치 줄어들었다. 나는 「평론 한마디」라는 섹션에 싣는 한 단락짜리 서평을 쓰는 데도 스스로가 아닌 목소리를 사용하고, 내 것이 아닌 권위를 주장하고, 정말 그렇게 느끼고 있는지 확신할 수 없는 의견을 피력하면서 시간을 보냈다.

한편 사무실에서 처리하는 업무도 범위가 넓지 않았다. 아이러니하게도 이건 미술관 경비원들이 즐기는 좁은 범위와는 완전히 다른 것이었다. 동료들과 나는 일주일, 40시간 내내 할 일이 있는 것은 아니었지만 현대사회의 사무실 관습에 따라 그저 자리를 지키고 있었다. 관습에 따라 책상에서 책을 펼 수도, 머리를 식히는 산책을 할 수도 없었다. 나는 모두가 그러듯 인터넷을 기웃거리고 책을 읽지 않는 법을 배우면서 시간을 허비했다. 그러면서 점점 진흙탕 속으로 가라앉았다. 오래지 않아 나는 이전까지 한 번도 되어보지 않은 사람이 되어 있었다. 게을러진 것이다.

그건 정말 공허한 실망감을 안겨주었다. 대학 졸업 후 '현실 세계'에 들어서면서 정확히 무엇을 기대했는지 모르겠지만 적어도 이 세상이 현실적인 느낌이기를 바랐다. 그러나 정신없이 돌아가는 맨해튼 중심부를 발밑에 둔 번쩍이는 고층 건물의 권위 있는 직장에서 내가 하는 일이라고는 컴퓨터게임에 불과한 것이었다. 받은 메일함, 보낸 메일함, 전송.

나는 가끔 휴식을 취할 요량으로 담배를 피우면서 한 푼어치도 안 되는 일 걱정을 잊을 구실을 만들었다. 비둘기가 구구거렸고, 세상은 빠르게 흘러갔다. 나와는 별개로. 담배를 피우는 몇 분 동안만큼은 나는 허클베리 핀이었다. 세상의 쳇바퀴에서 빠져나와 내가 가늠할 수 있는 것보다 더 넓고, 더 깊고, 내 의견 따위에는 전혀 신경 쓰지 않는 강을 지긋이 바라보는 허클베리 핀. 그러는 동안 아무 말도 하지 않았고, 정신이 서서히 돌아오는 걸 느꼈다.

그제야 나는 담뱃불을 밟아 끄고 데스크로 돌아가 허클베리의 세계와 그 우아함을 이해하지 못하는 이른바 현실 세계에 다시 합류했다. 그렇게 거의 4년 동안 같은 나날을 반복했다. 하지만 톰의 병세가 점차 나빠지고 더 큰 현실이 닥치자 더는 감히 돌아설 수 없었다.

∩∩∩

다시 때가 되자 뒷순번이 와서 나를 다음 구역으로 밀어낸다. 세 번째 근무 구역은 고대이집트다. 대다수 사람들이 어린 시절부터 머릿속에 그려왔을 이집트의 세계에 들어간 듯한 느낌이다. 돌에 조각된 강직한 모습의 파라오, 매끈한 기둥에 날렵하게 새겨진 상형문자, 얕은 부조 속에서 우아한 윤곽을 뽐내는 신과 사제와 왕족…. 내 앞에는 기원전 1470년경에 만든 신왕국 시대의 파라오 핫셉수트 여왕의 유명한 좌상[11]이 놓여 있다. 또 내 양쪽으로는 여왕이 무릎을 꿇고 아버지인 신 아문-레$^{Amun-Re}$(이집트 나일강 하류에 위치한 테베에서 숭배하던 바람과 공기의 신 '아문'과 태양신 '레' 혹은 '라'가 합쳐져 탄생한 신. 신왕국 시대 전반에 걸쳐 가장 중요한 신 중 하나였다.-옮긴이)에게 제물을 바치는 거대한 조각상[12]이 있다. 전시실의 거의 모든 것은 여왕의 장제전(고대이집트에서 국왕의 영혼을 섬기던 숭배전-옮긴이)에서 발견된 유물이다.

사막 절벽 아래에 복합 단지로 구성된 이 장제전은 그녀의 사랑하는 아버지를 위한 안식처이기도 했다. 이곳은 신성한 공간이었고 그곳만의 신성한 시간 관념을 따랐다. 제트^{Djet}라고 불린 이 개념은 신들의 시간이자 망자의 시간이었고, 완전하고 불변하며 완벽하고 영원한 것들을 지배하는 시간이었다. 원의 개념도, 화살표의 개념도 아닌 제트는 자연과 자연이 끊임없이 움직이는 과정에서 동떨어져 있다. 그것은 신전, 무덤, 나를 둘러싸고 있는 예술과 같이 엄격하게 부자연스러운 장소들의 시간이며 영원한 정지 상태에 머문다.

그래서 지금 내가 아수라장에 가까운 장면 가운데에 서 있다는 사실이 다소 우습게 느껴진다. 이집트 전시관에는 주기적으로 학교 단체 관람단이 밀어닥치는데 오늘도 역시 똑같은 칼라셔츠, 카키색 바지, 나처럼 클립 온 타이를 맨 수십 명의 차터 스쿨(대안 학교 성격을 띠는 미국의 공립학교-옮긴이) 학생들이 보인다. 유치원부터 5학년까지의 나이로 작은 아이와 큰 아이, 순진한 아이와 짓궂은 아이, 몰두한 아이와 다른 데 정신이 팔린 아이가 한데 섞여 어마어마한 소음을 내고 있다. 보호자들이 아무리 소리를 질러 조용히 시키려 해도 소용이 없다. 나는 물론 경계 태세를 취하고 있지만 사실 그 누구도 꾸짖고 싶지 않다. 아이들은 유물을 만지면 안 된다는 걸 알고 있는 듯하고, 서로의 등을 책받침 삼아 야무지게 활동지를 채워가고 있다.

나는 그 너머에 앉아 있는 핫셉수트 여왕의 조각상을 바라보며 이 소동에도 아랑곳없이 고고한 무표정으로 앉아 있는 그녀가 대단하다고 생각한다. 사람들은 모나리자에 대해서도 똑같이 얘기한다. 관람객이 몰려들수록 그녀의 고요한 무심함은 더욱 감동적으로 느껴진다고 말이다. 핫셉수트 조각상은 원래 예술품으로 만든 것이 아니라 제트 세계에 여왕의 존재를 확립하기 위한 장치였다. 그렇기에 더욱더 그 무심함이 두드러진다.

왕좌에 앉은 여왕을 좀 더 자세히 살폈다. 여성의 모습을 한 그녀는 아마도 고대이집트 사람들이 보았을 핫셉수트의 공식적 이미지와는 다를 것이다. 정치적 조각상에서 그녀는 남성적으로 묘사되지만, 주술적 목적이 있는 중요한 작품에서까지 모습을 꾸며낼 필요는 없었던 듯하다. 매일 아침 여왕의 사제는 신전의 문을 열어 그녀의 석회암 조각상이 햇살을 받도록 했을 것이다. 그리고 그 순간, 영원의 핫셉수트는 아버지 태양과 교감하는 빛나는 존재, 아크^{akh}(이집트 종교관에서 내세의 존재가 된, 망자의 영혼을 지칭하는 이름 - 옮긴이)로 변신했을 것이다(더 정확히 말하자면, 이러한 천문 현상을 일으키는 태양에 힘을 불어넣은 숨은 창조자는 아문-레였다). 할로겐 조명 아래서도 그녀는 빛이 난다.

이집트인들이 문명 초기부터 이런 눈부신 것을 만든 이유를 신학적으로 설명할 수 있다는 것은 새삼 놀라운 일이라는 생각이 든다. 불완전한 것은 제트의 시간을 나눌 수 없다. 어떤 사물이 신성한 영역에 도달하려면 그것은 마치 신처럼 흠잡을 데 없이 훌륭해야 했고, 그래서 이집트의 장인들은 자신들의 예술을 발전시킬 때 절대로 노력을 아끼거나 수준을 타협하지 않았다. 이집트인들은 기묘하고 상상할 수 없을 정도로 아름다워서 초자연적이고 불멸인 존재로까지 보이는 물건을 확보하기 위해 아낌없이 투자했다. 5천 년이 지난 지금 그 물건들을 보기 위해 모여드는 군중을 보면 그들의 투자는 성공한 것 같다.

예상대로 아이들이 가장 보고 싶어 하는 것은 미라다. 그들은 내가 보여준 네 구의 미라 중 붕대가 풀린 것이 하나도 없는 것을 보고는 실망을 감추지 않지만 그럼에도 곧 변화구 같은 질문을 쏟아낸다.

"저 안에 죽은 사람이 있어요?"

"누가 죽였어요?"

"죽였다고 누가 그랬어?"

"로빈스 선생님이 뇌를 빼냈다고 했어."

"그래, 그 사람이 죽은 다음에."

"냄새가 나나요?"

"사람을 왜 이렇게 포장해요? 냄새나지 말라고?"

"안에 있는 사람은 어떻게 생겼어요?"

붕대 밑에는 뼛속까지 말라 쪼글쪼글해진 늙은 시체가 너희가 상상할 수 있는 한 가장 무시무시한 귀신 같은 모습으로 누워 있다고 말해줬다. 또 미라 제작자들이 우호테프Ukhhotep라는 이름의 이 망자[13]의 간과 폐, 신장을 넣어두었던 것과 같은 항아리[14]

들을 가리키며 사람의 몸을 최대한 조각상처럼 만드는 것이 그들의 목적이었다고 얘기해준다. 믿거나 말거나 이집트인에게는 죽은 시체보다 조각상이 더 실제처럼 보였을 거라고도 덧붙인다. 조각상은 영원한 존재였으니까. 물론 학생들에게는 의미가 없는 말이고 그들은 당연하게도 모든 것이 얼마나 소름 끼치는지에 열을 올린다. 1분 후 그들은 전시실을 뛰쳐나갔고 나는 그 자리에 남아 미라를 만들고자 한 충동이 얼마나 추악했는지, 얼마나 실패했는지, 근원적 진리에 대한 얼마나 뻔뻔하고 미약한 부정의 시도였는지 되돌아본다. 사람의 몸은 남지 않는다. 사람의 일부는 불멸이라고 믿을 수 있겠지만, 상당 부분이 결코 죽음을 면할 수 없고 광신적 과학이라 할지라도 그 붕괴를 막지는 못한다.

∽∽∽

열두 시간 근무하는 날에는 휴게 시간을 포함한 첫 여덟 시간 동안 세 지점을 총 세 번 순환한다. 늦은 오후가 되면 내 구역 감독관에게 낮보다 더 짧은 휴게 시간과 함께 또 다른 세 지점을 2회 순환하는 저녁 일정이 적힌 초록색 쪽지를 받는다. 쪽지에는 'ⓐ신전, ⓑ신전, ⓒ신전'이라고 적혀 있다. 나는 저녁 식사 후 덴두르 신전[15] 팀에 배치되어 근무할 예정이다.

시계를 확인한다. 지금쯤이면 사무실 직원들은 집에 가려고 짐을 싸고 있을 것이다. 아, 내가 무슨 말을 하는 거지? 오늘은 토요일이니 그들은 애초에 출근하지 않았다. 그렇기에 저녁 식사를 하러 내려간 구내식당에서 발견한 건 닫힌 뷔페 스테이션, 차가운 그릴, 전자레인지로 카레, 파스타, 스튜 등을 데우기 위해 줄을 선 경비원들과 수선 및 청소 담당자들이었다. 나는 도시락을 움켜쥐고 빈 테이블을 골라 앉아 의자를 끌어당겨 발을 올린다. 짧은 낮잠이라도 자려면 빨리 먹어야 한다. 구내식당의 다른 한쪽은 식사를 하며 대화를 나누는 동료들로 가득하다. 이쪽은 멍한 채로 밥을 먹거나 꾸벅꾸벅 조는 사람들을 위해 암묵적으로 비워져 있다.

식사 시간이 끝나고 저녁 교대로 미끄러져 들어간다. 그게 가장 정확한 표현일 것이다. 몸도 마음도 지쳤다고 느낀다. 남은 시간은 꿈결처럼 신전 앞에 서서 시선을 여기에 두었다가 저기에 두었다가 하면서 그저 흘러가게 두리라 생각한다. 명랑한 관람객 하나가 내게 지루한지 묻는다. 내가 특별히 지루해 보여서 물었다기보다 종종 받는 질문이다. 딱히 그렇지 않다고 답하자 그녀는 "좋네요!"라고 말하고는 가버린다. 나는 지루해하는 법을 거의 잊어버렸다고 말할 기회를 놓친다. 스톡홀름 증후군(인질이나 피해자였던 사람들이 가해자에게 공포나 증오가 아닌 애착이나 온정 같은 긍정적인 감정을 느끼는 심리적 현상 — 옮긴이) 때문인지 모르겠지만, 나는 거북이

처럼 흐르는 파수꾼의 시간에 굴복한 것 같다. 나는 이 시간을 소비할 수 없다. 그것을 채울 수도, 죽일 수도, 더 작은 조각으로 쪼갤 수도 없다. 이상하게 한두 시간 동안이라면 고통스러울 일도 아주 다량으로 겪다 보면 견디기가 수월해진다. 대부분의 시간 동안 나는 일이 언제 끝날지에 관심을 두지 않는다. 나는 사치스러운 초연함으로 시간이 한가히 흘러가도록 내버려두는 구식의, 어쩌면 귀족적이기까지 한 삶에 적응해버렸다.

덴두르 신전은 이런 나의 배경으로 삼기에 안성맞춤이다. 1970년대에 댐 공사로 나일강이 범람했을 때 이 멋진 건축물은 총 800톤에 달하는 사암으로 해체되어 뉴욕으로 옮겨졌고, 이후 메트의 불가사 중 하나로 자리 잡았다. 이때 미술관은 센트럴파크가 내다보이는 장엄한 홀을 새로 지었고, 그 안에 설치한 고대의 신전이 위용을 자랑하며 서 있다. 조화롭고 절제된 모습의 신전은 건물과 분리된 채 멀찍이 서 있는 입구 문과 짝을 이루는데 두 구조물 모두 태양을 형상화한 원과 원을 중심으로 펼치듯 뻗은 하늘의 신 호루스의 매 날개로 장식되어 있다.

고대에는 밝게 색칠되어 있었을 연꽃과 파피루스 모양의 외부 부조들은 나일강에 떠 있는 듯한 인상을 주기 위한 것이다. 현대의 관람객은 그 문턱을 넘어서는 것만으로 극소수의 고대 이집트인에게만 허락되었던 곳으로 들어가 내밀한 성역이었던 여신 이시스Isis(이집트의 아홉 주신主神 중 하나로 하늘의 신 호루스를 낳은 신성한 어머니의 모습으로 받들어진다.—옮긴이)의 안식처를 둘

러보는 특권을 누린다. 이 신전은 신성한 여러 장소 중에서도 특히 신성하게 여겨졌던 곳으로 죽은 사람의 모습을 흉내 낸, 몸과 머리의 털을 민 사제들만이 들어가 영원의 시간에 참여할 수 있었다. 하지만 오늘날에는 머리가 덥수룩한 대학생과 땋은 머리에 구슬 장식을 한 소녀, 교회 모자를 쓴 할머니까지 모두가 성역에 들어간다.

나는 부조를 살펴보기 위해 신전 옆으로 걸어간다. 상이집트와 하이집트의 이중 왕관을 쓴 파라오의 모습이 보인다. 그리 어렵지 않게 찾을 수 있다. 주변 구경꾼 중 누가 이 파라오의 모습에 이상한 점이 있다는 것을 발견했을지 궁금해진다. 그의 옆모습으로 보이는 얼굴이나 의복은 아니다. 그것들은 관습을 따르고 있다. 문제는 그의 이름이다. 그는 부조 속에서 파라오의 역할을 맡고는 있지만 실은 오래 지나지 않아 기억보다도 오래된 왕국을 종식시킨 정복자 카이사르 아우구스투스(로마제국 초대 황제이자 브루투스에게 암살당한 정치가 율리우스 카이사르의 양자. 클레오파트라 지배하의 이집트를 정복해 로마의 속주로 만들었다. - 옮긴이)다. 기원후 1세기에 들어선 직후에 지은 덴두르 신전은 고대이집트 왕국의 마지막 작품이다.

시계를 확인한다. 근무도 거의 끝나간다. 밖의 하늘은 새까매졌다. 신전은 스포트라이트를 받으며 반짝인다. 8시 30분, 곧 폐관한다는 사실을 관람객들에게 알리고, 8시 45분에는 문 닫을 준비를 시작한다. 우리는 빠르게 돌아다니며 떠나기를 머뭇거리는 손님들에게 폐관을 알리고 그들이 정 원한다면 사진 한두 장 정도 찍는 것만 마지막으로 허락한다. "완료?" 경비원들이 서로에게 확인한다. "완료." 우리는 다음 전시실의 동료들과 합류해 그다음, 또 그다음, 차차 수를 불리며 그레이트 홀까지 천천히 후퇴하는 대중을 바짝 쫓으며 몰아낸다. 건물 전체에서 비슷한 짙은 푸른색 무리가 비슷한 속도로 발을 끌며 걷는 관람객들 뒤로 모여든다. 모두 끝났다. 다 됐다. 매니저가 손을 들어 인사한다. "좋은 저녁!"

다음 날 아침, 배치 사무실로 들어선 나에게 밥은 다시 이집트 구역을 배당한다.

5장

입자 하나하나가

의미를 갖는 드문 순간

날들이 한데 뭉뚱그려져 흐르기 시작하고 어느새 몇 주가 지났다. 일을 시작한 지 6개월 정도 된 어느 저녁, 운 좋게도 중국의 전통 악기 공연이 열리는 애스터 코트[1]에 배치됐다. 애스터 코트는 명나라 학자의 정원을 미술관 내에 재현한 곳이다. 공연을 시작하기 전 연주자들이 악기를 조율하는 동안 '고요를 찾아서'라는 뜻의 현판이 달린 정원의 월문月門과 '우아한 휴식'이라는 뜻의 현판이 달린 일문日門을 가만히 바라본다. 또 중국어로 '풍경'을 뜻하는 산수山水, 즉 산과 개울을 상징하는 석회암 기둥들과 물고기가 노니는 작은 연못 쪽을 본다. 그러면서 나는 우아한 휴식을 취하는 법을 모두 깨친 듯 편안한 마음으로 약간의 자기만족마저 느낀다.

곧 공연이 시작된다. 나는 옆으로 눕힌 하프의 일종인 고쟁古箏(기원전 전국시대부터 전해져 내려오는 중국 전통 현악기. 현대의 고쟁에는 보통 스물한 개의 현이 있다. —옮긴이) 연주자 뒤에 서 있다. 그녀는 열 손가락 중 여덟 개에 끼운 피크를 경쾌하게 움직이면서 즐거운 듯 줄을 튕기고 거미처럼 미끄러지며 들어본 적 없는 멜로디를 뽑아낸다. 음악은 알 수 없는 리듬을 따라 내가 예상하는 음계에서 항상 조금 위나 아래에 있는 음으로 이어진다. 나는 이것이 선입견을 버리고 일어나는 일을 그대로 흡수할 때 비로소 할 수 있는 종류의 경험이라는 사실을 받아들인다. 연주자가 마침내 손을 멈췄을 때는 10분 정도밖에 지나지 않았을 테지만 수많은 디테일로 채운 그 연주를 듣는 동안 마치 수천 번의 붓놀림으로 채운 그림이 순간순간 공중에 걸려 있는 듯했다. 나는 겸손해지는 것을 느낀다. 세상을 탐험해볼 자격만 간신히 갖춘 갓난아기가 된 기분이다.

고쟁 연주자가 악기를 정리한 뒤 "딸깍" 하고 케이스를 닫는 모습을 바라보다가 정원을 둘러싼 전시실들에 시선이 닿았다. 그러자 자연스레 내 생각 따위는 모두 제쳐두고 그곳의 중국화를 새롭게 바라보겠다는 의지가 타오른다. 시각예술은 그 획들을 화면에 잡아두며 끝나지 않는 공연을 펼친다는 사실이 너무나도 너그럽게 느껴진다.

다음 날 다시 F구역으로 가게 된 나는 천 년 전 북송의 거장 곽희郭熙의 두루마리 그림을 마주한다. 그림은 아직도 생생하고 구김 없이 펼쳐져 있다. 〈수색평원도樹色平遠圖〉[2] (보는 이의 시점을 기준으로 풍경이 수평적으로 멀어지며 거리감이 생기도록 하는 원근 기법인 평원平遠을 활용해 넓은 강가에 서 있는 고목들을 아름답고 자연스럽게 표현했다. - 옮긴이)는 두루마리 그림치고는 아담한 크기로 원래는 그 길이가 내 양팔 너비를 넘지 않았다. 그러나 학자였던 그림 소유자들은 작품에 대한 그들의 찬사를 수세기에 걸쳐 콜로폰colophon(책 등의 출판물에서 출판한 때, 곳, 출판자 정보 등을 적은 페이지. 간기刊記라고도 한다. - 옮긴이)처럼 두루마리에 덧붙였고 그 결과 세로 35센티미터 정도였던 그림의 폭은 9미터를 넘게 되었다.

내 눈길을 처음 끈 것은 새까만 잉크로 쓰인 완벽한 수직의 문자열을 자랑하는 콜로폰이다. 보통 나는 중국어 구절에 시간을 전혀 할애하지 않는다. 왜냐하면, 음, 뭐라고 쓰여 있는지 읽을 수 없기 때문이다. 하지만 이번에는 한자를 읽을 줄 몰라서 덕을 본다. 단 하나의 획도 언어적 의미에 빠져 놓치지 않고 이 화려하고 다양한 문자가 펼치는 시각적 향연을 오롯이 감상할 수 있는 것이다. 어느 한 획이 나른한 뱀처럼 나아가면 다음 획은 신속하고 격렬하게 연이어 찌르는 듯한 모양새다. 이 두 극단 사이의 모든 가능성이 지면 어딘가에는 존재한다. 각각의 문자가 남기는 조금씩 다른 인상에 주목하면서 하나에서 또 다음으로 시선을 옮겨 간다. 말로 형용하기에는 너무나 미묘하고 너무 순수하게 시각적인 것들이다. 이런 순간에 얼마나 많은 감각적 경험이 언어의 틈 사이로 빠져나가버리는지 깨닫는다. 서예가들의 기술과 관록은 예술 행위의 가장 근원적인 충동을 고도의 기교를 통해 보여준다. 빈 표면에 짙은 자국을 남겨 그것을 작품으로 탈바꿈시키고 싶은

2

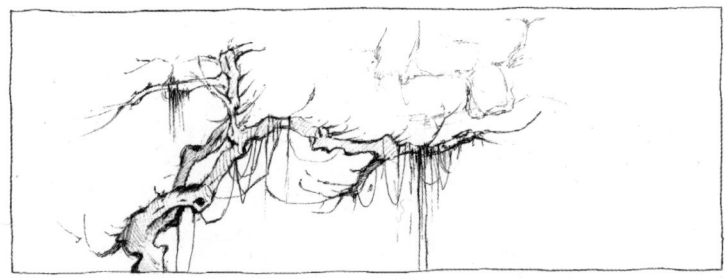

그런 충동 말이다.

몇 분쯤 흘렀을까. 나는 꽤 먼 거리를 이동해 곽희의 활약이 시작되는 두루마리의 오른쪽 끝으로 향했다. '비단에 수묵'은 자비라고는 바랄 수 없는 재료다. 어떤 경우에도 다시 그릴 수 없기 때문이다. 곽희는 유화를 그리는 다른 거장들과 달리 자신의 실수를 지우고 그 위에 칠을 덧입힐 수 없었다. 그래서 지금 내 두 눈은 서기 1080년에 곽희가 그린 획 하나하나를 모두 좇을 수 있다. 그의 예술적 기교 어느 부분도 내 눈에 보이지 않게 숨어 있거나 겹친 물감층 아래에 잠겨 있지 않다. 곽희의 아들에 따르면 이 거장은 보통 몇 시간 동안 명상을 한 다음 손을 씻고, 팔을 휘젓듯 일필휘지로 그림을 그려냈다고 한다.

내가 좀 더 이전 시대에 이 그림을 봤다면 두루마리를 차례로 펼치며 시선을 천천히 움직여 풍경 사이로 유유히 산책에 나섰을 것이다. 물론 이 그림은 지난 천 년 동안 해내온 것을 오늘도 똑같이 해내고 있다. 내 시선은 작고 고요한 배 위 어부와 벌거벗은 가을 나무, 행상인과 짐을 가득 진 노새, 암벽, 언덕을 오르는 허리 굽은 노인을 지나 안개에 둘러싸인 산속으로 그 오래된 길을 따라 여행한다. 가슴이 저미도록 아름다운 풍경이다.

곽희는 풍경화가 '일상 세계의 굴레와 족쇄'에서 '두루미의 비행과 원숭이의 울음소리가 우리의 가까운 벗이 되는' 곳으로 도피할 수 있게 한다는 글을 남겼다. 하지만 반드시 글자 그대로 자연 속이라고 느껴야 하는 것은 아니다. 나는 이 그림 안에 있을 수 있어서 행복하다. 자연과 작가의 마음이 적절히 어우러져서 생겨난 곳이 분명하지 않은가. 어떠한 원숭이나 두루미보다 곽희 본인이 나에게는 가장 가까운 벗처럼 느껴지는 곳이다.

눈으로나 마음으로나 이 그림을 완전히 흡수하고 감상하는 것은 결코 불가능하기에 나는 그것이 보여주는 세상의 충만함을 흡수하려고 노력하면서 더 깊은 침묵으로 빠져들었다.

∽∽∽

시간이 흐르면서 예술 작품을 감상하는 나만의 방식을 찾게 됐다. 우선 작품에서 교과서를 쓰는 사람들이 솔깃할 만한 대단한 특이점을 곧바로 찾아내고 싶은 유혹을 떨쳐낸다. 뚜렷한 특징을 찾는 데 정신을 팔면 작품의 나머지 대부분을 무시하기 십상이다. 프란시스코 데 고야가 그린 초상화가 아름다운 까닭은 그의 천재성을 드러내는 특징 때문이기도 하지만 색채와 형태, 인물의 얼굴, 물결처럼 굼실거리는 머리카락 등이 아름답기 때문이기도 하다. 다시 말해 이 다양하고 매력적인 세상의 속성들이 훌륭한 표현 수단 안에 모아졌기 때문이다. 어느 예술과의 만남에서든 첫 단계에는 아무것도 하지 말아야 한다. 그저 지켜봐야 한다. 자신의 눈에 작품의 모든 것을 흡수할 기회를 주는 것이다. '이건 좋다', '이건 나쁘다' 또는 '이건 가, 나, 다를 의미하는 바로크 시대 그림이다'라고 판단해서는 안 된다. 이상적으로는 처음

1분 동안 아무 생각도 해선 안 된다. 예술이 우리에게 힘을 발휘하기까지는 시간이 필요하다.

나는 B구역(옛 거장 회화 전시관) 소속 경비원으로서 밥이 나를 I구역(19세기 회화 전시관)으로 보낼 때마다 놀라곤 한다. 적어도 내 머릿속에서는 라파엘로, 티치아노, 렘브란트 전시관과 모네, 드가, 반 고흐 전시관 간에 선의의 경쟁이 펼쳐진다. 하루에 최소 한 번은 예수의 초상들을 매우 못마땅한 얼굴로 바라보며 "수련은요? 해바라기는요? 인상파 쪽은 없나요?" 같은 질문을 하는 관람객이 다가온다. 그러면 미술관 건물 맨 끝으로 가는 기나긴 루트를 알려주어야 한다. 도심 기준으로는 몇 블록 거리다. 이런 관람객들의 취향을 원망하지 않는다. 다만 결과적으로 나는 그들이 사랑하는 인상파 화가들, 특히 클로드 모네에게 늘 온당한 대우를 해주지는 않는다. 그의 그림은 너무 예뻐서 이것만으로도 충분하지 않은가 싶을 때도 있다. 하지만 그때마다 예술을 감상하는 첫 단계의 원칙을 떠올리고 다시 그림을 바라본다.

금요일 저녁이다. 나는 수련[3]과 건초 더미, 그리고 미술관이 문을 닫을 때까지 버틸 열렬한 예술 팬들과 같은 전시실에 있다. 〈건초 더미Haystacks〉[4]는 모네가 사계절에 걸쳐 하루 중 각기 다른 시간대를 그린 연작의 일부다. 하품을 하면서, 나는 그가 왜 그런 시도를 했는지 이해한다. 실내에서도 이 시간대에는 모든 것이 더 나른해 보인다. 심지어 그림들까지도 잠들 준비

가 된 듯 보인다. 오늘도 "너무 가까워요!", "플래시는 꺼주세요!"라고 호통치느라 바쁜 하루였다. 이렇게 인기 많은 구역에서는 늘 있는 일이다. 하지만 이제 남아 있는 소수의 관람객은 그저 평화롭게 돌아다니고 있다. 그리고 나에게는 모네의 그림을 정면으로 마주하고 그것이 나에게 영향을 줄지, 준다면 어떤 영향일지 알아볼 기회가 온 것이다.

만약 무언가가 웃기는지 알고 싶다면 그것이 우리를 웃게 만드는지 확인하면 된다. 어떤 그림이 아름다운지 알고 싶다면 그림을 바라볼 때 우리 안에서 어떤 반응이 일어나는지 확인하면 된다. 웃음만큼 확실하지만 대부분은 좀 더 조용하고 주춤거리며 나오는 반응일 것이다. 〈여름의 베퇴유 Vétheuil in Summer〉[5](파리에서 북서쪽으로 60킬로미터 정도 떨어진, 센강 가에 있는 마을 베퇴유의 원경을 그린 풍경화. 물에 아른거리며 비치는 마을의 그림자가 모네 특유의 붓질로 잘 묘사되어 있다. - 옮긴이)라는 제목의 풍경화가 시야에 가득 찰 정도로 바짝 다가선 나는 내 눈이 이 허구의 세계를 실감 나게 받아들인다는 걸 확인한다. 마을과 강, 그리고 강에 떠 있는 마을의 물그림자가 보인다. 다만 모네의 세계에는 흔히 아는 햇빛 대신 색채만이 존재한다. 이 작은 우주의 훌륭한 조물주답게 모네는 햇빛을 나타내는 색깔들을 펼쳐두었다. 펼치고, 흩뿌리고, 엄청나게 숙달된 실력으로 끝없이 반짝이는 모습을 캔버스에 고정해두었다. 오랫동안 보고 있어도 그림은 점차 풍성해질 뿐 결코 끝나지 않는다.

모네는 시각으로는 길들일 수 없는 세상의 모습을 그렸고, 에머슨(랠프 월도 에머슨Ralph Waldo Emerson, 종교적 독단이나 형식주의를 배척하고 인간 스스로를 신뢰하며 인간성을 존중하는 개인주의적 사상을 주장한 미국의 시인이자 사상가 - 옮긴이)은 이를 '눈부심과 반짝임'이라고 표현했다. 이 그림의 물결 속에서 흔들리며 녹아내리는 수백만 개의 아롱진 반영이 바로 그것이다. 이것은 옛 거장들의 상징주의적 표현법에는 좀처럼 들어맞지 않는 유형의 미학이고, 정돈된 상태를 추구하는 우리의 두뇌가 일반적으로 허용하는 것보다 더 혼돈스럽고 타오르는 듯한 아름다움이다. 우리는 대개 유용한 정보를 얻기 위해 위협적이고 산만하게 쏟아져 들어오는 주위 자극은 무디게 만들거나 아예 무시한다. 모네의 그림은 우리가 이해하는 모든 것의 입자 하나하나가 의미를 갖는 드문 순간 중 하나를 떠올리게 한다. 산들바람이 중요해지고, 새들이 지저귀는 소리가 중요해진다. 아이가 옹알거리는 소리가 중요해지고, 그렇게 그 순간의 완전함, 심지어 거룩함까지 사랑할 수 있게 된다.

그런 경험을 할 때면 가슴에서 가냘프지만 확실한 떨림을 느낀다. 이와 비슷한 느낌이 모네가 붓을 집어 들게 하는 영감이 되었으리라 상상한다. 그리고 지금 이 그림을 통해 모네가 느꼈을 전율이 내게 전해져온다.

5

마침내 나는 오버타임 근무(경비원들은 임금을 두 배로 받기 때문에 '더블 데이'라고도 부른다)를 신청할 용기를 짜냈다. 여태까지는 내 체중으로 여덟 시간이나 더 발을 혹사하는 것이 두려웠다. 생계를 위한 육체노동 중 그냥 서 있기만 하면 되는 일은 비교적 쉬운 돈벌이지만, 그마저도 한계에 다다랐을 때는 몸이 곧바로 신호를 보낸다. 이 사실에는 변함이 없으나 그동안 몸의 신호를 무시하는 데 더 능숙해졌다. 그리하여 오버타임 근무 신청자 명부에 이름을 적었고 월요일에 출근하라는 연락을 받았다.

월요일은 미술관의 정기 휴관일(책이 출간된 지금은 매주 수요일로 정기 휴관일이 변경되었다.-옮긴이)이라 쿵쾅거리며 돌아다니는 관람객도 없어서 메트의 직원들이 각자의 은신처 밖으로 나온다. 메트는 2천 명 이상의 인력을 고용하고 있는데 오늘만큼은 많은 이들이 물을 만난 듯하다. 큐레이터들은 전시실 한복판에 서서 어느 유물을 어디에 놓아야 할지 토론한다. 기술자들은 누군가와 부딪힐 염려 없이 예술품이 실린 카트를 이리저리 밀고 다닌다. 인부들은 자신의 실력을 믿고 편안해 보이는 보존가들의 감독하에 로프와 도르래로 조각상을 어떻게 들어 올릴지 몇 시간씩 계획을 세운다. 도처에서 전기 기술자, 공기조화 기술자, 페인트공(세밀한 붓이 아닌 롤러를 사용하는)이 몰고 다니는 전동 리프트의 "삐, 삐, 삐" 소리가 들려온다. 몇몇 직원은 손님을 한두 명씩 데려올 수 있는 특권을 활용하기 위해 휴일임에도 얼굴을 비친다. 큐레이터들이 고액 기부자와 VIP에게 미술관을 안내하는 동안 경비원과 청소부는 부모님께 호스스러운 투어를 제공한다.

이 거대해 보이는 기관이 얼마나 역동적인지 지켜보는 것은 즐거운 일이다. 메트는 200만 개가 넘는 유물을 소장하고 있다. 사용 가능한 전시실 공간의 제곱미터당 대략 열 개의 유물이 있는 셈이기 때문에 컬렉션 중 극히 일부만 한 번에 선보일 수 있다. 열일곱 개의 큐레이션 부서는 다소 독립적으로 운영되며 각자만의 고유한 조건을 최대한 활용한다(메트로폴리탄 운영 세부사항처럼 큐레이션 부서의 수에도 집필 이후 변동이 있었으며 이 책이 출간되어 읽힐 때쯤이면 또다시 달라졌을 수 있다). 아메리카 미술, 이집트 미술, 그리스·로마 미술 부서에는 공개 수장고가 있어 유물이 유리 케이스에 차곡차곡 보관된 모습을 대중이 볼 수 있다. 다른 부서들은 그런 행운을 누리지 못한다. 의상 연구소는 빠듯한 공간에서 1년에 두 번씩 기획 전시를 연다. 언제나 인기가 있는 이 전시에서는 다양한 의류와 패션 소품을 디자이너 또는 테마별로 진열한다.

소묘와 판화 부서에는 상당히 길기는 하지만 딱 하나의 복도만 주어진다. 소장품 중에는 빛에 민감한 것들도 있기 때문에 진열한 작품을 계속 바꿔가며 전시를 이어간다. 근현대미술 부서는 여러 대형 소장품을 전시하는 데 애를 먹는다. 잭슨 폴록급의 캔버스 몇 개와 설치미술 작품 몇 점이면 전시 공간이 꽉 차버리기 때문이다. 그리고 현대미술 큐레이터들은 다른 부서, 예를 들어 고대 서아시아 미술 부서 동료들보다 언제나 최신 트렌드에 촉각을 곤두세워야 하는 책임이 있다. 메트의 부서들은 모두 합쳐 많게는 매년 서른 개의 기획전을 개최하는데 그중 전 세계 박물관에서 작품을 대여해 올 정도로 광범위한 전시도 있고, 한두 개의 전시실만 채우는 아담한 규모의 전시도 있다. 다시 말해 이곳에는 항상 새로운 볼거리가 있다.

아침 근무 시간에 열다섯 명 정도의 신입 경비원들이 경비실장을 따라 돌아다니는 모습이 보인다. 현장 훈련 첫날이라 경비원들은 사복을 입고 있다. 경비 인력에는 4~6개월마다 한 번씩 신입이 투여된다. 이직률이 특히 높기 때문이 아니라 우리 부서가 구성원 약 6백 명으로 미술관에서 가장 규모가 크기 때문이다. 베테랑 경비원 중 정년 이전에 퇴직하는 경우는 손에 꼽는다. 경비실장 크루즈 씨는 승진하기 전에는 경비원이었다가 구역 대장으로 승진했고, 그 후 같은 직급인 배치 사무실로 이동했다가 고위급 결정을 해야 하는 현재의 자리에 올랐다. 이번 주에 그는 신입 경비원들을 이끌고 보안 프로토콜, 비상 대책, 소방 안전, 경비원의 법적 권리와 권한에 관한 설명회를 진행할 것이다. 또 예술 학교에 다녔던 이력을 살려 미술관과 거기 소장된 컬렉션의 역사에 관한 교육도 담당할 것이다.

지도를 열심히 들여다보는 모습으로 보아 곧 내 동료가 될 몇

몇은 메트를 처음으로 둘러보고 있는 듯하다. 미술관 경비원이 되는 데는 예술이나 보안 분야 경력이 필요하지 않다. 채용 공고를 보고, 직업 설명회에 참석하고, 어떤 분야에서 왔든 충실히 이력서를 작성하고, 면접에서 좋은 모습을 보여주기만 하면 된다. 친구나 친척 중 경비원이 있다고 해서 가산점을 받는 건 아니지만, 채용 공고가 난 걸 알게 되는 건 종종 그런 루트를 통해서다. 수십 년 전, 뉴욕의 알바니아계, 가이아나계, 러시아계 사람 중 상당수가 지인 사이 입소문을 통해 이곳에서 일자리를 얻었다. 안정된 직장이고, 노조가 있고, 기본급은 낮지만 오버타임 근무 수당이 상당하고, 직원 혜택이 괜찮다. 업무에 대한 의견은 사람마다 다르다. 어떤 경비원들은 견딜 만하다고 하고 다른 사람들은 엄청나게 좋다고 말한다.

몇 분 후 투어 그룹은 떠나고 나는 아프리카 미술 전시관에 홀로 남겨진다. 월요일에는 근무자들이 더 띄엄띄엄 배치되기 때문에 완전히 혼자다. 전시관을 탐험할 기회인 셈이다. 나는 먼저 베닌 시티에서 온 유명한 보물들 쪽으로 다가간다. 미켈란젤로가 시스티나 예배당의 벽화를 그리고 미마르 시난(오스만제국의 건축가. 300개가 넘는 대형 건축 프로젝트의 책임자로 오늘날 오스만 건축의 최고 걸작 중 하나로 꼽히는 이스탄불의 쉴레이마니예 모스크가 대표작이다.-옮긴이)이 이스탄불의 거대한 사원들을 지을 무렵 당시 베닌 시티의 예술가들은 수 세기 동안 그 지역에서 타의 추종을 불허할 만큼 뛰어난 상아와 황동 작품을 만들었다. 지금의 나이지리아 남서부 지역에서 개국한 지 700년이 되었던 베닌 시티에는 68개의 왕립 길드가 있었는데 거기에는 도예가, 직조공, 건축가, 황동 주조 기술자, 상아 조각가, 코끼리 사냥꾼 길드 등이 포함되어 있었다.

얇게 켠 코끼리 엄니로 만든 가면에 조각한 베닌 왕국의 왕대비 이디아^{Idia}의 강인한 얼굴[6]이 멀리서부터 눈에 들어온다. 이디아는 자신의 아들 에시기^{Esigie}가 왕좌를 차지하는 것을 돕기 위해 한 번, 그의 왕국을 북쪽으로 확장하기 위해 또 한 번 군대를 일으켰다. 그녀의 불굴의 얼굴을 조각한 가면은 강렬한 첫인상을 남기는 동시에 마주할수록 아이콘으로 자리매김하는 독특한 유형의 예술 작품이다. 메트에는 수많은 왕과 여왕이 있지만 이 가면이야말로 왕권과 그 위엄을 가장 분명하게 보여주는 작품일 것이다.

나는 그녀가 유리 케이스 안에 더 이상 갇혀 있지 않을 언젠가를 상상하며 이디아 앞에서 긴 시간을 보낸다. 어느 좋은 날 라텍스 장갑을 낀 기술자들이 전시 스탠드의 속박을 풀고 그녀를 '제한구역, 관계자 외 출입 금지'라고 쓰인 표지판이 붙은 지하실로 데려갈 것이라 믿는다. 그녀를 수장고로 데려가는 것이 아니라 포장 기술자가 유물들을 하역장으로 옮기기 전 주문 제작한 운송 상자에 넣는 등록소 옆 구역으로 향하는 것이다. 요컨대 이디아가 나이지리아 베닌 시티에 개관할 새로운 박물관으로 보내질 것을 기대해본다. 1897년, 영국군이 베닌 시티를 정복해 약탈했고 여러 차례의 불법적인 거래 끝에 이디아는 결국 메트의 소장품이 되었다. 경비원인 나는 유물 반환 문제에 특별한 전문 지식은 없지만, 우리 중 누구도 석방해야 할 강력한 이유가 있는 것들을 붙들고 있는 감옥의 교도관이 되고 싶어 하는 사람은 없다고 단언할 수는 있다. 그날이 올 때까지 이 가면은 적어도 세계적인 도시의 공공 컬렉션에 보관되어 있을 것이다. 서아프리카 이야기를 하니 나이지리아, 가나, 토고, 부르키나파소, 카메룬 출신 경비원들이 머릿속에 떠오른다.

몸의 방향을 돌리는 것만으로 1만 킬로미터 이상 떨어진 중앙아프리카까지 단번에 이동한다. 그곳에는 수많은 나무 주술상이 전시되어 있다. 보자마자 그렇게 느낀 건 아니지만 나는 이들 중 하나가 이 미술관에서 가장 멋진 조각상이라고 여기게 되었다. 어떤 작품은 오랜 감상에 대한 보상을 주는 반면, 어떤 작품에서는 얻는 것이 덜한데 이런 차이는 첫눈에 알 수 없다는 것을 경험을 통해 깨닫는 중이다. 처음 그 조각상이 다른 유물들 사이에서 특히 눈에 띈다는 생각이 들었을 때 나는 스스로를 오랫동안 의심했다. 큐레이터들이 그것을 더 높은 받침대에 배치하지 않았는데 내가 뭐라고? 긴 시간 고독하게 조각상을 바라보고 나서야 확신을 갖게 되었다.

그것은 현대 콩고민주공화국 부족인 송예 사람들이 만든 은키시[Nkisi][7]로, 영적인 힘을 담는다고 믿었던 주술상이

6  7

다. 1970년 이전에 조각된 것으로 정확한 연대는 특정할 수 없다. 키는 90센티미터 정도이고 작은 사람처럼 보이지만 사실은 사람이 아니다. 은키시는 인계人界의 것이 아니기 때문이다. 〈은키시 주술상Community Power Figure〉의 배는 임신한 것처럼 부풀어 있고, 팔과 가슴은 신성한 기름을 발라 매끈하며, 털과 깃털로 이루어진 머리 장식, 방패형의 볼록한 얼굴을 하고 스프링 같은 목 위에 거대한 머리가 균형을 잡고 있다. 많은 이들이 이 조각상의 탄생에 한몫했다. 장로들은 조각상을 의뢰했고 마을 사람들은 신중하게 고른 나무를 베어 왔다. 우두머리 조각공은 〈은키시 주술상〉의 형태를 만들었고 '응강가Nganga'라고 부르는 치유사 역할의 무당은 '비심바Bishimba'라고 불리는 약재와 주술적인 물질을 주입했다. 완성된 조각상은 사람의 손으로 잡을 수 없을 정도로 강력한 힘을 지녔다고 여겨졌기 때문에 야자 섬유로 만든 끈을 조각상 손목에 고정해 긴 막대기로 옮겼다. 그렇게 은키시는 신성한 거처로 행진했고 마을 남자 중 한 명이 언제나 그 곁을 지켰다. 그 남자는 꿈이나 영매를 통해 지역사회에 관한 중요한 메시지와 경고를 받았다.

〈은키시 주술상〉을 보며 이런 뒷이야기의 흔적이 얼마나 많이 남아 있는지 확인하는 과정은 짜릿하다. 손목에는 여전히 야자 섬유로 만든 끈이 붙어 있다. 입안에 들어 있는(몸 안 통로들에도 저장되어 있다) 끈적끈적한 것은 비심바이고, 야자 기름과 동물의 피로 기름 부음(어떤 사람이나 사물에 특별한 사명을 맡기기 위해 기름이나 기타 신성시되는 액체를 붓고 문지르는 행위. 종교의식에

많이 등장한다. – 옮긴이)을 받아 조각상이 젖어 있는 것처럼 보인다. 무엇보다 조각가는 〈은키시 주술상〉을 초자연적 존재로 만들기 위해 엄청난 노력을 기울여 놀라운 기하학적 형태를 완성한 것이 분명하다. 조각의 형태를 잡으면서 예술가는 엄청난 난관에 직면했을 것이다. 곽희의 두루마리나 모네의 그림과 달리 그의 조각은 다른 것을 모방하거나 묘사하지 않았다. 신성한 존재처럼 보이려고 의도한 것이 아니라 그 자체로 신성한 존재여야 했고, 따라서 일반적인 인간의 손길 너머에 존재하는 것처럼 보여야 했다. 어떤 것의 모방이나 묘사가 아니라 새롭고 기적적이며 그 자체로 완성된 형태라는 확신을 가진 완벽한 존재, 다시 말해 어느 정도 갓 태어난 아기 같은 모습이어야 했다.

박력 넘치는 조각상의 주위를 돌며 나는 예술가가 이렇게 어려운 일을 해냈다는 사실에 감탄할 뿐이다. 예술의 위대한 기적이 행해졌고 아름다움의 새로운 모습이 세상에 더해졌다. 감탄스러울 뿐만 아니라 감동적이다. 눈을 지그시 감은 〈은키시 주술상〉은 다가오는 위험한 세력에 대적하려는 의지를 불러일으키려는 듯 내면에 몰두하는 강력한 기운을 내뿜는다. 이 조각상은 폭력, 불행, 질병 등 끊이지 않는 일상적 고난에서 송예족을 보호하기 위한 것이었다. 패배가 정해진 싸움이었겠지만 시도만큼은 심금을 울린다. 엄청난 압박을 가하는 손아귀를 뿌리치기 위해서는 이렇듯 웅장한 모습이어야 했을 것이다.

6장

예술가들도 메트에서는

길을 잃을 것이다

〈메트로폴리탄 미술관의 피카소〉는 내가 근무를 시작한 후 경험한 첫 블록버스터 전시로 어떤 날에는 1만 명이 넘는 관람객이 찾을 정도로 기록적인 행사였다. 전시는 1910년의 청소년기 자화상[1]부터 시작해 87세의 나이로 불과 270일 만에 완성한 347점의 에칭 시리즈[2]에서 선별한 작품들까지 피카소가 평생에 걸쳐 만든 작품을 열두 개의 전시실에서 선보인 기획전이었다. 메트가 소장한 수백 점에 달하는 피카소의 회화, 도자기, 조각, 소묘, 판화 중 지금까지 전시된 것은 그야말로 빙산의 일각이었다는 사실을 누가 알았겠는가? 이 전시가 열릴 때까지는 말이다.

대부분의 동료들은 우리가 '쇼'라고 부르는 이런 특별 전시회에서 근무하는 것을 꺼린다. "너무 서커스 같아." 누군가가 투덜거린다. 쇼를 경비한다는 것은 서로를 밀치거나 구시렁대면서 몰려드는 끝없는 관람객 무리를 관리하는 것인데 이건 위엄 있는 분위기에 익숙한 B구역 경비원들에게는 악몽 같은 이야기다. 나는 예외다. 특별 전시회에서 나는 전시실 안의 에

너지, 작품이 종종 기대 이상이거나 혼란스러울 때 나오는 반응, "청색 시대(피카소가 활동한 기간 중 1901~1904년을 일컫는 미술사 용어. 이 시기에 피카소는 친구의 자살에 영향을 받아 심한 우울증에 시달렸고 상실을 애도하듯 주로 검푸른색이나 짙은 청록색을 띠는 그림을 그렸다. – 옮긴이)!"라고 외치듯 속삭이는 사람들에게서 뭔가 신비로운 느낌을 받는다. 나는 B구역 대장에게 내키는 만큼 나를 특별전에 배치해달라고 말한다. 모두에게 좋은 일이라 그는 수락했고, 그렇게 4개월 남짓한 기간에 2백 시간은 거뜬히 피카소의 드넓은 머릿속을 누비고 다닐 수 있게 되었다.

 어느 일요일, 나는 1.8미터 높이의 장미 시대 그림 〈배우The Actor〉³(피카소가 청색 시대를 견뎌내고 심리적 안정을 찾은 활동기를 일컫는 장미 시대의 그림. 이전보다 좀 더 온화한 느낌의 채도 낮은 분홍, 빨강, 갈색 등을 사용했다. – 옮긴이) 앞에 배치됐다. 몇 달 전 운 없는 관람객이 비틀거리다가 이 그림과 충돌하는 일이 있었다. 그의 탓은 아니었지만 캔버스 오른쪽 하단에 15센티미터 정도의 긴 상처가 생기고 말았다. 그림은 지금은 보수되어 보호용 유리 뒤에 있지만 사람들이 희미한 흉터를 보기 위해 몸을 앞으로 기울일 때마다 나는 움찔 놀라곤 한다. 피카소의 그림을 보기 위해 자리를 다투는 사람들로 가득 찬 전시실을 머릿속에 그려보라. 그러면 동시에 관람객과 작품 사이 거리를 유지하기 위한 좁은 해자 같은 통로도 떠올릴 수 있을 것이다. 나는 전시실 저편에서 태연자약하게 그 통로로 잠입하려는 한 신사를 발견하고 손을 흔들어 그의 주의를 끄는 데 성공했지만, 그는 뒤로 한 발짝 물러나라는 나의 팬터마임을 어떻게 해석해야 할지 모르는 눈치다. 그래서 내 쪽으로 와서 직접 이야기를 듣기로 결정한 듯하다. 좋은 생각이다. 지금 내가 그의 출입을 저지하려고 하는 바로 그 통로를 이용하는 것이 이쪽으로 오는 가장 짧은 동선이라는 점을 제외하면 말이다. 그는 무엇이 잘못되었는지 전혀 의식하지 못한 채 나를 향해 성큼성큼 걷기 시작하더니 곧바로 피카소의 〈하얀 옷을 입은 여인Woman in White〉[4]을 표구한 액자에 전속력으로 어깨를 부딪힌다.

그림은 천장 바로 아래에 고정된 구리 선에 걸린 채 한 번, 두 번, 세 번 흔들린다. 마침내 그 끔찍한 진자 운동이 잠잠해졌을 때 지진을 목격한 것처럼 현실에서 잠시 벗어난 듯한 기분이 든다. "이런 세상에!" 누군가가 외친다. 군중은 내가 그를 체포할까 싶어 양손을 머리 위로 들고 있는 남자에게서 본능적으로 거리를 둔다. 구역 담당 대장에게 전화를 걸었고 그 그림이 상처를 입지 않았으며 정말로 위험한 상황에 처한 건 아니었음을 확인한다. 하지만 잘 모르겠다. 흔들리는 피카소 작품을 본 직후에 모든 게 괜찮다고 느끼기는 어려운 법이다.

몇 주 후 나는 또 한 번 충격에 휩싸였

다. 근무 구역이 배정되기를 기다리며 《뉴욕타임스》 신문을 펼쳤고 파리에서 피카소, 마티스, 브라크, 레제, 모딜리아니 작품이 도난당했다는 기사를 접했기 때문이다. 어느 도둑이 야밤에 혼자 창문을 깨고 침입해 총액 1억 달러 상당의 근대 예술품들을 챙겨 파리 16구로 사라져버렸다. 이 사건은 겉으로는 어떤 혼란에도 끄떡없을 것 같은 미술관이 실은 그렇지 않을 수도 있다는 점을 상기시켜준다. 이곳은 자물쇠가 달린 금고가 아니다. 사람들을 위해 만든 곳이다. 그 사실이 달라지지 않는 한 미술관은 사람들 때문에 생기는 모든 약점과 속임수에 맞서야 한다.

그리스·로마관으로 배치된 어느 오후, 고참인 화이트홀 씨가 평범한 그리스 대리석 두상을 가리킨다. "이게 누군지 알아?"

모른다.

"헤르메스."[5] 그가 말한다. "그가 어떻게 그랜드 센트럴 터미널 라커에 들어가게 됐는지 알아?"

그것 역시 모른다.

"그럼 내가 알려주지. 1979년쯤이었나, 내가 여기서 일하기 얼마 전의 일이야. 평소와 다를 것 없던 날이었다더군. 투탕카멘 전시회가 열리고 있었다는 걸 빼고는. 여태까지 메트가 연 전시 중 제일 큰 규모였어. 검색해봐도 좋아. 그게 원인이었는지는 확실하지 않지만 불쌍한 경비원 하나가 그리스 전시관을 순찰하다가 뒤로 돌았는데 전에는 비어 있지 않았던 게 확실한 전시대 하나가 비어 있었다는 거야. 며칠이 지나서 2월 14일, 밸런타인데

이가 됐어. 경찰들한테 헤르메스를 찾고 있다면 그랜드 센트럴 터미널의 몇 번 라커를 들여다보는 게 좋을 거라는 제보가 들어왔다는 거야. 헤르메스는 도둑의 신이지, 우연찮게도. 경찰이 쇠지렛대로 무장한 채 사이렌을 울리며 출동해서 라커 문을 열자 아니나 다를까, 이 빈 눈구멍들이 그들을 마주 보고 있었대."

우리는 대리석 두상을 쳐다본다.

"거기까지는 이상하다고 할 수도 없어! 여길 봐, 왼쪽 눈 바로 위… 이 자리에 늘 작은 하트가 새겨져 있었어. 아무도 왜, 누가 그랬는지 몰라. 우연이었는지 어쨌는지도. 항상 그냥 거기 있었던 거야. 아마도 수 세기 동안. 그런데 말이야." 화이트홀 씨는 불필요하게도 속삭이기 시작한다. "이 헤르메스가 집으로 돌아왔을 때 오른쪽 눈 위에 두 번째 하트가 새겨져 있었대. 쌍을 이루도록. 갓 조각한 쌍둥이 하트라니! 맹세해, 브링리 씨. 검색해봐도 좋아." 나중에 찾아보니 모두 사실이었다.

그에게 두 번째 하트가 어떻게 생겨났는지 물었다.

"아마 이렇게 된 일이겠지. 어떤 남자가 여자와 데이트를 하려고 메트에 데려왔다가 여자가 여기 헤르메스를 보고 하트를 발견한 거야. 그러고는 '귀여워라!' 같은 소리를 한 거지. 이 남자는 그걸 기억해두었고. 그리고 밸런타인데이가 다가오는데 남자는 준비한 선물이 없었던 거야. 그러다가 작은 하트가 새겨진 조각상이 떠올라서 미술관으로 돌아와 그걸 슬쩍한 다음 정말 바보 같게도 똑같은 하트를 새로 새겨서 선물 상자에 넣은 거지. 여자는 리본을 풀고 선물을 열어보고는 얼간이 같은 남자를 꾸짖었고, 한 시간, 길게 잡아야 두 시간 후쯤 경찰이 그 익명의 제보를 받게 된 거지."

바로 그다음 쉬는 시간에 메트의 학술 도서관으로 가서 '메트로폴리탄 미술관', '절도', '도난', '경비원' 같은 단어를 입력하며 신문 데이터베이스에서 관련 자료를 검색해봤다. 피를 차갑게 식히는 동시에 끓어오르게도 하는 데는 예술품 절도 사건만 한 것이 없다. 가상의 메트를 배경으로 사건이 벌어지는 〈토마스 크라운 어페어〉라는 영화에 관한 질문을 적어도 다섯 번은 받았다. 경비원들이 전류가 흐르는 소몰이용 곤봉을 휘두르는 장면이 나오는 영화다(그 주제에 대해 나는 '노 코멘트'로 일관한다). 실제로 메트에서 그런 영화 같은 사건이 일어난 적은 거의 없지만, 이 위대한 기관의 야사라 할 만한 몇몇 부끄러운 사건이 있긴 했다.

내가 찾은 첫 번째 절도 사건은 1887년, 한 경비원이 전시 케이스가 지렛대로 열어젖혀져 있고 고대 키프로스의 금팔찌가 도난당한 것을 알아차리는 '충격적 발견'을 한 사건이다. 당시 신생 미술관이었던 메트로서는 키프로스 컬렉션이 유일하게 큰 가치가 있는 소장품이었기 때문에 이 사건은 엄청난 논란을 일으켰다고 한다. 경비원이 등장하는 것 중 내가 발견한 가장 오래된 기록은 딕슨 D. 앨리 씨에 관한 것으로 그는 메트의 초대 관장인 루이지 팔마 디 체스놀라$^{\text{Luigi Palma di Cesnola}}$ 장군의 사기 혐의를 주장하는 기사에 등장한다(사르데냐 왕국에서 태어난 이 기상천

외한 인물은 미국 남북전쟁에서 북군 장교가 되었다가 나중에 주키프로스 미국 영사가 되었다). 앨리 씨에 따르면 그는 1880년에 미술관이 영구 부지로 이전했을 때 고대 키프로스 도자기들의 포장을 풀고 세척하는 임무를 맡게 되었다고 한다. 내게는 한 번도 이런 임무가 주어진 적이 없다. 그는 놀랍게도 몇몇 그릇의 채색이 너무 현대적인 데다 도료가 물에 녹아 배수구로 흘러 들어가는 것을 발견하고 분명 유물이 위조되었거나 심각한 변형이 일어났다고 생각했다. 거기에 더해 뒤죽박죽 섞여 있는 파편들 속에서 어느 고대 테라코타 조각상의 머리를 찾으라는 지시도 받았다. 그나마 가장 잘 맞는 머리의 이음매가 3밀리미터 정도 좁다는 게 확인됐을 때, 체스놀라 장군은 전혀 망설이지 않고 그것에 맞춰 조각상의 목을 깎으라고 명령했다고 한다. 나중에 앨리 씨가 이 '복원' 과정에 관한 질문에 솔직하게 대답하자 그는 보복성 해고를 당했다.

다음으로 찾은 기사는 1910년에 발행된 것이다. 그해 한 남자가 이집트 조각상을 가지고 바워리Bowery 지역(싸구려 술집, 하숙집 등이 집중되어 있었던 맨해튼 남쪽의 슬럼가 - 옮긴이) 전당포로 들어섰다. 다음은 《뉴욕타임스》가 인용한 그 남자의 말이다. "여기 이 놋쇠 덩어리로 돈을 좀 벌고 싶은데 얼마나 하는지는 모르겠네, 우리 고모가 갖고 있던 거라. 하지만 고모는 이런 걸 보는 안목은 있어서 산 것들은 항상 진품이었어." 전당포 주인은 2천 5백 년 된 유물을 훑어보며 이렇게 투덜거렸다. "당신이 지금 세공이라고 말하는 게 놋쇠의 가치를 떨어뜨릴 수도 있어." 그는 남자에게 50센트를 주었고(형사의 말에 따르면 "위스키 다섯 잔이나 맥주 열 잔"을 사기에 충분한 액수) 도둑은 전당표까지 팔아 10센트를 추가로 챙겼다. 도둑맞은 유물을 찾고 있던 경찰은 평소처럼 전당포들을 순찰하다가 그 조각상을 발견했다. '두려운 존재'라는 뜻의 여신 네이트[Neith 6](고대 이집트 신화 속 전쟁과 수호의 여신이자 저승의 여주인인 네이트를 조각한 입상 - 옮긴이)는 이제 메트로폴리탄 이집트 전시관에서 다시 볼 수 있다.

17세기에 그린 미니어처 채색화 다섯 점을 훔친 1927년의 도난 사건은 범인이 마스터키를 사용했기 때문에 분명 내부자의 짓이었다. 1944년에는 벽에 나사못으로 고정되어 있던 14세기 이탈리아 시에나풍 그림[7] 하나가 완력으로 뜯어져 도난당했다가 나무 패널이 반으로 갈라진 상태로 익명의 우편을 통해 반환되었다. 1946년에는 드라이버 두 개, 망치, 손전등 한 쌍을 든 강도가 튀르키예산 양탄자를 코트 아래로 쑤셔 넣었다가 불룩 튀어나온 모양새가 수상하다고 생각한 베테랑 경비원 댄 도너번에게 발각됐다.

1953년, 메트의 경비원들이 파업에 돌입했다. 공교롭게도 윌리엄 피트(1766~1768년에 영국 총리를 지낸 정치가 - 옮긴이)의 도자기 모형이 고정 장치에서 뜯겨져 없어진 직후였다. 요란한 사극 의상을 입은 경비원들은 피켓을 들고 웅장한 입구 쪽

6 7

대리석 계단에 늘어섰다. 번쩍거리는 갑옷을 입은 기사가 든 피켓에는 이렇게 쓰여 있었다. '내 월급도 중세 수준이다. 중세 유물 전시로 내 중세 월급을 벌어들인다.'

1966년에는 두 가지 사건이 있었다. 우비를 입은 한 남자가 게인즈버러의 그림을 슬쩍 들고 나가다가 경비원들이 쫓아오자 그것을 떨어뜨렸고(이 사건 이후 게인즈버러의 조카이자 제자 게인즈버러 뒤퐁의 그림[8]으로 출처가 다시 밝혀졌다), 브롱크스 출신의 채소 행상인이 알 수 없는 이유로 모네의 〈베퇴유 풍경 View of Vétheuil〉[9]에 구멍을 냈다.

1973년, 미술관은 도난의 수혜자였다. 당시 메트의 관장은 여러 국경을 넘어 조각조각 밀수된, 화공 유프로니오스(기원전 아테네를 기반으로 활동했던 고대 그리스의 화공이자 도공 – 옮긴이)가 제작한 아름다운 그리스 화병의 구매를 주도했다. '뜨거운 냄비'라는 별명으로 불리게 된 이 화병은 《뉴욕타임스》 마피아 전문 기자에 의해 여러 번 폭로의 대상이 되었고 결국 2006년, 이탈리아 정부에 반환되었다.

1979년에서 1981년까지는 아주 다사다난한 기간이었다. 가장 먼저 그 헤르메스 두상에 칼자국이 났다. 1년 후에는 10대 청소년 몇 명이 옷걸이를 이용해 허술한 전시 케이스 너머 람세스 6세의 반지[10]를 낚아 올리는 데 성공했다. 그들은 한 보물상이 반지의 반환을 걸

고 미술관에서 돈을 갈취하려다가 붙잡혔다. 이 사건의 범인들이 체포된 건 미술관이 에드가르 드가$^{Edgar\ Degas}$의 청동 조각상[11,12] 두 점을 도난당했다고 실수로 발표한 지 불과 며칠 만의 일이었고 그 후 이 발표는 재빨리 철회됐다. '살짝 바보 같은 짓'이었다고 말하면서 메트 관계자들은 드가의 조각상들이 계속 수장고에 있었다는 사실을 인정했다. 마지막으로 한 청소부가 켈트족 동전 한 쌍[13,14]과 금으로 만든 고대의 드레스 고정 장치를 포함한 몇 가지 작은 물건[15]이 전시 케이스에서 사라졌다고 보고했다. 결국 눈이 날카로운 줄 알았던 그 청소부가 범인이었던 것으로 밝혀졌다.

그 후 놀라운 반전으로, 경비 담당 부서는 허술한 구멍을 모두 메우고 쇄신에 성공했다. 나는 1983년에 태어났는데 내 평생 동안 메트에서 절도 사건이 일어난 적은 도서관 열람실에서 사라진 야구 카드 몇 장을 제외하면 단 한 번도 없었던 것 같다. 이런 굉장한 성과 중 적지 않은 부분이 선배와 동료 덕분일 것이다.

메트는 매년 거의 7백만 명의 방문객을 맞이한다. 이건 양키스, 메츠, 자이언츠, 제츠, 닉스, 그리고 네츠(뉴욕 브루클린을 연고지로 하는 NBA의 프로 농구 팀 – 옮긴이)의 관중을 모두 합친 것보다 더 많은 수다. 자유의 여신상이나 엠파이어 스테이트 빌딩 방문객보다 많다. 루브르 박물관이나 중국 국립박물관보다는 덜하지만 박물관 중에서는 3위다. 방문객의 절반 정도는 해외에서 오고 나머지 절반을 차지하는 내국인 방문객 중 다시 절반은 뉴욕시 밖에서 온다. 메트는 입장료를 원하는 만큼 내게 하기 때문에 많은 사람들이 돈 걱정할 필요 없이 공원에 소풍을 온 기분으로 미술관에서 하루를 보낸다(슬프게도 2018년 이후 이 방침은 뉴욕주 거주자에게만 해당한다). 전반적으로 메트로폴리탄 미술관은 그 이름에 걸맞은 관중을 끌어모은다고 말할 수 있다. 다채로운 이유로 이 위대한 도시를 찾아온 다양한 사람들이 뉴욕에서 가장 매력적인 장소 중 하나로 모여들고 있으니 말이다.

이곳 출신이 아닌 뉴요커인 나는 다른 곳과 비교할 수조차 없는 차원의 사람 구경을 처음으로 경험한 때를 기억한다. 서민과 멋쟁이와 동네 괴짜가 같은 거리를 활보하고 있었고 그 누구도 머뭇거리지 않았다. 또 아무도 두려워 보이지 않았다. 기분 상해 보이거나 피곤해 보이거나 짜증 나 보이는 사람은 있어도 아무도 스스로를 너무 의식하거나 움츠러들거나 소심해 보이지 않았다. 그들은 남의 이목 따위 신경 쓰지 않는 것처럼 보였고, 이런 군중 속에 홀로 있는 듯한 모습이야말로 사람 구경의 대상이 되기에 이상적인 뉴요커의 특성이다. 대학 시절에는 이따금 메

트의 돌계단에 앉아 5번가를 따라 끝없이 흐르는 행렬을 관찰하면서 생각보다 더 오랜 시간을 보내곤 했다. 그러다 싫증이 나면 뒤로 돌아 메트의 커다란 입구로 들어가 내가 관찰하던 것만큼 빽빽하고 남의 시선을 의식하지 않는 군중에 합류했다. 혼자였다가, 섞여들었다가, 혼자였다가, 섞여들었다가 하는 도시인의 호흡.

경비 근무 중 나는 내 옆을 지나가는 군중 속으로 섞여들지 않는다. 가구에 녹아들지언정 군중에는 절대 그럴 수 없다. 이 화려한 퍼레이드에서 관객의 자리를 지킬 뿐이다. 공원 벤치에 한두 시간 동안 앉아 있는 것과 내 존재를 알아차리지 못하는 낯선 사람들과 고요한 공간을 공유하며 매일 시간을 보내는 것은 차원이 다른 일이다. 손에 든 은 쟁반 말고는 눈에 띄지 않도록 존재감을 숨기는 집사들에겐 익숙한 일일 테지만. 나는 눈과 귀만 있는 존재는 아니지만 어쨌든 그것이 내 주된 임무다.

방문객들이 미술관을 관람하는 방법이 정해져 있는 건 아니지만 몇 가지 대표적인 유형은 있다. 모든 일이 그렇듯 사람 구경도 할수록 는다. 이러한 '기예'에 통달하기로 마음먹은 나는 매일 보는 수천 명 중에서 전형적인 인물을 골라내는 법을 터득했다. 첫 번째는 '관광객' 유형이다. 대개 사는 지역 고등학교의 바람막이 점퍼를 입고 카메라를 목에 건 채 무조건 가장 유명한 작품을 찾아다니는 아버지들이다. 이들은 예술에 특별한 관심은 없지만 보는 눈까지 없는 것은 아니다. 사실 옛 거장 전시관의 솜씨를 관람하며 큰 소리로 이렇게 말하기도 한다. "뭐, 액자를 본 게 어디야!" 그들은 초등학교 저학년 자녀가 세계사 시간에 배운 내용을 작품에 접목할 때면 열심히 귀를 기울인다. 하지만 그들은 예술계의 명예의 전당 같은 곳이라고 생각했던 메트에 레오나르도 다빈치의 작품이 한 점도 없다는 사실을 알고 나면 놀라워하면서 실망한다. 물론 그럼에도 열정으로 가득 찬 채 미술관을 나선다.

다음은 '공룡 사냥꾼' 유형이다. 이 유형은 미취학 아동들을 데리고 다니며 동선의 길목마다 목을 빼고 앞을 살피다가 이 박물관에는 예술 작품밖에 없다는 사실이 분명해질수록 당황하는 어머니들이다. 뉴욕 방문은 처음인 공룡 사냥꾼과 가족 방문객에게는 이 여행이 엄청나게 대단한 일이고, 그들 대부분은 타임스스퀘어 쪽에 묵는다. 이들은 유명한 박물관이라면 티라노사우루스나 체험형 레이저 디스플레이 혹은 아이들을 즐겁게 할 최소한의 무언가라도 있을 것이라고 넘겨짚는다. 그래도 어머니들은 이곳을 최대한 활용하기로 결심하고, 지켜보던 경비원은 그들의 옷소매를 살짝 잡아당기며 번쩍이는 갑옷을 입은 기사들이 있다고 귀띔해준다. 아이들에게 익살스럽게 말을 거는 이 경비원에게 좋은 인상을 받은 그녀들은 뉴욕 사람들이 실제로는 매우 친절하다고 소문 낼 마음을 먹고 걸음을 옮긴다.

'사랑에 빠진 사람' 유형에는 세 종류가 있다. 첫 번째는 예술과 사랑에 빠진 사람이다. 《뉴요커》에 큰 호평이 실린 전시를 보기 위해 다른 도시에서 여행 온, 조용하게 몰입하고 있는 듯한 유형이다. 표정은 잘 변하지 않지만, 그녀의 마음은 토끼들 사이 거북이처럼 전시실을 천천히 누비는 동안 격렬한 물결을 일으킨다. 다음은 메트로폴리탄 미술관 그 자체와 사랑에 빠진 사람이다. 이 유형에게 메트는 그가 기억할 수 있는 한 늘 세속의 교회와도 같다. 어렸을 때는 매번 기부금을 조금밖에 내지 않고 들어왔지만 이제 기본적인 혜택이 따라오는 회원권 정도는 살 수 있다. 그의 직업은 거창한 아이디어나 아름다운 것과는 아무런 관련이 없지만, 이곳에서는 그런 것들을 생생하게 느낄 수 있기 때문에 뉴욕을 떠나지 않는다. 마지막으로는 열애 중인 연인이 있다. 이들은 전시실 사이를 퍼덕거리며 돌아다니다가 침묵이 어색하지 않고 강렬한 감정이 잘 어울리는 공간을 찾으면 그곳에 내려앉는다.

조각상, 석관, 골동품 의자, 그리고 서랍이 달린 것이라면 무엇이든 참지 못하고 손을 뻗는 다른 몇몇 유형의 관람객들도 있다. 그림을 만지는 일은 아주 드물지만, 그 외 전시물이라면 이야기가 다르다. 만약 메트에서 지문을 채취한다면 용의자는 무수히 많을 것이다. 어떤 사람들은 차갑디차가운 대리석이 그들을 유혹하기만 하면 정신을 차리기도 전에 무력하게도 돌을 어루만지고 만다. 다른 이들은 목표물을 미리 낙점하고 고의로 접근하는데 걸음걸이에서 보이는 너무나도 뚜렷한 의도는 내가 그들의 동기를 감지하고 그 사이를 막아설 수 있게 해준다.

마지막으로 단순히 규칙을 모르는 관람객들이 있다. 그들은 오래되고 연약한 예술에 관한 다양한 질문이 "만지지 마세요"라는 공통된 대답으로 귀결된다는 사실을 제대로 곱씹어본 적이 없다. 어느 날 고대 비너스상[16]의 무릎에 기어 올라가려는 것을 내게 저지당한 중학생이 자기 행동에 대해 사과한 다음 생각에 잠긴 듯 주위를 둘러봤다. "그럼, 여기 깨진 것들 말이에요." 그는 머리와 코, 다리를 잃은 고대 조각상들의 전쟁터를 유심히 보며 말했다. "여기서 부서진 건가요?"

시선을 사로잡는 보기 드문 사람들도 있다. 한 노인이 감상에 지쳐 보행기에 몸을 기대면 그의 아내는 고개를 숙여 그의 귀에 속삭인다. 몇 분 동안 그녀는 그가 체력이 모자라 놓치게 될 중세 유물들을 자세히 묘사해준다. 설명이 끝나면 그녀는 그를 일으켜 세우고 둘은 다시 조금씩 나아간다.

아메리카 전시관의 분수대 앞에서 한 어머니가 아이에게 동전 두 닢을 건네며 말한다. "하나는 네 소원을 위해서, 다른 하나는 네 소원만큼 간절한 다른 누군가의 소원을 위해서." 이런 말은 한 번도 들어본 적이 없는데 나는 듣자마자 언젠가 내 아이들에게 똑같이 말해주리라 결심한다.

머리가 하얗게 센 두 나이 든 숙녀가 똑같은 차림을 하고 있어서 자세히 보니 일란성쌍둥이다. 더욱 자세히 살펴보면 한 가지 차이점이 있다. 한 사람은 나비넥타이를 착용하고 다른 사람은 착용하지 않았다는 것이다.

이런 사람들을 몇 분간 바라보노라면 묘한 일이

일어날 때도 있다. 갑자기 방향을 튼 그 관람객이 걸어와 나에게 질문을 건네는 것이다.

ooo

어느 날 오후, 초기 르네상스 전시실에 서서 기분 좋게 놀란 표정을 짓는 남자를 바라보고 있다. 그는 두초가 그린 〈성모와 성자〉[17]의 아름다운 베일 주름과 그 리듬, 섬세함을 응시하고 있다. 그가 나에게 말을 건다. "이 그림들은…." 그는 두초의 작은 걸작을 보며 말한다. "이것들은…." 그가 머뭇거린다. "이것들은…." 아직 생각이 정리되지 않은 듯하다. "이것들은… 동굴에서… 발견됐나요?"

이 훌륭한 차림을 한 중년 남자는 자신을 독실한 종교인이라 소개한다. 그는 이렇게 오래된 기독교 그림이 살아남은 줄 몰랐다며 생생해 보이는 이 그림이 7백 년이 넘었다는 사실을 믿기 힘들어했다. 특히 내가 달걀노른자와 곱게 간 채소, 벌레, 돌을 섞은 혼합물로 그린 그림이라고 설명하자 더욱 놀라워했다. 그가 물었다. "그래서 이건… 동굴에서 발견되었나요?"

나는 "음, 아뇨"라고 대답한다. 이 그림들은 대부분 사람에게서 사람으로, 사제에게서 사제로, 수도사에게서 수도사로, 구매자에게서 판매자로, 그리고 상상할 수 있는 그 외의 모든 경로를 통해 전해져 내려오다가 마침내 무사히 미술관의 컬렉션에 도달한 보물이었다.

"그럼 이것들은… 사제가 그린 건가요?" 그가 묻는다.

나는 아니라고 말한다. 그림 중 대부분은 일꾼 개념의 예술가와 그들의 일꾼 같은 조수가 부유한 후원자나 교회의 의뢰를 받고 그린 것이다. 안료를 갈아 우려내고, 금을 찧어 금박을 만들고, 나무 패널을 잘라 준비하고, 그림의 구성을 균형에 맞춰 디자인하고, 윤곽선을 스케치하고, 페인트를 조심스럽고 신중한 붓질로 층층이, 날마다, 중세 특유의 인내심을 가지고 칠했을 것이다.

"그리고 이 사람들은 왜 저렇게 생겼죠?" 그가 또 묻는다. 그림 속 사람들이 조금 괴상하게 생겼다는 뜻이다.

"음, 좋은 질문이네요(나는 말을 이어가는 동시에 생각을 정리해야 한다. 다음은 내 답변을 상당 부분 의미만 옮긴 것이다). 그러니까, 예술가들은 오랫동안 그림을 사진처럼 보이도록 만드는 데 별로 신경 쓰지 않았어요. 일단 그들은 사진을 본 적이 없었고, 그런 것이 존재할 수 있다는 건 꿈도 꾸지 않았어요. 또 그들은 보통 천사나 성인 같은 소재를 그렸는데 그것들을 상징적 기호에 가까운 아름다운 디자인으로 잘 묘사할 수 있었어요. 하지만 이 그림은 르네상스 초기에 그린 거예요. 그때는 사람 자체에 대한 관심이 폭발하던 시기였죠. 사람이 어떻게 생겼는지, 무슨 생각을 하는지, 무엇을 이룰 수 있는지, 그들의 삶과 꿈은 무엇으로 구성되는지. 그 전에는 인간이란 지구에서 짧은 생을 보낸 후 내세로 나아가는 죄 많고 타락한 생명체라고 생각했기 때문에 이런 건 상당히 새로운 견해였어요.

그러다 보니 르네상스 시대의 예술가들은 새로운 방식을 고안해내야 했어요. 만물을 보는 방식을 말이죠. 사물의 표면, 들꽃, 우리 몸, 얼굴처럼 눈에 보이는 세계에 주의를 기울이면서도 조화로운 신의 섭리와 위계에 대한 믿음을 보여줄 수 있는 방식을요. 놀랍게도 그들은 성공했어요. 그들이 발견한, 만물 간에 균형을 맞추고 우연과 영원을 조화시키는 방법은 오늘날 당신과 내가 세상을 보는 방식에도 작용하고 있고 수많은 후대의 예술가들에게도 영향을 주었죠. 우리는 지금 그 탐구의 첫걸음을 보고 있는 거예요. 조금 거칠지만 매우 신선하고 아름답다고 생각해요."

내가 갈팡질팡하며 설명하는 동안 남자는 그런 이야기에 굶주린 듯 귀를 기울인다. 보기 드문 사람이다. 아는 척하거나 비웃음을 두려워하지 않고 마음의 문을 활짝 열어 수많은 새로운 아이디어의 충돌을 반기는 사람. 나는 온종일 감탄했던 다른 어떤 것보다 이 남자의 개방적인 태도에 더 탄복한다. 남자는 감사를 표한 후 떠났고 그때부터 나는 그와 비슷한 사람을 찾아 나서는 습관이 생겼다.

그는 듣는 사람이었다. 대부분은 말하는 사람이다. 간혹 말을 하면서 생각하는 사람도 있다. 나를 향해 엄청나게 천천히 독백을 하던 여자가 있었는데 노력이 하도 정성스럽고 진지해서 그

마법의 힘이 풀릴까 두려워 감히 움직일 수조차 없었다.

"이 재능 있는 예술가들…." 그녀는 〈안데스의 오지Heart of the Andes〉[18](프레더릭 에드윈 처치Frederic Edwin Church의 대형 풍경화. 1857년 봄 에콰도르 여행에서 그린 수많은 스케치를 바탕으로 안데스산맥의 풍경을 묘사했다. - 옮긴이)의 광활한 풍경을 올려다보며 중얼거린다. "얼마나 아름답게 그렸는지 좀 봐요…. 얼마나 능숙하게 잘 그렸는지…. 몇 달, 몇 년 동안 잊히지가 않지요…. 계속 떠올리게 되죠. 휴식 같은 곳으로 나를 계속 데려다놓아요…. 대단해…. 사진을 보고 그린 것도 아닌데. 단지 눈으로 본 것일 텐데…. 그리고 그렸을 텐데 말이죠…."

내가 그녀에게 또 다른 아메리카 대륙 풍경화인 〈강의 곡류The Oxbow〉[19](미국 매사추세츠주의 홀리요크산에서 내려다보이는 코네티컷강 중류의 풍경을 묘사한 대형 풍경화. 자연과 문명의 충돌이라는 당시의 시대상을 잘 반영한 걸작으로 꼽힌다. - 옮긴이)가 있다고 알려주자 그녀는 "그걸 들여다보러 가야겠네요"라고 답한다.

사람들은 화려한 차림을 하고 바빠 보이는 사람들한테는 취하지 않을 태도로 경비원들을 대한다. 전시가 마음에 들 때는 곁으로 다가오며 우리가 평생 이토록 아름다운 걸 본 적이 있는지 궁금해한다. 전시가 예술인 척하는 콧대 높은 헛소리라고 생각할 때는 '당신과 나 빼고 모두가 이 개똥 같은 걸 좋아하는 것 같다'는 메시지를 담은 눈빛을 보낸다. 아무래도 이

건 유니폼 때문인 것 같다. 유니폼은 우리를 부자에게든 서민에게든 누구에게라도 공감해줄 것 같은 허름한 신사 정도로 보이게 한다. 거기에 더해 우리는 관심을 구걸하지 않는다. 우리가 만약 '무엇이든 물어보세요!'라고 쓰인 천박한 배지를 옷깃에 달고 있었다면 방문객들은 우리를 업신여겼을 게 분명하다. 하지만 미술관 경비원들은 그런 배지 따위와는 정반대다. 우리가 침묵에 만족하고 있다는 것은 누가 봐도 확실하다. 그렇지만 누구든 다가와서 방해해도 괜찮다는 것 또한 분명한 듯 보인다.

한편 사람들은 내 마음을 읽는 데도 꽤 능숙하다. 내가 생각에 몰두하고 있을 때면 그들은 대부분 나를 혼자 내버려둔다. 최근에는 내 얼굴에 뭔가 개방적이고 환영하는 듯한 표정이 생겼는지 점점 더 많은 사람들이 "이 사람한테 물어보자"라는 흔한 대사 같은 말을 내뱉으며 다가온다. 나는 사람들이 당황해서 나에게 질문하는 것을 특히 즐긴다. 사람들이 당황하는 모습을 좋아하는 것이다. 그들처럼 계획이 뒤죽박죽된 채로 메트를 비틀거리며 돌아다니는 것이 말이 되지, 보는 것마다 성큼성큼 받아들이는 유식한 사람들이 오히려 잘못되었다고 생각한다. 당황한 사람들은 놀라운 것들을 보고 놀란다. 숨이 닿을 거리에 피카소 작품이 걸려 있다거나 고대이집트 신전 하나가 통째로 뉴욕에 옮겨져 있는 모습에 놀란다.

이럴 때마다 내 안의 그 어떤 우월감을 뽐내고 싶은 충동이 일지라도 억누를 뿐 아니라 그런 충동이 어리석고 터무니없다고 치부하는 법을 배운다. 우리 중 누구도 이 주제, 그러니까 이 세상과 그 모든 아름다움에 관해 많은 것을 알지는 못한다. 미켈란젤로가 태어난 해와 죽은 해를 알지언정 그의 작업실이나 페르시아의 세밀화가, 바구니 짜는 나바호족 장인의 작업실 등등 예술 현장에 가면 자신의 무지를 얼마나 압도적으로 실감하게 될 것인가. 심지어 그 예술가들조차 거대하고 갈피를 잡을 수 없기 일쑤인 이 주제를 제대로 파악하지 못할 것이다. 그들도 메트에서는 길을 잃을 것이다.

○○○

연휴 기간에는 미술관이 사람들로 가득 찬다. 특히 관광객들에게는 추수감사절부터 새해 첫날까지 뉴욕과 그 안의 모든 게 온통 크리스마스처럼 느껴질 테고, 그들은 록펠러 센터 앞에 있는 아이스링크에서 스케이트를 타는 것 같은 기분으로 전시실을 누빈다. 올해로 세 번째 연휴를 맞은 나는 이런 인파의 특성에 익숙하다. 관광하러 온 여행객, 장성한 자녀나 손주와 도시에서 크리스마스를 보내는 노부부, 부모님과 시간을 보내러 고향으로 돌아온 전前 뉴요커("지금은 스코츠데일(애리조나주 동부의 작은 도시–옮긴이)에 살지만, 이래 봬도 브루클린에서 나고 자랐어요"라고 할 법한)까지, 이른바 사람 구경의 성수기다.

    나는 20세기 초에 활동했던 미국 작가 세 명을 조명한 사진전

〈스티글리츠, 스타이컨, 스트랜드〉에서 근무하고 있다. 가장 먼저 의식하게 되는 것은 사진 속 풍경들이 친숙하다는 점이다. 폴 스트랜드Paul Strand(미국의 사진작가이자 영화 제작자. 대표적인 모더니즘 사조의 작가로 20세기 사진이 예술적 잠재성을 인정받는 데 그의 작품 세계가 중요한 역할을 했다고 평가받는다. - 옮긴이)는 내가 기차역에서 걸어오는 길에 본 것처럼 센트럴 파크에 소복이 쌓인 눈을 찍었다.[20] 에드워드 스타이컨Edward Steichen(미국의 사진작가, 화가, 큐레이터. 패션 사진의 대부이자 제2차 세계대전 등 당대 현실을 담은 다큐멘터리로도 유명하다. 사진 역사상 가장 많은 작품을 남긴 인물 중 하나로 알려져 있다. - 옮긴이)은 나의 오랜 친구인 플랫아이언 빌딩(뉴욕 맨해튼 중심부에 위치한 삼각형의 22층 마천루. 원래 이름은 풀러Fuller 빌딩이지만 건물 모양이 다리미iron처럼 생겼다고 해서 플랫아이언이라는 이름이 붙었다. - 옮긴이)의 초상화[21]를 남겼다. 형이 있는 병원에서 점심을 먹으러 매디슨 스퀘어까지 걸어 다닐 때 그 건물을 지나다녔다. 앨프리드 스티글리츠Alfred Stieglitz(미국의 사진작가이자 모던 아트의 수호자. 20세기 초반에 뉴욕에서 다수의 갤러리를 운영하면서 유럽의 아방가르드 사조를 선보였으며, 사진이 예술적 매체로 받아들여질 수 있는 기틀을 마련했다. - 옮긴이)는 "그래, 뉴욕은 바로 이렇게 생겼지"라고 혼자 중얼거리게 하는, 고층과 저층이 공존하는 도시의 경관을 기록했다.[22] 작가들의 대표작을 보면 뷰파인더 뒤 들

20 21 22

뜬 눈과 마법 같은 이미지를 인화 수조에서 꺼내는 손의 열망이 느껴진다.

전시실 한두 개를 지나다 보면 스티글리츠가 그의 파트너이자 후에 아내가 된 화가 조지아 오키프(모더니즘 사조의 미국 화가. 대표작으로는 꽃을 접사하듯 크게 확대해 그린 정물화 시리즈, 뉴멕시코의 자연을 그린 풍경화 시리즈, 뉴욕의 마천루 시리즈가 있다. - 옮긴이)를 촬영한 일련의 사진이 전시되어 있다. 초상화도 아니고 스냅사진도 아니다. 습작이라고 해야 할 것 같은 작품들은 그녀를 더 자세히 보기 위한 노력이다. 조지아 오키프의 손[23], 발[24], 몸통[25], 가슴[26], 얼굴[27], 다시 얼굴[28], 그리고 다시 얼굴[29]. 그녀는 눈부시게 아름다웠지만 그것보다 이 시리즈는 사람이 얼마나 구체적이고도 독특하게 만들어졌는지, 우리가 태도와 몸짓으로 얼마나 많은 의사소통을 하는지, 우리가 다른 사람들에게 어떤 선, 색깔, 빛, 그림자로 보이는지 생생하게 일깨워준다. 사진 속 오키프는 털 없는 영장류 같기도 하고, 일순간 근엄한 여신 같기도 하다. 이것이야말로 우리의 실체일 것이다. 그렇지 않은가? 인류라는 생물종의 신비로움이 나에게 깊은 각인을 남긴다.

사진에서 눈을 돌려 전시실을 둘러

보니 문득 웃음이 터질 것 같다. 전 세계에서 모인 수십 명의 살아 숨 쉬는 사람이 한 공간에 있는데 하나같이 벽에 걸린 무색의 움직임 없는 인물 사진을 보느라 옆 사람에게는 눈길조차 주지 않는다. 현실의 사람들은 흔해빠진 대상으로 간주되는 듯하다. 정말이지 아무 때나 볼 수 있는 대상 아닌가. 우리 삶을 순식간에 지나쳐 영원히 사라져버릴 낯선 이들에게 왜 구태여 관심을 쏟겠는가. 여기 있는 예술 작품으로서의 조지아 오키프는 우리에게는 없는 미덕을 갖춘 듯하다. 그녀는 멈춰 있다. 그녀는 영구적이다. 주변으로는 그녀의 성스러운 아름다움과(옛말에서 성스럽다sacred는 단어의 의미는 '분리되어 있는'이었다) 지루하고 평범한 세속의 영역을 분리하는 액자가 둘러져 있다. 때때로 우리에게는 멈춰 서서 무언가를 흠모할 명분이 필요하다. 예술 작품은 바로 그것을 허락한다.

  몇 발짝 떨어진 곳에서 한 관람객이 미동도 하지 않는 조지아의 얼굴 사진을 사진으로 남기기 위해 카메라를 갖다 대고 있다. 목격하는 순간에는 이것이 초현실적인 일처럼 느껴지지만, 왜 그런 일이 일어나는지 이해할 수 있다. 카메라 뒤의 남자는 그가 현실을 더 꽉 움켜쥐고 있는 것 같은 기분이 들 것이다. 손 틈새로 금세 빠져나가버릴 순간을 온전히 경험하는 건 어려운 일이니까. 우리는 소유, 이를테면 주머니에 넣어갈 수 있는 무언가를 원한다. 하지만 아름다운 것은 주머니에 들어가지 않고, 우리가 보고 경험하는 것 중에서 아주 작은 부분만 소유할 수 있다면?

이런 생각에 이르자 갑자기 전시실 안 낯선 사람들이 엄청나게 아름다워 보인다. 선한 얼굴, 매끄러운 걸음걸이, 감정의 높낮이, 생생한 표정. 그들은 어머니의 과거를 닮은 딸이고, 아들의 미래를 닮은 아버지다. 그들은 어리고, 늙고, 청춘이고, 시들어가고, 모든 면에서 실존한다. 나는 눈을 관찰 도구로 삼기 위해 부릅뜬다. 눈이 연필이고 마음은 공책이다. 이런 일에 그다지 능숙하지 않다는 건 더 나아질 수 있다는 뜻이다. 나는 사람들이 입고 돌아다니는 옷과 남자 친구나 여자 친구와 손을 잡거나 혹은 잡지 않는 몸짓에서, 머리를 다듬고, 면도를 하고, 내 눈을 마주하거나 피하고, 얼굴과 자세에서 기쁨이나 조급함, 지루함이나 산만함을 보이는 방식에서 의미를 찾는다. 그리고 내가 보는 대부분의 것에서 말로 표현할 만한 확실한 의미를 찾을 수 없다는 것을 안 후에는, 그저 이런 장면에 깃든 눈부심과 반짝임을 바라보며 기쁨을 만끽한다.

하루가 끝난 후 86번가에서 지하철을 탄 나는 우물처럼 샘솟는 연민의 마음으로 동승자들을 둘러본다. 평범한 날이면 낯선 사람들을 힐끗 보며 그들에 관한 가장 근본적인 사실을 잊어버리기 일쑤다. 그들이 나만큼이나 실존적이고 승리하고 또 고통받았으며, 나처럼 힘들고 풍요롭고 짧은 삶에 몰두한다는 사실을. 입원해 있는 톰을 방문한 후 집으로 가는 지하철을 타던 때를 기억한다. 누구라도 심술을 부리거나, 실수로 부딪힌 다른 승객에게 쏘아붙이면 그게 그렇게 믿을 수 없을 정도로 편협하고 무지해 보였다. 우리 모두 그럴 때가 있는데도 말이다. 오늘 밤은 운이 좋다. 피곤하거나 생각에 빠져 있는 낯선 사람들의 얼굴을 애정을 갖고 바라볼 수 있다.

  30분이 지나고 유니언 스퀘어에서 환승한 후, 내가 탄 전철은 맨해튼 다리를 건너 브루클린으로 빨려 들어간다. 지금 내가 향하고 있는 사람을 떠올리며, 더 큰 사랑을 느낀다.

7장

우리가 아는

최선을 다해

원래라면 내 결혼식이 열렸을 날, 형의 장례식이 거행됐다. 결혼식장을 예약했고 파티에서 음악을 연주할 밴드도 고용했다. 심지어 결혼식을 치르기 몇 주 전 시청에 들러 혼인신고까지 마친 상태였다. 형과 크리스타 형수는 혼인신고에 증인으로 참석하려 했지만 형이 기운이 너무 없어 못 온다는 전화가 왔다. 우리가 퀸스의 시 서기 사무실까지 가서 혼인신고를 하겠다고 해도 답은 같았다. 2008년 6월 3일의 일이었다. 그리고 형은 22일에 생을 마감했다.

타라 로어와 나는 그로부터 16개월 전 밸런타인데이에 첫 데이트를 했다. 우연히 잡은 날짜였지만 하필 밸런타인데이라는 어색함에 균형을 잡기 위해 우리는 '빅 닉스'라는 싸구려 식당에서의 식사를 택했다. 앉아 있는데 타라의 휴대전화가 울렸다. "사아라!"라고 '타아라'가 말했다. 갑자기 그녀의 브루클린 사투리가 베라자노 다리(브루클린과 스태튼섬을 잇는 현수교-옮긴이) 밑으로 흐르는 물처럼 쏟아져 나왔다. "베이 리지에 돌아온 거야? 있잖아, 너네 머다 만났어. 바로 어제!" 그녀는 엄마를 '마더

mother'라고 하지 않고 브루클린식으로 '머다mutha'라고 발음했다. 그제야 내가 타라를 제대로 알지 못했다는 사실을 깨달았다. 그때까지만 해도 그녀의 말투가 평범하다고 생각했다. 좋았다. 놀라웠고.

첫 데이트를 하기 한 달 전까지만 해도 우리는 서로 전혀 모르는 사이였다. 새해 전야에 열리는 댄스파티에 갔다가 그녀를 만났고, 얼마 지나지 않아 업타운에 있는 그녀 집에서 밤을 보내기 시작했다. 연애 초창기였던 그때 A트레인을 타고 맨해튼을 벗어나기 전 마지막 역에 내리면 공기가 희박하게 느껴지곤 했다. 계단을 올라 4층에 있는 그녀의 아파트 문을 두드렸고, 문이 열리면 뉴욕에서 제일 은밀한 게 분명한 공간으로 들어갔다. 브롱크스에서 교사로 일하는 그녀는 동이 틀 무렵 일어나 출근 준비를 했다. 반쯤 잠이 깬 상태로 나는 그녀가 로어 선생님 역할에 걸맞은 옷을 골라 입는 모습을 지켜봤다. 그리고 선생님 역할을 해내는 데 필요한 물건을 배낭 가득 챙기는 것도 지켜봤다. 그런 다음 그녀는 잠자는 숲속의 공주에게 왕자님이 하듯 다가와 입을 맞추고는 그 작고 성스러운 아파트에 나를 홀로 두고 떠났다. 그것은 '속세와 떨어져 있다'라는 의미의 '성스러움' 이었다.

그녀의 아파트 건물에서 모퉁이만 돌면 숲이 우거진 언덕 위로 클로이스터스가 웅장한 모습으로 솟아 있었다. 메트 분관은 여기 맨해튼의 가장 북쪽 끝에 자리 잡고 있었다. 연애 초창기 어느 날, 우리는 있을 것 같지 않은 곳에 자리한 그 미술관을 찾는 거의 모든 사람들이 할 법한 말을 하면서 숨을 헐떡거리며 함께 그 언덕을 올랐다. "여기가 뉴욕이라는 게 믿어져?" 숲을 벗어나면 바로 보이는, 비바람에 깎인 회색 석조 건물은 13세기 수도원을 모델로 지은 것이다. 우리는 거기서 클로이스터스의 나선형 계단을 따라 조금 더 올라갔다. 실제로 어땠는지는 모르겠지만 내 기억으로는 횃불이 밝혀져 있었다. 두 사람 몫으로 10달러를 기부하고 굉장히 후하다 생각하면서 미술관의 중세 성역 중 첫 번째 방으로 들어갔다.

건물은 육중한 석조 블록으로 지은 12세기 프랑스풍 부속 예배실[1]이었다. 규모가 작고 장식이 거의 없어 엄숙한 우아함이 흘렀다. 브루클린의 이탈리아계 이민 가정에서 태어나 가톨릭 학교에 다닌 타라가 82번가에 있는 성 안셀렘 교회보다 이 건물이 낫다고 하자 나는 웃음을 터뜨렸다. 타라는 내 손을 잡고 성단으로 가서 성체 감실이 있었을 자리를 알려주고, 추억에 잠겨 가끔 눈을 굴리며 신을 두려워하던 시절을 가벼운 어투로 회상했다. 확실히 그녀는 교회와 관련한 물건 근처에 가면 반사적으로 태도가 경건해지는 나와는 달랐다. 하지만 그날은 우리 둘 다 마법에 걸려 있었다. 메아리가 울려 퍼지고 아름다운 애수가 느껴지는 그 방이 우리 둘에게 잘 어울리는 것 같았다. 비록 너무 행복한 나머지 엄숙해질 수 없긴 했지만 말이다.

그 전에도 클로이스터스를 방문한 적이 있지만 '클로이스터'의 정확한 의미를 이해하지 못했다. 수도승들이 혼자 들어가서 기도를 하는 감옥처럼 작은 방이라고 추측했지만 사실 클로이스터, 즉 회랑은 수도원 가운데 있는 야외 공간이다. 속세에서는 떨어져 있지만 태양과 달과 별과는 닿아 있는 곳.

우리가 처음 방문한 클로이스터는 12세기 카탈루냐에 지은 쿠샤 수도원(오늘날 프랑스와 스페인의 국경을 이루고 있는 피레네산맥의 카니구산 기슭에 지은 베네딕트회 수도원 - 옮긴이)[2]으로 꽃이 흐드러지게 피어 있었다. 과실수에 노래하는 새가 빼곡하게 앉아 있고, 오솔길들이 사방에서 뻗어 가운데 분수대에서 만나는 정원이 있으며, 그 가장자리로 분홍색 대리석 기둥이 늘어선 복도가 둘러져 있었다. 수도승들은 식당이나 기숙사로 가는 길에 그곳을 지나쳤으리라. 어떨 때는 소매를 걷어붙이고 삽을 들고 나와 이 외딴 정원을 보살펴 그들만의 창조물을 만들어냈을 것이다.

매끄러운 돌이 깔린 길을 함께 걷다가 타라는 가볍게 탭댄스 스텝을 밟았다. 그녀의 습관이었다. 나는 꽃을 가리키며 시카고 교외에서 살던 어린 시절, 보이스카우트 활동으로 집집마다 돌아다니며 튤립 알뿌리를 팔아야 했던 이야기를 했다. 그녀는 대단하다며 감탄했다. 그녀는 꽃사과나무 아래에 앉아 3층에 있는 방 하나짜리 작은 아파트에서 세 명의 형제자매가 함께 자라던 이야기를 했다. 이탈리아 중부의 아브루초에서 온 할머니는 1층에, '거대하다'는 뜻의 '맘무차^{Mammucia}'라는 별명으로 부르던 증조할머니는 2층에 함께 살았다. 코딱지만 하고 지저분했던 마당에는 무화과나무가 자라고 있었다고 했다.

타라는 나를 이끌고 그 옆에 있는 챕터하우스(수도사들의 회의 장소)로 갔다. 그러고는 키가 178센티미터쯤 되는 그녀에게는 너무 낮은 벤치에 앉았다. 거대 오징어의 다리를 떠올리게 하는 리브볼트 천장 아래 그림자로 둘러싸인 그곳에서는 숨은 듯 앉아 있으면서도 정원을 내다볼 수 있었다. 쉴 수 있는 기회를 반기며 타라는 학교 다닐 때 친구들이랑 항상 챕터하우스에서 놀았다고 했다. 이번에는 내가 대단하다고 감탄할 차례였다.

"고등학교 때? 그때는 스태튼섬으로 이사한 후 아니야?"

그랬다. 하지만 그녀는 맨해튼에 있는 공립 마그넷 스쿨(일부 교과목을 특수반으로 운영해 다른 학군 학생들을 유치하는 학교 - 옮긴이)에 다녔다. 매일 아침 버스를 타고 스태튼섬 페리 부두까지 가서 페리로 맨해튼에 온 다음 다시 지하철을 타고 학교까지 가면 편도에만 두 시간이 걸렸다. 그런 그녀와 그녀의 친구들은(그들도 변두리에서 통학했다) 미드타운에서 만나 뉴욕시에서는 제일 긴 것으로 악명이 높은 A트레인을 타고 여기까지 오는 걸 아무렇지도 않게 생각했다.

"하지만 왜 굳이 여기까지 왔어?" 너무 궁금했다.

"우린 시인이었거든." 그녀가 깔깔 웃으며 말했다. "적어도 그렇다고 생각했지. 여기가 세상의 끝

2

같았어. 비밀 장소. 열다섯 살 생일 파티도 여기서 했어. 거미줄 무늬가 있는 까만색 드레스를 입었는데 벤치에 앉아 수다만 떨었던 기억이 나."

그런 추억이 아주아주 먼 옛날 이야기인 것처럼 웃었지만 그때 우리는 고작 스물셋이었다.

우리는 다음 몇 개의 전시실을 멈추지 않고 쭉 지나갔다. 혼자 갔다면 걸음을 멈추고 〈메로드 제단화 Mérode Altarpiece〉[3](천사 가브리엘이 성모마리아에게 수태 소식을 전하는 장면을 그린 세 폭 제단화. 북부 유럽풍 회화를 일컫는 '플랑드르 회화'의 대표작 – 옮긴이)를 자세히 살펴보고 베리 세인트 에드먼즈 십자가[4](바다코끼리 상아를 조각해 만든 로마네스크풍 십자가. 영국 남동부의 도시 베리 세인트 에드먼즈의 수도원에서 발견되어 이런 이름을 얻었다. – 옮긴이)를 연구하듯 뜯어봤을 것이다. 하지만 타라는 '예술 취향'이 아니었고 예술품 말고도 더 시급하게 음미해야 할 다른 아름다운 것들이 너무 많았다. 우리는 말도 안 되게 멋진 전망을 품은 두 번째 클로이스터[5]에서 멈춰 섰다. 그곳은 미술관과 수도원 건물로 둘러싸여 있는 대신 건물 가장자리에 자리 잡고 팰리세이즈 파크의 절벽 아래로 흐르는 허드슨강을 내려다보고 있었다. 나는 우리 두 사람을 위에서 내려다보는 듯한 이상한 느낌이 들었다. 우리는 이 홀쭉한 섬에서도 가장 좁은 부분에 서서 뉴욕 항구를 향해 서서히 흘러가는 큰 강물을 바라보고 있었다. 마치 우리가 써 내려가고 있는 러브 스토리의 명확한 윤곽을 볼 수 있을 것 같은 느낌이었다.

"저 항구가 아니면 넌 이 세상에 존재하지도 않았겠지." 내가 타라에게 상기시켰다(선원이었던 그녀의 아버지는 브루클린에 있는 미 해군 공창에 정박해 있던 중에 그녀의 어머니를 만났다). 그 말은 사실이었고, 그 사실이 너무 명확해서 믿기지 않을 정도였다. 바로 다음 날 맨해튼을 세로로 질러서 이스트강을 건너 그녀의 할머니 댁에서 '선데이 정찬'을 먹을 예정이라는 사실, 그다음 주에는 퀸스로 가서 사랑의 선배인 형과 형수를 만날 예정이라는 사실이 기적처럼 느껴졌다.

우리는 약초 정원을 한 바퀴 돌면서 비누풀, 향쑥, 검은 하지초 등을 둘러보며 마녀가 지었을 법한 이름들에 웃음을 터뜨렸다. 그런 다음 클로이스터스에서 나와 언덕을 내려왔다.

8개월 후, 그날의 클로이스터였던 형의 병실에서 우리는 약혼을 발표했다. 몰래 맥주를 가지고 들어가 일회용 플라스틱 컵으로 건배를 했고, 형의 얼굴은 놀라움으로 빛났다.

그로부터 불과 4개월 후, 타라와 나는 형이 누워 있는 침대 곁을 번갈아 지키며 잠든 형을 깨우지 않으려 소리를 죽인 채 텔레비전을 봤다.

3   4   5

그런 밤 중 하나였다. 늦은 밤, 크리스타 형수와 미아, 타라, 그리고 내가 형을 돌보고 있었다. 형이 하는 말은 더 이상 앞뒤가 맞지 않는 시기였다. 그런데 그런 형이 갑자기 고개를 들더니 치킨 맥너깃을 먹겠다고 했다. 지금 생각해보면 맨해튼의 밤거리로 뛰어나가 소스와 치킨 너깃을 한 아름 사 들고 돌아오던 그때보다 더 행복한 적이 없었다. 우리는 침대를 둘러싼 채 우리가 아는 최선을 다해 사랑과 슬픔과 웃음이 가득한 소풍을 즐겼다.

돌이켜 보면 그 장면은 피테르 브뤼헐의 〈곡물 수확〉[6]을 떠올리게 한다. 멀리까지 펼쳐진 광활한 풍경을 배경으로 농부 몇몇이 오후의 식사를 즐기는 모습 말이다. 배경 중간쯤 교회가 있고, 그 뒤로 항구와 황금빛 들판이 아스라한 지평선까지 굽이쳐 펼쳐진다. 화면 앞쪽에는 큰 낫으로 곡물을 거두는 남자들과 그것을 한데 묶느라 허리를 굽힌 여자가 보인다. 맨 앞쪽 구석에는 일을 하다가 배나무 아래에 앉아 식사를 하는 아홉 명의 농부가 다소 희극적이면서도 애정을 담아 묘사되어 있다.

브뤼헐의 이 명작을 바라보며 나는 가끔 이것이야말로 세상에서 가장 흔한 광경이라는 생각을 하곤 한다. 사람들은 주로 농사를 지었고, 그들 중 대부분이 소작농이었다. 거의 모든 사람들이 평생 노동을 하고 궁핍한 삶을 살아가면서 가끔 휴식을 취하고 다른 이들과 어울리며 즐거운 시간을 보냈다. 너무도 일상적이고 익숙한 광경을 묘사하기 위해 피테르 브뤼헐은 일부러 노력을 기울였을 것이다.

[6]

그리고 그는 그 광활하게 펼쳐진 세상의 맨 앞자리를 이 성스러운 오합지졸에게 내주었다.

  가끔 나는 어느 쪽이 더 눈부시고 놀라운 것인지 잘 모르겠다는 생각을 한다. 위대한 그림을 닮은 삶일까, 아니면 삶을 닮은 위대한 그림일까.

8장

푸른색 근무복 아래

비밀스러운 자아들

일을 한 지 4년 차에 접어든 어느 날 아침, 출근해보니 신입 경비원들이 빈 예술품 운송 상자가 쌓여 있는 주변에 엉거주춤 줄지어 서 있었다. 살짝 늦은 나는 서둘러 배치 사무실로 갔고 밥은 한참 헤맨 다음 내 이름이 적힌 타일을 겨우 찾아냈다. "아, 브링리." 그가 마침내 말했다. "오늘 임무는 신입 훈련이에요. 얼른 가서 근무복으로 갈아입고 다시 와요. 비버스는 A구역으로! 노비코프, G구역!" 재빨리 근무복을 입었다. 그때까지 한 번도 누군가를 훈련시켜본 적이 없었다. 다시 돌아와보니 선배 경비원들이 후배들을 흘끔흘끔 쳐다보면서 모여 있었다. 나도 '선배들' 쪽으로 갔다.

"정말? 이게 처음이라고?" 맥카프리 씨가 물었다. "지난 20년 동안 신입을 훈련시키면서 내가 후배들한테 해주는 말은 딱 하나뿐이야." 우리는 모두 그의 멋진 한마디를 기다렸다. "더 나은 직업을 찾아!"

나는 오가는 잡담에 귀 기울이지 않고 신입들을 자세히 살폈다. 푸른색 경비 근무복 위로 낯선 얼굴이 보이면 늘 이상한 기분이 든다. 물론 그것도 딱 일주일뿐이고 그다음부터는 그 얼굴들이 사복을 입고 나타나는 게 더 이상해진다. 신입 중 내가 보살펴야 할 사람은 누구일지 궁금해진다. 흰머리를 소년처럼 자르고 버디 홀리(1950년대 중반 미국 로큰롤을 주도한 인물. 생전에 즐겨 착용한 나비형 뿔테 안경이 트레이드마크였다. - 옮긴이) 스타일의 멋진 안경을 쓴 약간 나이 든 여성이 될 수도 있고, 팔짱을 낀 채 노래를 흥얼거리는 덩치 큰 트럭 운전사 같은 남자일 수도 있다. 혹은 지금 막 다른 이들 틈으로 서둘러 끼어든 사람일까? 이제 갓 대학을 졸업한 듯 어려 보이는데 첫날부터 지각이라니, 오래가지 못할 것 같다. 상관 중 한 명이 사령실에서 나와 문을 닫고 열쇠를 잠그자 나도 공상에서 빠져나왔다.

"자." 그가 손에 든 클립보드를 들여다보면서 말했다.

"시작합시다. 스미티는 여기 쿠퍼 씨 담당. 카라지 씨는 골드먼 씨를 맡고. 칼라브리세 씨, 에스피노자랑 같이 가세요. 브링리 씨, 어딨어요? 아, 아카크포사 씨를 맡아주세요."

50대 후반 정도 되어 보이고 반백의 머리에 각진 안경을 쓴 남자가 나를 쳐다본다. 다가와 매우 정중하게 악수를 청하는데 훨씬 엄숙한 구세대에 속하는 냉정한 사람이라는 인상을 받았다. 그런데 바로 다음 순간 그는 태도를 확 누그러뜨리고 호기심 가득한 눈으로 나를 바라보며 아름다운 서아프리카 억양으로 말했다. "난 조셉이에요. 오늘 선생님 해주실 분 성함은요?"

나는 선생 노릇 하는 것이 즐겁다. 조셉과 담당 구역으로 걸어가면서 최근에 있었던 노조 선거 결과가 적힌 게시판, 거의 아무도 쓰지 않는 자동 구두닦이 기계, '무료 폼보드'라는 라벨이 붙은, 쓰고 남은 폼보드 더미 등이 있는 곳을 가르쳐줬다. 이집트 동상을 실은 손수레가 덜컹거리며 지나가도록 옆으로 비켜선 다음 직원 전용 계단으로 조셉을 안내한다. 눈이 따가운 형광등이 켜지고 구석에 빈 커피 컵이 놓인 노출 콘크리트 계단을 따라 올라가면 '천천히 여시오'라고 쓰인 철제문을 만난다. 내 승낙을 받은 조셉이 문을 천천히 밀어서 열었고, 우리는 그가 담당할 구역인 아메리카 전시관으로 들어섰다.

우리는 유리로 덮인 조각 광장으로 나온다. 벽 한 면이 그리스 신전 양식을 띠는 2층 높이의 파사드[1]로 되어 있다. "훈련받을 때 저 파사드 얘기 들었어요?" 내가 물었다. "원래는 1820년대에 지은 월 스트리트의 은행이었어요. 지은 지 백 년 만에 해체해서 여기 다시 지었죠. 월 스트리트에 관해서는 얼마나 알아요?" 나는 선생님 역할을 진심으로 즐기면서 빠른 속도로 신나서 말을 한다. 먼저 월 스트리트라는 이름의 기원이 된 '벽'에 관해 이야기한다. 식민지 시절 아프리카인들의 강제 노역으로 짓고, 네덜란드 식민주의자들이 영국과 아메리카 원주민인 델라웨어족을 막기 위한 장벽으로 사용했다. 조셉은 참을성 있고 집중력이 뛰어나며 호기심 많은 학생이었지만 마침내 낮은 웃음소리로 내 말을 가로막는다. "거짓말했어요." 그가 사과한다. "월 스트리트를 잘 알아요. 거기서 오래 일했거든요."

그 정보는 대단히 흥미로운 퍼즐의 첫 조각이었다. 나는 조셉이 토고에서 왔다는 것을 알아냈다. "가나가 뉴욕이라면 토고는 뉴저지죠." 그는 설명한다. 그곳에서 금융 일을 했고 뭔가 극적인 계기로 뉴욕으로 오게 된 사연이 있었다는 사실은 행간으로 짐작할 수 있다. 뉴욕에 온 뒤에는 그가 얼버무리며 넘어가버린 또 다른 우여곡절 끝에 여기 나와 함께 서서 이 파사드를 바라보고 있게 된 것이라고 이야기한다. 그는 이야기의 여기저기 빈 곳을 그냥 어깨를 으쓱해 보이는 걸로 메운다.

보통 G구역 대장의 책상은 아메리카 회화 전시실들이 있는 위층에 있지만 대규모 보수공사를 하느라 그쪽은 문을 닫아놓았다. 우리는 대신 비공개 이벤트 전용 부엌으로 들어간다. 비공개 이벤트의 대표적인 예는 레드 카펫이 깔리는 메트 갈라다. 조셉에게 그런 행사에는 자원하지 말라고 조언한다. "자원한 적이 있는데 정작 행사가 진행되는 쪽에 배치받지 못해서 아무것도 보질 못했어요." 대장을 기다리던 동료들은 조셉과 악수를 나누기 위해 열의를 보이며 다가온다. 나는 근무 첫날 이런 대우를 받은 기억이 없지만 보통 스물나섯 살 난 청년이 이 일을 오래 할 것이라 생각하는 사람은 아무도 없다. 좀 나이 든 신참은 이 일의 장점을 깨닫고 오래 버틸 확률이 더 높다. 우리는 구역 대장에게서 근무 위치가 쓰인 쪽지를 받아 든다. 오늘 우리가 배치된 곳은 경비원들이 보통 '올드 전시관'이라고 부르는 '아메리카 피리

어드 룸'이다.

우리는 유리 엘리베이터를 타고 1920년대에 지은 아메리카 전시관의 심장부로 올라간다. 중정에 전시된 조각상들이 점점 작아지는 것을 보면서 조셉은 어린이들이 이 엘리베이터를 좋아하겠다고 추측한다. 맞는 말이다. 삐걱거리는 마루가 깔린 곳으로 들어서며 나는 말한다. "쿠션이 있어서 발에 부담이 덜 가요." 코너를 돌아 17세기 매사추세츠의 올드십 교회 예배당에서 영감받은 방으로 향한다. 조셉은 조선공들의 지혜를 빌려 지은 이 구조물의 아름답고 두꺼운 목재 서까래들을 올려다본다. 그는 자신이 엄청난 역사광이고, 빌 오라일리와 하워드 진(역사 대중서를 쓴 미국의 베스트셀러 작가들이다. - 옮긴이)의 책을 열광적으로 읽는다고 말한다. 우리는 방 전체를 가로지르며 왔다 갔다 한다. 방은 수많은 역사적 장소가 그렇듯 상상한 것보다 작다. 나는 조셉에게 세일럼 마녀 재판이 이보다 더 작은 방에서 벌어졌다고 말해준다. 제일 뒷줄에 앉은 농부까지 마녀라는 선고를 받은 여자와 눈을 맞출 수 있을 정도였다.

잠시 후 우리는 천장이 낮은 '하트 하우스의 방'[2]으로 들어간다(조셉은 허리를 굽혀야 한다). 이 방도 17세기 매사추세츠에서 지은 건물의 일부로, 철거될 운명에 처하자 미술관에서 이 방만 도려내듯 해서 옮겨 왔다.

"가난한 사람들이 살았나요?" 조셉은 밀실 공포증을 느끼게 할 만큼 좁고 어둡지만 매력이 넘치는 방을 둘러보며 묻는다.

"부자들이었어요. 적어도 꽤 잘사는 사람들이요." 나는 당시에는 사치재였던 납땜으로 유리를 이어 붙여 만든 작은 창문들을 가리키며 말한다.

"천장이 이런데도요?" 조셉은 내가 173센티미터밖에 되지 않는데도 육중한 대들보 아래를 지나갈 때 머리가 닿을 듯 말 듯 하는 모습을 보면서 웃음을 터뜨리며 묻는다.

"사람들 키가 더 작았죠. 우리처럼 잘 먹질 않았으니까요."

여기야말로 일하면서 신경 써야 할 세세한 부분을 알려주기에 알맞은 장소라는 생각이 든다. 그런데 내가 나도 모르게 아다의 대사를 일부 훔쳐다 쓰고 있다는 사실을 깨닫는다. "사람들에게 바보가 되지 말라고 상기시켜줘야 해요." 이런 지혜로운 말은 그대로 전달한다. 내가 생각해낸 지혜도 곁들인다. 가령 안내를 할 때 '복도 아래쪽' 같은 표현은 쓰지 않는 게 좋다. 영어가 익숙지 않은 관람객 중에서 그 말을 듣고 아래층으로 내려가는 사람도 종종 있기 때문이다. 조셉은 설명을 이어가는 나에게 가끔 신중한 질문을 했고, 그때마다 모든 질문에 답할 수 있는 나 자신이 자랑스러웠다. 내가 '초소', '교대', '교대병', '사령실', '배치', '3소대' 등의 전문용어를 자유자재로 구사하자 조셉은 상당히 감명을 받은 듯하다.

우리는 아메리카 전시관에 새로 추가된 공간들과 옹색하게 연결된 좁디좁은 3층 공간을 순찰한다. 워낙 구석진 곳에 있어서 이런 시간에는 관람객이 거의 오지 않기 때문에 조셉의 '아메리카 이민기'를 조금 더 들을 수 있다. 그는 테네시주 내슈빌에서 석사 학위 공부를 하기 위해 미국으로 왔다. "오바마의 아버지가 받은 장학금하고 같은 장학금이었어요." 그가 말한다. 그는 밴더빌트 대학교에서 경영학을 공부하고 토고로 돌아가서 승승장구한 끝에 한 대형 은행의 '넘버 스리 맨'이 되었다. 하지만 위험을 무릅쓰고 부패한 거래를 막으려다 권력자들을 적으로 만들고 말았다. 그러다가 사건이 터졌고 1990년대 초반부터 망명자 신분으로 뉴욕에서 살게 되었다. 그는 여전히 그게 무슨 사건이었는지 자세히 말하지 않고 얼버무린다.

11시가 되어 다음 초소로 이동하니 동기인 테런스의 초소 바로 옆이다. 테런스는 클로이스터스에서 마침내 빠져나와 아메리카 전시관의 중추 역할을 하고 있다. 굳건한 성처럼 상냥한 두 신사와 함께 서서 토고 이야기, 가이아나 이야기, 경비 일 이야기, 가족 이야기를 나누는 동안 나는 뭔가가 찰카닥하며 제자리를 찾아가는 느낌에 기쁨이 파도처럼 밀려드는 경험을 한다. 우리 세 사람은 삼총사가 되어 메트 내의 절친이 될 것이다.

조셉과 나는 계단을 내려가 구관 2A로 간다. 여기도 굉장히 작은 공간이다. 우리는 조지 워싱턴이 마지막 생일 파티를 한 버지니아의 호텔[3] 안에 서 있다. 조지에 관해서는 조셉에게 해줄 말이 많다. 길버트 스튜어트가 그린 조지 워싱턴 대통령의 유명한 초상화[4]가 벽에 걸려 있는데 조셉은 앞으로 1달러 지폐를 꺼내 들고 그림과 비교하며 눈을 게슴츠레 뜨는 관람객을 심심치 않게 만나게 될 것이다. 사람들은 그러다가 고개를 돌려 그에게 〈델라웨어강을 건너는 워싱턴〉[5]을 보려면 어디로 가야 하는지 물을 테고 조셉은 그들을 실망시켜야 할 것이다. 옥외광고판처럼 커다란 그 그림은 건물을 보수할 때 옮겨 올 수 없어 현재 관람이 불가능하기 때문이다. 나는 아메리카 전시관의 흥미로운 특징을 눈여겨보라고 조언한다. 은발 가발을 쓴 남자가 나오는 초상화는 하나도 빠짐없이 조지 워싱턴이라고 착각하는 관람객이 언젠가는 나타날 것이다. 그리고 그런 초상화는 엄청나게 많다.

 호텔을 옮겨놓은 이 방 역시 보통 상상하는 것보다 작은데 고급 마호가니 가구로 가득하다. 적갈색 목재가 마치 불이 붙은 것처럼 보인다. 슬슬 걸어서 치펜데일 스타일 의자[6]가 있는 곳으로 가다가 테런스가 가르쳐준 것이 생각난다. 마호가니 목재는 카리브 연안 지역, 아마도 벨리즈에서 수확되었을 확률이 높은데 한 가지 확실한 것은 노예들이 동원되었을 것이라는 사실이다. 테런스는 자신이 아마도 카리브 연안으로 납치되어 온 마지막 아프리카인의 후손일 것이라고 했다. 그걸 어떻게 알았을까? 노예무역 초창기에 납치된 사람들은 보통 가족을 꾸려 아이를 낳는 것이 금지되었다. 그들은 죽을 때까지 착취당하다가 중간항로(16세기부터 19세기까지 대서양 노예무역의 주요 무대가 된 항로. 포르투갈, 네덜란드, 영국, 프랑스 등의 무역상들이 이 항로를 통해 수

많은 아프리카인을 북아메리카 대륙과 카리브제도로 이송했다. - 옮긴이)를 거쳐 끌려온 더 많은 아프리카인으로 대체되었다. 이 이야기를 하면서 테런스는 함께 바라보고 있던 의자의 제작일을 확인했다. 영국 제품을 그대로 모방한 모델이었다. "1760년? 아이고…." 그가 심각하게 말했다. "좋은 징조가 아니네."

이 정보를 조셉에게 전한 나는 아메리카 전시관에 관해 너무 뻔해서 굳이 말할 필요도 없는 사실을 지적한다. 그곳에 전시된 아름다운 물건들은 특정 버전의 미국 이야기를 하고 있다는 사실, 그리고 그 물건들을 지키는 미국인 경비원들은 또 다른 이야기를 상징하는 사람들이라는 사실 말이다.

어느덧 관람객들이 들어올 시간이다. 조셉은 그들을 맞이하기 위해 허리를 꼿꼿이 편다. 첫 손님은 프랑스 사람들이다. 완벽하다. 조셉은 프랑스어로 그들과 이야기할 수 있을 것이다. 그들은 2A층으로 올라오더니 잠시 걸음을 멈추고 주변을 둘러보다가 뭐라고 투덜거린다. 뭔가 착각한 것이 분명하지만 질문은 하지 않고 오던 길을 되돌아간다. 하는 수 없지. 우리는 둘 다 웃음을 터뜨린다.

나는 조셉을 창문 쪽으로 데리고 가서 아메리카 전시관의 중정을 내려다본다. 조셉과 나는 지금 월 스트리트 파사드를 통해서 밖을 내다보고 있는 것이다. 내 옆에 서 있는 이 사람과 편안한 유대감이 느

8장 푸른색 근무복 아래 비밀스러운 자아들 • 183

껴지고 그 벅찬 마음이 내 판단력을 흐린다. 나는 평소에는 부끄러워 입 밖으로 꺼내지 않았을 신념을 말하기 시작한다. 빠른 말투로 내가 이 일에 얼마나 헌신적인지 토로한다. 영원히 경비원으로 일하고 싶다고, 다른 일을 할 이유를 찾을 수가 없다고 말한다. 너무도 단순하고 직관적인 일이고, 뭔가를 계속 배울 수 있고, 무슨 생각이든 전적으로 자유로이 할 수 있는 일이라서 그렇다고 이유를 덧붙인다.

사실 내 직업을 좋아할 뿐 아니라 내가 그 일을 좋아하지 않을 것이라는 생각 자체에 화가 난다. 이렇게 평화적이고 정직한 일에서 흠을 찾아내는 것 자체가 무례하고 바보 같으며, 심지어 배신행위라는 생각까지 든다. 나는 감사하는 마음으로 일하는 쪽을 택할 것이다. 관절에 무리를 주지 않는 나무 바닥과 천 년이나 된 예술품에 감사하는 마음, 뭔가를 팔거나, 거짓말을 하거나, 구덩이를 파거나, 포스기를 두드리는 등 내가 하지 않아도 되는 일에 감사하는 마음을 가지는 쪽을 택할 것이다.

조셉은 내 퍼포먼스가 꽤 흥미롭다고 느끼는 게 분명하다. 치열한 눈으로 나를 바라보지만 거기에는 인내심을 발휘하며 아랫사람의 이야기를 들어주는 느낌이 있었고, 사실 그건 딱 알맞은 태도였다. 어쩌면 속으로 이 코미디를 즐기고 있는지도 모른다는 생각이 든다. 자신이 평생 겪은 우여곡절을 떠올리며 '이 애는 자기 인생이 어떻게 펼쳐질지 예측할 수 있다고 믿는군' 하고 생각하면서 말이다.

"누가 나를 암살하려고 했어요." 그는 나중에 내게 말해줬다. "어느 날 퇴근해서 집에 가는데, 내 방해로 부패한 거래를 못 하게 된 사람이 고용한 총잡이 두 명이 총을 쐈죠. 왼팔에 한 발, 배에 여덟 발을 맞았어요." 그는 그 일을 무미건조한 어투로 말하고, 여덟 발이라는 단어를 조금도 강조하지 않는다.

"신이 도와서 주요 장기는 상하지 않았지만요. 1994년의 일이에요. 화요일에 사건이 벌어졌고 금요일에는 은행에서 돈을 대서 비행기에 실려 파리로 날아가 오장육부를 제자리에 돌려놓는 수술을 받았죠. 그 후 4개월을 회복하는 데 보냈고요. 관광 비자로 미국에 오자마자 망명 신청을 하고 꽤 빨리 통과됐죠. 뉴욕에서 얻은 첫 직장에서는 시간당 4달러 25센트를 받고 일했고, 경비원으로 처음 일할 때는 5달러 얼마를 받았어요. 밴더빌트에서 알던 사람들이 도와줘서 월 스트리트에 직장을 구할 수 있었지만 중간 관리자 포지션이어서 이전하고는 비교도 되지 않았어요. 나 같은 억양과 피부색으로는 그게 최선이었죠. 회사가 합병되면서 해고됐고, 곧바로 세계 금융 위기가 시작됐어요. 그때 좀 거친 동네에서 당좌수표를 현금으로 바꿔주는 업체를 인수했는데 내가 그런 일을 제대로 할 정도로 강하지도, 못되지도 않다는 결론만 얻었죠. 빈털터리가 되고 말았어요. 평생 모은 돈을 모두 날렸죠. 하지만 괜찮아요. 괜찮아."

그는 충격받은 내게 어깨를 으쓱해 보인다. "정말 괜찮아요. 살아 있고, 가족이 있고, 양심을 잃지 않았으니까. 날 죽이려고 했던 사람을 지금 당장 만나면 악수를 할 수도 있어요. 그러지 않을 이유가 없잖아? 괜찮아요."

이야기를 마친 조셉은 일과를 끝내고 그레이트 홀에 모인 동료들을 둘러보며 말한다. "이 푸른색 근무복 아래에는 정말 갖가지 사연이 있을 거예요."

∽∽∽

예술품을 지키는 일은 보통 혼자 하지만 예외도 있다. 그레이트 홀이 그 예다. 이곳 C구역에서 하는 세 가지 일을 우리는 '테이블', '포인트', '박스'라고 부른다. 테이블은 가방 검사를 뜻한다. 거리에서 들어온 관람객들은 맨 먼저 테이블에 소지품을 모두 올려놓아야 하고, 우리는 짝을 지어 가방 안을 뒤적이며 미술관 반입 금지품이 없는지 확인한다. 누가 봐도 너무 뻔한 금지 품목은 음식물, 여행 가방, 원본 예술품, 악기, 벌레가 숨어 있을지 모르는 꽃다발 등이다.

'체크 박스'라고도 부르는 박스는 휴대품 및 코트 보관소다. 북쪽과 남쪽에 하나씩, 총 두 곳이 있는데 둘 다 엄청나게 커서 박스라는 말에서 연상되는 이미지와는 거리가 멀다. 각 보관소에는 모터로 돌리는 회전 옷걸이 여덟 개가 설치되어 있고 옷걸이 하나마다 보통 수백 벌의 재킷, 반코트, 후드 티, 모피 코트 같은 겉옷이 걸려 있다. 그 외에도 배낭, 쇼핑백, 농구공, 오토바이 헬멧

등 전시실에서 들고 다니면 안 될 물건은 모두 거기에 보관한다.

나는 포인트 혹은 체크포인트 일을 선호한다. 간단히 말하면 표를 받는 일이다. 입장료를 낸 관람객들은 매일 다른 색의 작은 양철 배지를 받는데 우리는 세 개의 문을 통해 들어오는 사람들이 그 배지를 차고 있는지 확인하는 일을 한다.

포인트는 미술관에서뿐만 아니라 세상에서 가장 사교적인 일터다. 두 명의 경비원이 일부러 좁게 만들어놓은 입구 양옆에 상당히 가까이 마주 보고 서서 온종일 수다를 떨 수 있다. 물론 전혀 방해받지 않고 이야기할 수 있는 건 아니다. 안내도 해야 하고 상습 위반자를 꾸짖기도 해야 하기 때문이다. 하지만 오가는 대화는 별 주의를 기울이지 않아도 되는 잡담이라 눈을 마주쳐서 어색해지거나 무례한 관람객 또는 이상한 질문 같은 외부의 사건으로 대화의 불씨가 꺼져버릴까 걱정하지 않아도 된다. 놀랍게도 여덟 시간 동안이나 계속 이야기를 나누고도 상대방 이름을 모른 채 헤어지는 경우도 허다하다. 경비원이 너무 많아서 손을 내밀고 "우리 천 번쯤 본 거 같은데, 내 이름은 패트릭이에요"라고 말해도 전혀 어색하지 않다. 하지만 무작위로 배정되기 때문에 이런 식으로 일대일 대화를 수백 번 한 다음에도 딱히 자기소개를 하고 인사를 나눠야 한다는 생각을 하지 않는 경비원들도 제법 있다.

요즘은 이런 대화에서 내 몫을 다하고자 의욕을 가지고 노력한다. 그리고 서서히 대화를 유지하는 방법을 배우고 있다. 날마다 "산타나가 요즘 꽤 괜찮죠?" 같은 말을 건네기 위해 평소보다 야구 뉴스를 더 신경 써서 확인한다. 정치, 음악, 책, 직장 이야기를 나누고 특히 다들 즐겨 하는 직장에 관한 불평을 할 때면 약간 과장된 표현을 하는 것도 스스로에게 허락한다. 바로 그런 불평이야말로 유대감을 형성하는 토대이기 때문이다. 그중 내 성격 자체를 왜곡하는 것은 없지만, 나만의 사고에서 벗어나 다른 사람들의 주파수대로 들어가 의사소통을 할 수 있도록 도와준다.

최고의 대화 요령은 질문, 그중에서도 기나긴 대답이 필요한 열린 질문을 던지는 것이다. 상대방이 자기의 일생에 관한 이야기를 하도록 만드는 건 아주 만족스러운 일이다. 대부분 그런 질문을 받으면 처음에는 놀라지만 일단 대답하기 시작하면 할 말이 많다는 사실을 깨닫는다. 그래서 내 무지를 솔직하게 드러내고 "몰도바요? 믿지 못하겠지만 내가 몰도바에 관해 아는 게 하나도 없다는 거 알아요?"라고 말한다. 상대방은 내가 몰도바에 관해 아무것도 모른다는 걸 믿는다. 경비원들은 대체로 다른 사람들의 지식에 난 커다란 구멍을 잘 참아낸다. 세상이 얼마나 넓은지 알기 때문이다.

하루는 나자닌과 짝을 지어 '포인트'에서 일하게 됐다. 그녀는 이란에서 왔다고 했다. 처음에는 그 나라에 관해 좀 아는 척하느라 언젠가 테헤란에 가보고 싶다고 말했다. "테헤란이요?" 그녀는 눈살을 찌푸리며 말했다. "테헤란에 갈 수도 있겠죠…."

그래서 나는 내가 뭐라도 안다는 듯한 태도를 완전히 버리고 그녀의 고향은 어떤 곳인지 말해달라고 했다. 그녀가 떠나온 시라즈는 파르스주의 주도이며 고대 페르시아의 중심지로 세상에서 제일 아름다운 정원과 모스크가 있는 '장미의 도시'라고 했다. 그녀는 열한 명의 형제자매와 함께 주로 아버지 손에서 자랐고 어머니는 교사로 일했다.

"그게 평범한 경우는 아니죠?" 내가 물었다.

"물론이죠! 우리 엄마는 아빠가 일을 하지 않는 백수라고 불평했어요. 아이 열둘을 키우면서 하나하나 모두 자기가 외동이라는 느낌을 받도록 애지중지했는데도 엄마는 아빠가 게으르다고 생각했다니까요! 하지만 엄마도 대단했어요. 진짜 존경받는 선생님이었거든요. 틈날 때마다 엄마를 뵈러 고향에 가요." 나자닌도 근무가 끝난 후 페르시아어를 가르치는 교사로 일한다. 그녀는 나와 이 대화를 나눈 지 얼마 되지 않아 경비대장으로 승진했다.

소위 비숙련직의 큰 장점은 엄청나게 다양한 기술과 배경을 지닌 사람들이 같은 일을 한다는 것이다. 화이트칼라 직종은 비슷한 교육을 받고 관심도 비슷한 사람들을 끌어들이기 때문에 대부분의 동료가 어느 정도 비슷한 재능과 정신세계를 지니고 있다. 경비원 세계에는 이런 문제가 없다. 메트가 새로운 경비를 고용할 때면 기본적으로 '와서 면접보세요'라는 내용의 짧고도 명료한 광고를 낸다(예전에는 《뉴욕타임스》, 요즘은 온라인에). 경비 담당 부서에서 찾는 사람은 이 일을 진지하게 받아들이는 건강한 사람이고, 그들은 이 일에 적합한 다양하고도 방대한 인력 풀이 있다는 사실을 안다.

그 결과 외국 출생인 사람이 거의 절반에 달하는 경비 팀은 인구학적으로만 다양한 것이 아니라 모든 면에서 각양각색이다. 미술관 경비가 되는 것을 인생의 목표로 삼고 출발하는 특별한 부류는 존재하지 않고, 따라서 수없이 많은 형태의 사람들이 이 직업을 택하며 각자 서로 다른 동력을 가지고 일에 임한다. 《뉴요커》에서 비슷한 시기에 일을 시작한 동료들은 엘리트 사립학교 출신이었고, 대부분 출판계에서 다른 일을 하다가 온 사람들이었다. 메트의 경비 팀에서는 벵골만에서 구축함을 지휘했던 사람, 택시를 몰던 사람, 민간 항공사 파일럿으로 일한 사람, 목조 가옥을 짓던 사람, 농사를 짓던 사람, 유치원에서 아이들을 가르치던 사람, 순찰을 돌던 경찰, 그런 경찰들의 활동을 신문에 보도하던 기자, 백화점 마네킹의 얼굴을 그리던 사람을 만날 수 있다. 전 세계 오대양 육대주와 뉴욕 각지에서 모여든 사람들이다. 예술을 좋아하는 사람도 있고 관심이 전혀 없는 사람도 있다. 열의가 넘치는 사람도 있고 매사에 뾰로통한 사람도 있다. 경비 전문가도 있고 어쩌다 보니 이 일을 하게 된 사람도 있다. 그러나 놀랍게도 포인트에 서서 그들 중 어느 누구와 이야기를 나눠도 혼란스럽지 않다. 같은 옷을 입고 있다는 사실만으로도 대화의 물꼬는 이미 튼 셈이다.

어느 날 아침, 로버트 리먼 소장품 전시실에서 트로이라는 경비원 동료와 함께 일하게 되었다. 투자은행가 로버트 리먼은 자신이 소장하고 있던 예술품들을 미술관에 유산으로 남겼고, 그 작품들의 가치가 너무도 높아 전용 전시관을 새로 짓기까지 했다. 트로이가 미술관에 준 선물은 자기 자신인데 그건 상당히 큰 선물이었다. 정말이지 인물이다. 오클라호마에서 태어나 맨해튼 어퍼 웨스트 사이드의 한 호텔에서 살면서 재즈 LP를 즐겨 듣고 취미로 고가구를 수리한다. 아침이면 그가 라커 앞에서 런던판 《타임스》 문학 특집 페이지를 조심스럽게 찢는 모습을 자주 목격한다. 스마트폰을 가지고 다니는 대신 주머니에 넣고 다니다가 읽기 위해서다.

"안녕, 트로이. 오늘 아침 기분은 어때?"

내가 묻자 그는 심각한 표정으로 손목에 찬 시계를 확인한다. "시침이 눈금판 한 바퀴를 도는 여행을 다시 시작했군." 그가 웃음기라곤 전혀 없는 얼굴로 말한다. "이거 말고 우리가 우주에 뭘 더 바라겠어." 내가 웃음을 터뜨리고, 그도 따라 웃는다. 그리고 우리 둘은 꼭두새벽부터 나선 관람객이나 상관이 있는지 살피면서 함께 일과를 시작한다.

우리는 우리 둘을 제외한 모든 사람이 얼마나 바보 같은지에 대해 의견을 같이한다. 그렇다고 심각하거나 못된 말을 하는 건 아니고 가볍고 일상적인 불평이다. 말하자면 우리에게 다가와서 "저기요, 화장실이 어디 있나요?" 혹은 "화장실 어디예요?"라고 묻는 대신 "화장실!" 한마디만 내뱉는 관광객들은 우리가 음성 명령으로 작동하는 로봇이라도 되는 줄 아는 것일까? 기나긴 작품 설명을 다는 큐레이터들은 모든 관람객이 석박사 공부를 하면서 동료 심사를 거친 학술지를 읽고 싶은 소원을 비밀스럽게 품고 온다고 생각하는 것일까? 고위 경영진은 경비원들 의견은 뭐가 됐든 물을 생각도 없다. 하긴 미술관에서 하루 종일 서 있는 사람들이 미술관에 관해 뭘 알겠는가. 엄청난 소장품에 비하면 먹다 남은 찌꺼기 정도밖에 되지 않을 작품에 수백만 달러를 쓰는 부자 컬렉터들은 또 어떠한가. 흠, 생각해보니 마지막 부분은 무척 즐거운 일이긴 하다.

"이봐 트로이, 이 일은 어쩌다 하게 됐어?"

"보험회사에서 20년 동안 일했어." 그가 대답한다. "그런데 어느 날 상사가 직업 적성검사를 하라는 거야. 어떤 일이 각자에게 제일 잘 맞는지 알려주는 검사라나 뭐라나. 왜 그런 걸 하랬는지 이유는 묻지 마. 검사 결과를 보면서 생각했지. 내가 유일하게 되고 싶었던 건 개인적으로 예술을 후원하는 부자였다고. 이게." 그는 입고 있는 푸른색 근무복의 옷깃을 잡아당겨 펴면서 말한다. "그 꿈에 제일 가까워."

얼마 전만 해도 나는 트로이 앞에서 조심스럽게 행동했다. 이 대단한 사람을 동료라는 묘하게 평등한 관계로 대할 준비가 되어 있지 않다는 느낌이 들어서였다. 나는 매사를 경계하며 유령처럼 일하는 사람이었고 그는 성숙하고 완전한 어른이었다. 그의 자연스러운 온기와 솔직함은 내가 스스로 고집하고 있는 고독을 위협했다.

하지만 모든 것은 변하게 마련이다.

그와 대화를 나눈 지 몇 달 후 나는 트로이의 은퇴 축하 자리에 참석할 정도로 가까워졌다. 가까운 몇 명만 소규모로 모여 모로코 음식을 즐겼다. 식사를 끝내고 기차를 타러 가는 길에 세인트 막스 인 더 바워리 교회 앞을 지나가는데 트로이가 내게 말했다. "있잖아, 정말 나쁘지 않은 직업이야. 발은 좀 아프지만 그것 말고는 아무 데도 아프지 않잖아."

2012년 봄에는 메트의 경비원들이 투고하고 편집한 미술 작품, 시, 산문 등을 실은 《스와이프 Sw!pe》 매거진 3호의 발행을 축하하는 자리가 마련됐다. 편집진은 소호에 있는 비영리 갤러리에서 단체전을 기획했고, 장기 자랑을 겸한 발행 축하 파티에서 우리는 모두 즐거운 기분으로 취할 만큼 술을 마셨다. 동료들은 재즈를 연주하고, 소닉 유스(1981년 뉴욕에서 결성되어 2011년까지 실험적인 활동을 거듭한 록 밴드 - 옮긴이) 타입의 앙상블이랍시고 갖은 소음을 내고, 뮤지컬 노래를 고래고래 부르고, 스탠드업 코미디를 하고, 조이 지저스나 마이크로폰 같은 예명으로 무대에 올라 랩을 했다. 어떤 사람은 실력이 뛰어났고 어떤 사람은 그보다 못했지만 관객들은 모든 무대에 열띤 반응을 보였다. 술이 물 흐르듯 넘쳐났다.

모임이 끝나갈 무렵 나는 《스와이프》에 기고한 에밀리 르마키스와 이야기를 나눴다. 에밀리는 지난 몇 년간 예술가로 활동해왔다. 그녀의 작품은 메트의 현대미술 전시관에서 볼 수 있는 타입은 아니었다. 다시 말해 로또에 당첨된 예술가가 아니라는 이야기다. 그녀는 어떤 어려움 속에서도 예술적인 생각을 멈추지 않기 위해 일하고 살아가는 예술가 타입이었다. 그녀가 사는 맨해튼의 약 28제곱미터(8.5평 - 옮긴이) 남짓한 아파트는 브루클린 레드훅에 있는 그녀의 스튜디오 크기의 절반도 되지 않는다.

그녀는 열두 살로 접어든 1977년에 뉴욕으로 와서 '나쁜 아이들이 가는 기숙학교'에서 10대를 보냈다. 1994년부터는 줄곧 메트에서 일하며 특유의 꼼꼼함과 신중함으로 그녀를 아는 모든 사람에게 좋은 인상을 남겼다. "풀타임 직장에서 일하면서 창작도 포기하지 않는 건 정말 풀타임으로 일하는 거예요." 그녀가 말한다. "해야 할 일을 다 하고 거기에 더해 허세까지 부리려면 진짜 힘들어요. 오해하진 마세요. 허세 부리는 예술을 반대하는 건 아니니까요. 그냥 난 그런 걸 할 시간이 없을 뿐이라는 얘기예요."

에밀리의 작품 중에서 가장 좋아하는 건 2011년에 열린 직원 작품 전시회에 출품한 것이다. 몇 년에 한 번씩 메트는 대중에게는 공개하지 않는 전시회를 열고 직원들이 작품을 출품할 수 있도록 하는데 경비원도 꽤 많이 참여한다. 토미는 라이베리아 내전을 주제로 한 구슬픈 느낌이 나는 그림을 출품했고, 안드레이는 낡은 프라이팬 뒷면에 네덜란드 명화들을 베낀 작품을 출품했다. 핀리 대장은 뉴욕의 더러운 거리에서 번쩍이는 화려한 광고들을 찍은 컬러 사진을 크게 확대한 작품을 냈다. 에밀리는 보지 못하고 지나칠 수 없는 작품을 제작했다. 거의 천장까지 닿는 커다란 생일 케이크로 나무, 철망, 스펀지, 노끈, 병뚜껑, 코르크마개, 조화, 그리고 세탁소에서 찾은 유니폼에 덮여 있는 비닐 백을 로프처럼 길게 땋은 재료로 만든 것이었다.[7] 케이크 맨 아래층에는 구식 브라운관 텔레비전도 있었는데 에밀리가 중량 운동하는 모습을 찍은 〈덤벨컬스〉라는 비디오가 틀어져 있었다. 케이크 맨 꼭대기를 장식한 숫자 '50'이 이 케이크가 무엇을 축하하는지 알려줬다.

"자화상이었어요." 그녀가 《스와이프》 파티에서 내게 말했다. "세탁소 비닐 백을 땋은 것, 비디오, 지각 경고장…." 그녀는 늘 긴 머리를 땋고 다녔다. 나는 지각 경고장을 보지 못했지만 여기저기 샛노란 경고장이 붙어 있었다고 한다. "모두 저예요."

그녀가 이야기를 하는 동안 나는 예술과 거리가 먼 수십 명의 동료가 잡지를 한 장 한 장 넘기며 읽고, 축하하고, 웃고, 공연에 귀 기울이고, 서로 등을

7

툭 치며 인사하는 모습을 보면서 스스로가 긍지 높은 경비원이라는 사실을 절감한다. 내가 경비원 근무복 아래 비밀스러운 자아를 숨겨오고 있었던 것일까? 흠, 물론이다. 경비원이라면 누구라도 어두운 푸른색 근무복 아래 슬쩍 숨겨둔 비밀스러운 자아 하나쯤은 지니고 있기 마련이다. 다른 경비원들과 대화를 나눌 때마다 그 사실을 조금씩 깨달아간다.

∩∩∩

동료 경비원이나 관람객과 나눈 짧은 소통에서 찾기 시작한 의미는 나를 놀라게 한다. 부탁을 하고, 답하고, 감사 인사를 건네고, 환영의 뜻을 전하고…. 그 모든 소통에는 내가 세상의 흐름에 다시 발맞출 수 있도록 돕는 격려의 리듬이 깃들어 있다. 비탄은 다른 무엇보다 그 리듬을 상실하는 것이다. 누군가를 잃고 나면 삶에 커다란 구멍이 뚫리고, 한동안 그 구멍 안에 몸을 움츠리고 들어가 있게 된다.

여기서 일하면서 나는 메트라는 웅장한 대성당과 내 구멍을 하나로 융합시켜 일상의 리듬과는 거리가 먼 곳에 머물 기회를 잡았다고 생각했다. 그러나 일상의 리듬은 다시 찾아왔고 그것은 꽤 유혹적이었다. 그리고 나는 스스로가 영원히 숨을 죽이고 외롭게 살기를 원하지 않는다는 사실을 깨달았다. 사람들과의 소통에서 생겨나는 운율을 깨닫는 것은 내가 자라서 어떤 어른

이 될지 깨닫는 것처럼 느껴진다. 내가 삶에서 마주할 커다란 도전은 대부분 일상에서 맞닥뜨리는 작은 도전과 다르지 않다. 인내하기 위해 노력하고, 친절하기 위해 노력하고, 다른 사람들의 특이한 점을 즐기고, 나의 특이한 점을 잘 활용하기 위해 노력하고, 관대하기 위해 노력하고, 상황이 좋지 않더라도 적어도 인간적이기 위해 노력하는 것.

어느 여름날 체크 박스에서 근무하게 되었다. 랜디가 내 오른쪽에서, 예타^{Yeta}는 왼쪽에서 일하고 있다. 우리 셋은 팔꿈치를 탁자에 기댄 채 수다를 떨면서 손님이 오지 않는 빈 공간을 바라보고 있다. 관람객이 한 명 들어온다. 랜디가 허리를 펴고 전형적인 뉴욕 스타일의 침착함을 보이며 그 젊은 여성의 스트랜드 백을 받아 든다. "흠, 가방 안에 뭘 가지고 다니시나요, 아가씨?" 그가 윤택한 바리톤 목소리로 말한다. "야아, 《뉴욕타임스》를 읽는군요! 좋아요, 아가씨, 좋은 신문이죠!" 그는 머리 위 선반에 그 가방을 보관하고 돌아서더니 난데없이 자신의 캐치프레이즈를 외친다. "그날이 그날 같아."

두 번째 손님이 온다. 이번에는 예타가 자세를 고친다. 하지만 알바니아로 가는 비행기 푯값에 관해 나와 나누던 대화를 멈추지 않는다. 남자 손님의 자전거 헬멧은 받아 들지만 그를 완전히 무시하는 그녀를 보면서 내 안의 미드웨스트 지역 감성은 미국 전역에서 그런 태도는 무례하다고 여겨질 것이라고 생각한다. 그러나 내 안의 뉴요커 감성은 여기에는 다른 문화가 존재하고, 일하는 사람들도 인간으로 살아갈 여유가 더 허용된다는 사실을 떠올린다. 신사가 보관 영수증을 받아 들고 고맙다는 인사를 하자 그녀는 친절한 표정으로 그에게 윙크를 날린다.

마침내 세 번째 손님이 온다. 나는 내가 어떤 코트 룸 직원으로 여겨지고 싶은지 정확히 알고 있기 때문에 허리를 바르게 펴고 그를 맞이한다. 사실 내가 어떤 경비원인지도 이제는 알 것 같은 느낌이 든다. 휴식 시간이 되자 랜디가 가서 쉬라고 손짓했고 나는 널찍한 돌계단에 앉아 점심을 먹기 위해 밖으로 나간다. 태양이 빛나고, 고층 아파트들이 은은한 빛을 발하고, 두왑$^{Doo\text{-}wop}$(1940년대에 미국 흑인을 중심으로 유행한, R&B 음악 중 한 장르 – 옮긴이) 가수들이 동전을 모을 모자를 돌리고, 샛노란 옐로캡 택시들이 빠른 속도로 지나가서 민들레를 문지른 자국처럼 보일 때면 5번가는 믿을 수 없을 정도로 아름답다. 가판대에서 겨자 소스를 바른 핫도그를 하나 사서(그는 경비원한테는 1달러만 받는다) 외지인 무리 사이에 끼어 앉아 나 혼자 유일하게 이곳에 속한 사람이라는 기분을 즐긴다. 계단에 편히 자리를 잡은 나는 재킷 단추를 열고, 클립으로 부착하는 넥타이를 떼고, 공중에서 이런 나를 내려다보면 얼마나 멋진 한 폭의 그림으로 보일까 생각한다. 이 위대한 도시의 심장부에 있는 위대한 미술관의 계단에 작은 경비원 하나가 앉아 있다. 작지만 더 이상 보이지 않는 존재는 아니다. 앉은 자리는 편안하고, 근무복은 몸에 잘 맞는다.

합성섬유로 만든 재킷 주머니에서 작은 공책을 하나 꺼내 들고 머리에 떠오르는 포부를 몇 개의 문장으로 적는다. 과거에는 대부분 수동적인 태도로 메트와 메트의 소장품을 일종의 보이지 않는 눈으로 관찰했다면 이제는 새로운 태도를 취할 수 있을 것 같다. 예술을 흡수하는 데 오랜 시간을 보냈지만 이제는 그러는 대신 예술과 씨름하고, 나의 다양한 측면을 모두 동원해서 그 예술이 던지는 질문에 부딪쳐보면 어떨까? 미술관에 발을 들여놓는 사람이라면 누구나 덤벼볼 만한 가치가 있는 숙제 같다. 예술을 경험하기 위해 사고하는 두뇌를 잠시 멈춰뒀다면 다시 두뇌의 스위치를 켜고 자아를 찾아보는 것도 좋지 않을까? 그렇게 하면 더 많은 것을 배울 수 있지 않을까?

9장

예술이 무엇을 드러내는지

이해하려고 할 때

일요일 아침에 그리스·로마관으로 배정받은 후 가장 먼저 걱정한 것은 내 두 발이다. 이틀 연속 열두 시간 근무를 한 데다 오늘 아침 출근길에는 지하철에서 앉을 자리를 찾지 못했고, 게다가 출근해보니 경비원을 불쌍히 여겨 깔아둔 카펫이 한 조각도 없는 구역으로 배정되었다. 그저 구두창을 때리는 차가운 대리석 바닥이 끝없이 펼쳐져 있다. 나는 그리스관 제1경비 팀으로 배치됐다. 첫 번째 임무는 무거운 철제 길막이 기둥에 쳐진 긴 밧줄의 걸쇠를 끄르고, 기둥들을 굴려 고대 그리스 항아리 뒤쪽 공간으로 퇴장시키는 것이다.

기둥 받침대에서 묻어난 둥그런 녹 자국이 남은 바닥을 보면서 이 기둥이 얼마나 오래되었는지 문득 궁금해진다. 그러다 근처 하얀 벽에 구름처럼 희미하게 번져 있는 푸른색 무늬를 알아본다. 이것은 소위 '경비원 자국'이라고 불리는데 값싼 폴리에스테르 근무복을 입은 수백 명의 경비원이 아픈 발을 쉬기 위해 벽에 기대면서 탄생한 작품이다.

벽에 남은 자국에 어깨를 맞추어 기대고 주위를 둘러본다. 내가 배치된 곳은 밝고 천장고가 매우 높은 전시실로 호메로스보다 약 150년 후, 소크라테스보다 약 150년 전의 과도기였던 고졸기古拙期 그리스(기원전 제2차 그리스-페르시아 전쟁 발발까지의 시기. 그리스 암흑 시대와 고전기 그리스 사이의 정치·문화적 과도기다. – 옮긴이)의 작품들로 가득하다. 동쪽으로 길게 난 창문을 통해 재키 케네디의 할아버지가 지은 아파트 타워를 배경 삼아 물건을 진열하고 있는 노점상들의 모습이 보인다. 정말 뉴욕스러운 장면이다.

이 전시실의 유명 인사가 '뉴욕' 쿠로스Kouros(그리스어로 '청년'을 뜻하며, 청년의 나체를 표현한 고대 그리스 조각의 장르를 일컫는 용어이기도 하다. – 옮긴이)라고 불리는 〈쿠로스 대리석 조각상Marble State of a Kouros〉[1]이라는 사실이 이 모든 배경과 아주 잘 어울린다는 생각이 든다. 다른 유명한 쿠로스와 구분하기 위해 붙인 의례적인 이름일 뿐이지만 나는 내 나름의 이유로 뉴욕 쿠로스라는 이름을 좋아한다. 그 이름은 마치 이 호리호리한 아테네 청년이 고국을 떠나 애스토리아(뉴욕 퀸스의 서쪽 지역으로 1960년대부터 그리스 출신 이민자들이 집중적으로 거주했다. – 옮긴이)의 아파트에 세 들어 살며 우리처럼 지하철을 타고 메트로 출퇴근하는 것처럼 느껴지게 한다. 나는 같은 이주자로서, 또 미술관에 매일매일 서 있는 사람으로서 〈쿠로스 대리석 조각상〉과 동질감을 느낀다.

경비원 자국을 밀어내며 똑바로 선 이 나체의 그

리스인에게 최대한 가까이 다가간다. 그는 이집트 파라오의 포즈처럼 한 발을 앞으로 내밀고 서 있다. 하지만 이 젊은이는 파라오도 아니고, 왕도 아니고, 신도 아니다. 그 이전의 많은 예술품이 그랬듯 주술적 목적으로 만든 것도 아니다. 이 쿠로스는 일종의 비석으로 세상을 떠난 남자의 유해 위에 놓여 그저 '이 사람은 죽음을 피할 수 없는 인간이었다'라고 알리기 위해 만든 것이다.

이상하게도 나는 불꽃처럼 튀어 오르는 자부심을 느낀다. 이 조각상을 보는 다른 많은 사람도 그러하리라 생각한다. 왠지 모르게 쉽게 다가서도 될 듯 독특한 분위기를 내뿜는 이 걸작의 주제는 바로 우리 자신이 아닐까. 최초로 시도된 누드 입상^{立像} 중 하나인 이 조각에서는 감동적인 평범함과 어색함까지 느껴진다. 스타일에서도 조금 미숙한 면이 있는데 이것은 자신의 방식을 아직 완성하지 못한, 떠오르는 생각을 표현하는 방법을 익혀가고 있던 예술가의 솜씨라는 걸 나타낸다.

〈쿠로스 대리석 조각상〉에서는 차갑고 단단한 돌로 생명체의 형태를 빚는 작업의 대담함이 잘 드러난다. 조각가는 신과 같은 아름다움을 표현하는 동시에 풋풋하고 벌거벗은 연약한 모습을 담아내는 데도 성공했다. 조각상 앞에 서서 나는 두 가지 사실을 쉽게 받아들였다. 이 쿠로스가 아주 오래전에 만들어졌다는 사실, 그리고 나와 같은 인간의 손을 가진 예술가가 조각했다는 사실이다. 쿠로스를 낳은 대리석의 시간관념으로 본다면 고대 아테네는 심장이 한 번 뛰는 정도밖에 떨어져 있지 않다.

〈쿠로스 대리석 조각상〉 오른쪽으로 목이 긴 암포라^{amphora}의 감탄스러운 모습이 눈에 들어온다. 이 암포라는 기원전 6세기에 물레로 만들어 채색한 후 가마에서 구운 저장용 항아리다. 항아리 표면에는 방금 전사한 호메로스의 영웅 아킬레우스를 그의 전우가 전장에서 들어 옮기는 장면이 특별히 공들여 묘사되어 있다. 『일리아스』에 등장하는 아킬레우스는 생명과 활력 그 자체인 인물이다. 그는 화염처럼 밝고 커다란 눈에 견실한 몸의 뛰어난 주자^{走者}로 격렬한 기쁨과 사나운 분노의 포효는 공기를 찢듯이 가른다. 그러나 이 암포라의 그림에 담긴 그의 몸은 애처롭게 축 늘어져 있고, 그의 정신^{psyche} 혹은 영혼도 마지막 숨과 함께 그를 떠난 것으로 보인다(실제로 'psyche'는 '숨'을 뜻하는 그리스어에서 파생되었다).

이 아름답고도 실용적인 항아리 쪽으로 걸어가며 그리스식 죽음에 관해 기억나는 모든 것을 떠올리려고 노력한다. 이내 그리스 장례식에는 성직자가 배석하지 않았던 것을 기억해낸다. 불멸의 신들은 죽음을 이해하지 못하고 관심도 주지 않은 채 등을 돌린다고 생각했기 때문이다. 가족에게 시신이 인계되고, 생명이 없는 몸은 온순하고, 가엾고, 놀라울 정도로 어린아이처럼 보인다. 그리스어로 장례식을 뜻하는 단어는 '보살피는 것'으로 번역할 수 있다. 가족들은 사랑하는 사람을 씻기고, 성스러운 기름을 바르고, 턱을 끈으로 둘러매서 처지지 않도록 한다. 그러는 동안, 호메로스의 말을 빌리자면 '몸에서 빠져나온 영혼은 어둠의 우물 같은 저승을 향해 퍼덕였다.' 그것이 아닌 모든 것으로 정의되는 곳. 다시 한번 호메로스의 말을 인용하자면 그리스의 지하 세계는 형체도, 피도 없고 '흐릿하고 숨이 막힌다.' 이 불명확한 세계에 대해 읽으며 그리스인은 죽음 후에 무슨 일이 일어나는지 알 수 있는 건 거의 없다고 생각했음을 알게 되었다. 그들은 오직 삶에 관해서만 알고 있었고 자신들이 아는 것을 〈쿠로스 대리석 조각상〉 같은 작품을 만드는 데 쏟아부었다.

30분간의 휴게 시간 동안 종이와 펜을 들고 사물함 앞에 앉아서 〈쿠로스 대리석 조각상〉에 담긴 의미가 무엇일지 적어두려고 용을 쓰며 미친 듯이 단어를 짜냈다. 그러나 쉽지 않다. 조각상의 완벽한 수직성에 대해 쓰면서 볼링 핀에 비유하기까지 한다. 그것은 직립보행을 하는 종의 특별함을 자축하는 것처럼 보인다. 나는 '어깨를 쫙 편 오만함… 살아 있다는 것이 제일이라는 것을 아는 생명'이라고 적는다. 이건 분명 과거의 무덤을 넘어 현재까지 이어지는 유일한 사실이다. 조각상의 벌거벗은 모습도 기록한다. 어떤 화살이든 꿰뚫을 수 있을 것처럼 연약한, 무방비 상태의 말랑함. 무덤 주인은 젊은 청년이었을 것이다. 마지막으로는 옷을 벗기면 다 똑같은 몸뚱이를 지닌, 이 청년과 동류인 당신과 나, 우리 모두에 관해 적어두려고 애쓴다.

그리스 조각 정원 중앙에 서서 위를 올려다본다면 석고로 만든 원통형 천장을 볼 수 있다. 호메로스 시대 사람들은 하늘이 아주 구체적이고 단단한 놋쇠 돔이라고 여겼고, 그 돔은 원반 모양의 지구를 둘러싼 바다에 박힌 기둥들 위에 놓여 있다고 생각했다. 바다 너머로는 역시 원반 모양인 태양의 뒷면밖에 볼 수 없는 저승이 있었고, 저승 너머에는 아무것도 없었다. 사실 아무것도 없다고도 할 수 없었다. 실증적 성향이 매우 강했던 초기 그리스 사람들은 그들의 철학에 무한대나 공(空) 개념이 비집고 들어갈 자리를 내주지 않았는데 두 가지 모두 자연에서 관찰할 수 없는 것이기 때문이다. 수 세기에 걸쳐 사고방식이 진화하면서도 그리스인은 현실에 근거한 특유의 정신적 습관을 결코 완전히 잃지 않았다. 그들 세계의 모든 것은, 심지어 그들의 신들까지 형태를 갖추고 있었다. 이러한 특성은 그들의 시각예술에도 충만하다.

  나는 조각 정원 옆 문간에 서 있다가 10대 청소년들이 과제와 관련해 토론하는 것을 엿듣게 됐다. 그들은 다음과 같은 작문 주제를 받은 듯했다. '고대 그리스인은 정말로 그들의 신을 믿었을까? 그들이 왜 그러했다고 또는 그러지 않았다고 생각하는지 예술 작품 두 점을 근거로 들어 설명하시오.' 훌륭한 과제다. 나는 학생들이 어떻게 판단하는지 알 수 있을 때까지 계속 엿듣기로 한다. 여학생 하나가 입술의 튼 부분을 뜯으며 그리스인은 분명히 신을 믿었을 것이라 주장한다. 당연하지, 아니, 주위를 둘러봐. 그렇지 않아? 이상하긴 하지만…. 그러고는 어깨를 으쓱한다. 하지만 그녀와 함께 있던 남학생은 그 말을 의심한다. 그는 그리스인에게 신이란 아마도 악마 같은 존재에 더 가까웠을 것이라 생각한다. 어떤 사람들은 악마가 있다고, 실제로 존재한다고 생각하지만, 대부분은 그게 그냥 이야기라고 생각하잖아? 그 대목에서 두 학생은 말 없는 신과 여신을 멍하니 둘러보며 교착 상태에 빠진 듯하다.

그들이 결국 '어느 정도'처럼 책임감 없는 답변으로 생각을 타협해버릴까 걱정돼 조심스럽게 개입하기로 한다. "저기, 너희, 도움이 필요하니?" 그들은 순간 내 근무복을 보고 깜짝 놀라 자신들이 뭔가 일을 저질렀는지도 모른다고 생각한다. 하지만 차분한 내 표정을 본 그들은 곧 안심하며 도와주면 고맙겠다고 말한다. 나는 작문에 쓸 만한 단어 하나를 알려준다. 그리스어 단어 '에피파니epiphany'는 원래 '신의 방문'을 뜻하는 말이었지만 이제는 '신의 계시와도 같은 깨달음'을 의미하게 되었다. 나는 그리스인은 꿈속에서나 깨어 있을 때나 끊임없이 에피파니를 경험했다고 알려준다.

그러고는 지금은 유실된 고전기 그리스의 조각가 페이디아스(서양 고대 최고의 조각가 혹은 건축가로 평가받는 인물. 아크로폴리스 언덕 위에 파르테논신전을 재건한 것이 최대 업적으로 꼽힌다. - 옮긴이)의 작품을 모사한 〈메디치 아테나Athena Medici〉[2](고대 그리스 아테네 파르테논신전의 황금과 상아로 만든 아테나 대*신상을 로마 시대에 이르러 모방한 작품 – 옮긴이)라고 불리는 로마 시대 두상 쪽으로 학생들을 데려간다(이 모작도 몸통은 남아 있지 않다). 우리는 함께 평온하고 무표정하지만 굳거나 얼어붙지는 않은 여신의 얼굴을 들여다본다. 혈색이 돌고 유연한 지혜의 여신은 바로 이렇게 생겼을 것이라는 걸 보여주는 작품이다. 강인하고 힘이 넘치는 아름다움이다.

"아테나는 특별한 유형의 지혜를 관장하는 여신이었어." 학생들에게 말한다. "『오디세이』 읽어봤니? 읽어봤다고? 좋아. 『오디세이』에서 아테나는 오디세우스가 자신감과 영감을 회복해야 할 때마다 나타나. 그런 느낌 있잖아… 상태가 별로인 채로 돌아다니는데 갑자기 기분이 좋아지고, 조금 전까지는 불가능하다고 느꼈던 일을 하는 데 필요한 에너지와 용기가 생기면서 정신이 또렷해지는 느낌. 지금은 그 변화가 인간의 내부에서 생겼다고 생각하겠지만 고대 그리스인은 그렇게 믿지 않았어. 그들에게 힘이란 모두 외부에서 비롯한 것이었고, 그 힘은 강력하고, 예측 불가능하고, 운명을 좌지우지하듯 사람의 감정을 뒤흔드는 힘이었어. 아테나는 마음을 꿰뚫고 변화시키는 방식 때문에 '가까움의 여신'이라고도 불렸지."

나는 여신의 얼굴을 가리킨다. "아마 마음을 좋은 쪽으로 바꿔놓는 경우가 많았겠지. 그녀를 좀 더 들여다봐. 그리스인이 지혜가 어떻게 생겼다고

2

생각했는지. 너희도 아테나가 기분을 나아지게 해주는지 한번 보렴."

　내 비위를 맞추려는 것인지는 몰라도 두 학생은 내가 하는 말이 옳다는 듯 연신 고개를 끄덕이고 두상 주위를 돌며 노트에 이것저것 필기를 한다. 그러고 나서 "감사합니다, 선생님"이라고 인사하고는, 또 다른 신, 대리석으로 만든 두 번째 에피파니를 만나기 위해 떠난다. 멀어져가는 그들을 보며 나는 기운이 난다. 너무 많은 방문객이 메트를 미술사 박물관이라고 생각하면서 예술에서 배우기보다 예술을 배우려 한다. 또 너무 많은 사람이 이곳에는 모든 정답을 아는 전문가들이 있고, 그렇기 때문에 일반인이 감히 작품을 파고들어 재량껏 의미를 찾아내는 자리가 아니라고 넘겨짚는다. 메트에서 시간을 보낼수록 나는 이곳의 주된 역할이 미술사 박물관이 아니라는 걸 더욱 확신하게 된다. 메트로폴리탄 미술관의 관심 영역은 하늘 높이 솟았다가 지렁이가 기어다니는 지하 무덤까지 내려가고, 그 둘 사이 세상에서 사는 것이란 어떤 느낌이고 무엇을 의미하는지에 대한 거의 모든 측면과 맞닿아 있다. 그런 것에 관한 전문가는 있을 수 없다. 나는 우리가 예술이 무엇을 드러내는지 가까이에서 이해하려고 할 때 비로소 예술을 진지하게 받아들인다고 믿는다. 저 아이들이 과제를 진지하게 받아들이기를. 그러기 위해 좋은 출발을 한 것 같다.

이슬람 전시관은 8년간의 철저한 보수 작업 끝에 다시 문을 열 준비를 하고 있다. 사람들의 기대가 크다. 지난 몇 달 동안 나는 흰 작업복에 빨간 페즈(오스만제국 시대에 전파된 원통형 모자의 한 종류로 모로코와 튀르키예 남성들이 주로 착용한다. - 옮긴이)를 쓰고 81번가 입구 앞에서 담배를 피우는 모로코 출신 인부들과 자주 마주쳤다. 그들이 짓고 있는 전시관의 안뜰은 가히 경이롭다는 소문이 자자하다. 개관을 몇 주 앞둔 어느 날 점심을 먹으러 가는 길에 이슬람 전시관을 지나치다가 가림막 뒤에서 구역 대장인 데이비스 씨가 나오는 걸 보게 되었다. 안쪽을 들여다보려고 목을 길게 빼자 미소를 짓던 데이비스 씨는 무전기 안테나를 까닥이며 안으로 들어오라는 신호를 보낸다. "정말 괜찮아요?" 그에게 이끌려 안으로 들어가면서 묻는다.

"당연하지." 그가 답한다. "너도 여기서 일하잖아."

모두가 탐내지만 드물기 짝이 없는 '앉아서 일하는 자리'에서 근무하고 있는 경비원에게 출입 허가를 받고 시계를 확인한다. 43분. 점심 따위 잊어버리고 오래된 미술관 안에 문을 여는 정말로 새로운 미술관을 탐험할 시간이 43분 있다. 모로코식 중정의 모습이 얼핏 보인다. 하지만 아니다, 제대로 볼 것이다. 마음을 가라앉히려 숨을 깊이 들이마시고 전시관을 처음부터 둘러보기 시작한다.

전시관의 서론에 해당하는 다양한 나라와 시대의 쿠란을 보여주는 전시실 안에 선다. 9세기 북아프리카에서 만든 것으로 인디고로 염색한 양피지에 쓴 쿠란 한 장[3]이 전시되어 있다. 한 권 전체가 오스만제국 병사의 목에 걸 수 있을 정도로 작게 만든 것[4]도 있고, 튀르크-몽골제국 황제 티무르의 소유였던 세로 2미터가 넘는 쿠란[5]의 페이지도 있다.

방향을 꺾으며 도넛 모양으로 이어지는 전시실을 차례대로 둘러본다. 가운데가 뚫려 있는 이유는 아마도 한 층 아래에 위치한 로마관의 중정 때문일 것이다. 7세기 다마스쿠스, 8세기 바그다드…. 시대의 흐름을 따르면서 점점 동쪽으로 이동해 페르시아와 중앙아시아까지 나아간다. 전시실에는 비단과 리넨 직물부터 유리와 토기까지 내가 종종 간과하는 실용적이면서도 아름다운 물건이 가득하다. 12세기 이란에 도착하니 사자 모양의 청동 투각 향로[6]와 그 옆의 이슬람식 체스판[7]을 마주한다. 왕 자리에는 샤, 왕비 자리에는 와지르, 코끼리 모양 비숍, 전차가 룩을 대신한 8백 년 된 체스판이다(이슬람식 체스 기물을 설명하고 있다. 샤는 이란 계통 군주, 와지르는 이슬람 문화권에서 재상을 뜻한다. –옮긴이). 이전에 본 다른 관상용 체스 세트들과 마찬가지로 여기에도 분실된 것은 폰 하나뿐이다.

시간에 신경 쓰며 수많은 매력적인 유물을 스쳐 지나간다. 이 전시관에서 길고도 재미있는 시간을 보낼 나의 미래가 그려진다. 하지만 6백 년 전 중앙아시아의 그림에 또렷하게 묘사된 예언자 무함마드의 모습[8]은 참으로 진귀한 것이라 걸음을 멈출 수밖에 없다(일부 이슬람교도는 이 그림을 신성모독으로 여기겠지만). 눈부신 튀르키예 군인의 갑옷[9]을 바라보는 데는 원하는 만큼 시간을 들이지 못한다. 모로코식 중정이 다시 시야에 들어와서, 이제는 곧장 달려갈 수밖에 없기 때문이다.

이곳이 하늘이 보이도록 가운데가 뚫린 진짜 중세의 대저택이나 마드라사(아랍어로 모든 종류의 학교를 일컫는 말-옮긴이)의 안뜰이었다면 물이 보글거리며 나오는 분수대 앞에 무릎을 꿇고 손과 발을 씻는 의식을 행했을 것이다. 여기 설치된 분수대는 실제보다 훨씬 축소된 규모이고, 나는 머지않아 방문객들이 그 안으로 동전을 던지는 것을 막아야 할 것이다.

그래도 안뜰은 놀랄 만큼 아름답다. 내가 서 있는 쪽 벽에는 다양한 색상과 손으로 자른 듯한 모양의 타일을 빽빽하게 붙여 만든 모자이크가 내 머릿속을 어지럽힌다. 반대쪽 벽을 바라보니 똑같은 모자이크가 붙어 있는데, 멀리서 보니 아주 질서 정연한 디자인을 이루면서도 끊임없이 살아 움직이는 듯하다. 시선을 한 곳에 겨우 고정했는데 눈을 한 번 깜빡이고 나니 곧 그 요소들이 모여 이루는 더 큰 전체의 문양이 들어온다. 스트랩 strap이라고

3

6  7 8  9

불리는 좁고 하얀 길들이 타일 사이를 내달린다. 길들은 서로 교차하며 여러 변의 화려한 별 모양으로 모였다가 다른 곳에서 더 많은 별을 이루러 다시 지그재그로 질주한다.

이 안뜰에서 가장 큰 경이로운 요소는 머리 위에 있다. 두 기둥이 양쪽을 각각 받들고 있는 스투코 아치는 레이스처럼 보일 정도로 조형이 정교하고 3차원으로 느껴질 만큼 깊이 새겨진 조각으로 장식되어 있다. 아치의 한 부분은 다양한 건조 파스타가 테이블 위에 널브러져 있는 모습처럼 보인다. 얽히고설킨 넝쿨, 벌집, 한껏 꾸민 케이크 위 주름진 아이싱, 바이올린의 S자 구멍, 격자 맨홀 위에 놓인 작은 이파리, 유럽 성당의 장미창을 닮은 부분도 있다. 지금 눈에 들어오는 것을 흡수하기에는 시간이 턱없이 부족하다. 점심시간이 끝나가고 있다. 여덟 시간이나 열두 시간 근무하는 날 다시 와 온종일 이곳에서 경비를 설 의욕으로 가득 차 이슬람 전시관을 나선다.

몇 주 후 배치 사무실에 들어서자 찾느라 조금 시간이 걸린 내 이름표 타일을 들고 밥이 이렇게 말한다. "브링리, 새 전시관 개장 때문에 주 담당 구역을 바꿔야 했어." 그는 내 타일을 새로 생긴 줄에 놓는다. "M구역으로 가. 이슬람 전시관."

○○○

공식 명칭 '아랍, 튀르키예, 이란, 중앙아시아 및 후대 남아시아 미술' 부서에서 장장 3개월간의 휴일 없는 근무가 시작됐다. 수습 기간 이래 미술관 한 구역에서 이렇게까지 정기적으로 일한 적이 없었고, 다시 한번 완전한 몰입감을 느꼈다. 옛 거장들의 명화를 곰곰이 감상하던 때는 주로 예술의 신성한 측면, 그 고요함과 불가사의한 침묵에 관심을 가졌지만, 그 이후로는 메트의 세속적 매력을 담당하는 호기심 많은 관람객과 사교적인 경비원들에게도 관심을 간혹 내주고 있었다. 이슬람 전시관에서 나는 이 두 지층이 서로 어떻게 연결될 수 있는지 고민하는 데 도움이 되는 것들을 만났다.

그리고 어느 날, 언젠가 일어날지도 모른다고 경고받았던 바로 그 일이 일어났다. 독실한 무슬림 방문객 하나가 지금 우리가 동쪽을 향하고 있는지 물어온 것이다. 그와 나는 예배자들에게 메카 방향을 안내하는 벽감壁龕인 미흐라브Mihrab[10]를 바라보고 있다. 나는 잠시 생각해보고 그렇다고 대답했다. 그는 기도해도 되는지 묻는다. 나는 태연하게 답한다. "네, 물론이죠. 하지만 다른 관람객들이 걸려 넘어질 수도 있으니 엎드리는 건 안 됩니다." 그는 나에게 감사를 표하고 두 손을 모으며 미흐라브를 뚫어지게 응시한다. 나도 그를 따라 하며 하나의 중심점, 이 경우에는 실제 위도와 경도상의 좌표를 향하도록 자신의 믿음을 맞춘다는 건 어떤 기분일까 생각한다. 방문객에게 이 작품은 자신이 마음속으로 그리는 거룩함으로 통하는 관문인 셈이다.

규칙은 규칙이지만 이 미흐라브는 충분히 절을 받을 만한 타일 작품이다. 높이 3.3미터, 무게 2톤으로 14세기 이스파한의 마드라사에 자리하고 있던 것인데도 낡은 기색이 전혀 없다. 주로 파란색, 흰색, 청록색 타일로 구성된 빼곡한 모자이크는 춤추는 듯한 아라베스크 문양과 활력 넘치는 필체로 쓴 쿠란 구절이 윙윙거리며 하늘을 날아다니는 것 같아 아찔할 정도로 신묘해 보인다. 나는 미흐라브 가장 안쪽 위에 쓰여 있는 한 구절에 특히 주목한다. 구부러지고 휘청이며 얽힌 선들이 살아 있는 식물을 암시하는 형태를 만들어내고, 각각의 선은 뻗어나가는 덩굴과 곱슬곱슬한 덩굴손을 연상시킨다. 이 부분은 자연, 그것의 리듬과 풍요로움, 무성함과 빽빽함, 영원한 움직임과 성장을 찬양하는 게 분명하다.

이번에는 시선을 아래로 내려, 둥글고 우묵한 곳에 뾰족한 아치가 솟은 미흐라브 그 자체를 들여다본다. 여기서 자연의 형태는 이슬람 디자인의 또 다른 주춧돌인 기하학적 추상과 공간을 공유하고 있다. 메트의 기념품 가게에 가면 이슬람 디자인의 수학적 측면을 서술한 책을 파는데, 몇 번의 휴게 시간을 이용해 그 책을 훑어보며 골머리를 앓았다. 톰에게 도움을 받을 수 있었다면 좋았을 텐데. 내가 이해한 바에 따르면, 이슬람의 디자이너들은 항상 가장 단순하고 원시적인 모양인 원에서 시작해 그것을 분할하면서 그 안에 새길 수 있는 다양한 모양을 생각해냈다고 한다. 몇몇 선은 지우고 또 다른 선은 무한한 모눈종이 위로

연장하고 반복하며 그 합일성으로 신을 상징하는 원에서 파생한 무수히 많은 패턴을 만들었다. 그렇게 탄생한 결과물은 원에서 출발한 흔적이 보이지 않지만, 이슬람의 교리 중 하나인 다양성의 바탕이 되는 통합성을 보여준다.

내가 이 모든 것을 마음에 새겼을 때는 무슬림 방문객이 기도를 마치고 자리를 옮긴 후였다. 마음을 어떤 합일점에 고정하기 위해 고안한 종교의식에 하루에 다섯 번씩 참여하는 건 어떤 느낌일지 상상해본다. '종교^{religion}'는 '묶음^{ligature}'과 마찬가지로 'ligio'라는 어근에서 비롯되었다. 기본형일 때 ligio는 연결 혹은 어떠한 공동체가 인식하는 근본적 진실에 다시 집중하고 교감함을 뜻한다. 나는 특정한 종교적 전통을 섬기지는 않지만 종종 어딘가에 소속되어 사소한 걱정 대신 더 근본적인 것과 교감할 필요를 느낀다. 독실한 숭배자는 아니지만, 그래도 찬미하는 마음으로 아름다운 미흐라브를 응시한다.

∽∽∽

이슬람 전시관에서 일하는 즐거움 중 하나는 이 구역의 정규 감독관인 하다드 대장과 친해지는 것이다. 하다드 씨는 165센티미터 정도 되는 키에 왕족 같은 몸가짐을 하고 있다. 사실상 그가 하는 모든 말이 예리한 데다 재미도 있지만 그는 엷은 미소 이상으로는 절대 웃지 않는다. 한번은 그와 이야기를 나누고 있는데 한 방문객이 대화를 방해하며 하다드 씨의 뚜렷한 외국인 억양이 어느 나라 것인지 물었다. 대장은 표정 없는 얼굴로 답했다. "워싱턴 하이츠(맨해튼 북쪽 지역을 일컫는다. 미국에서 억양을 지적하며 누군가를 토박이와 구분 짓는 것은 차별적 발언에 해당한다. 이에 하다드 씨는 자신이 뉴욕에서 자랐다는 것을 밝히며 간결하게 대처한 것이다. ‑ 옮긴이)."

나중에 알게 된 더 상세한 답은 이라크를 떠나 밀라노, 런던, 이스탄불 등 몇몇 대도시를 경유해 도착한 워싱턴 하이츠다. 지금은 물론 뉴욕에 살고 있고 부업으로 이슬람 미술사 부교수로 일한다. 흥미롭게도 그는 뉴욕을 별로 좋아하지 않는다고 한다. "죄 아스팔트에 모두가 공격적이야." 그가 말한다. "온기도 신선한 공기도 역사 관념도 없고, 오래되고 의미 있는 건 닥치는 대로 허물어버리잖아." 끊임없는 재건과 재창조야말로 사실 뉴욕의 역사가 아니냐고 이의를 제기하자 하다드 씨는 부정하지 않는다. "그렇긴 하지." 그가 말한다. "잘 얘기했어. 난 그게 그냥 싫어."

이 모든 건 어느 날 아침 하다드 씨가 나를 오스만 전시실로 배치했을 때 마음속에 신학 외의 생각이 스치고 있었다는 이야기를 하기 위함이다. 가본 적 없는 도시와 공부할 기회가 없었던 역사와 지금의 하다드 대장을 있게 한 세상의 다양한 풍요로움에 관해 생각한다. '하나'는 놀라운 다양성을 갖춘 '여럿'만큼 흥미롭지 않다. 나는 하다드 씨가 이스탄불이 어떤 곳인지 읊조리는 것을 들어왔고, 오스만제국에 관해 열 가지, 스무 가지, 백 가지 사실을 배우고 싶어졌다.

난간에 팔꿈치를 기대고 서서 그 유명한 〈시모네티 양탄자 The Simonetti carpet〉[11](이전 주인의 이름을 따서 시모네티라는 별칭으로 불린다. 양탄자로 유명했던 이집트 맘루크 왕조 시대에 생산된 가장 유명한 작품 중 하나다.-옮긴이)를 내려다본다. 섬세한 조명으로 밝혀져 있어 마치 마법처럼, 형형색색의 연못 위로 연기가 자욱한 것처럼 보인다. 내가 그 자체로 시각의 우주 같은 이 양탄자 속에서 길을 잃고 싶은 기분이었다면 그렇게 되도록 스스로를 내버려두었을 것이다. 하지만 오늘의 나는 다른 기분이다. 지금 내게 보이는 것은 저물어간 거대한 세계가 남긴 작은 조각이다.

1500년 무렵에 카이로에서 짠 이 양탄자 위를 가로질렀을 수많은 발을 생각한다. 최초의 소유주는 맘루크 Mamluk였는데 그들의 역사는 일부러 현대인을 헷갈리게 하려고 작정하기라도 한 듯 복잡하다. 맘루크는 주로 튀르키예인, 체르케스인, 조지아인, 압하스인으로 구성된 노예 군인 출신의 지배 계층으로 수세기 동안 카이로를 수도로 삼고 제국으로 군림했다. 한때 아바스 왕조(이슬람의 예언자 무함마드를 계승한 세 번째 칼리파국이며, 중세 이슬람의 황금시대라고도 불린다.-옮긴이)의 술탄들과 에미르 emir(에미르 혹은 아미르는 아랍어로 사령관, 총독이란 의미를 지니고 있으며 이슬람 세계에서 제후의 칭호로 사용되는 말이었다.-옮긴이)들에게 충성했던 이들은 13세기에 권력을 쥐었고, 많은 노예가 정부의 최고위직에 올랐음에도 노예제도를 폐지하지 않았다. 1517년, 맘루크는 신흥 강자인 오스만제국에 복속되었지만, 그들은 1811년에 완전히 패배할 때까지 오스만 술탄의 봉신으로서 이집트를 계속 통치했다.

양탄자를 유심히 들여다보다 보니 수만 개의 매듭과 실이 마치 현재와 과거, 현실의 엄청난 밀도를 은유적으로 나타내는 것 같은 느낌이 든다. 한때는 이 네 귀퉁이 너머로 펼쳐졌던 세상이 있었다는 걸 떠올린다. 헤아릴 수 없이 많은 디테일로 가득한, 모든 찬란하고 평범한 인간 드라마를 위한 무대가. 또 내가 방금 이야기한 맘루크 역사의 밑그림이 매우 빈약하다는 것도 알고 있다. 나일강을 따라 수천 마일에 걸쳐 펼쳐진 땅에 존재했던 무한히 복잡했을 수천 년의 역사를 나는 고작 '이집트' 같은 작은 단어로 일컫는다. 양탄자를 내려다보자니 초월적인 질문에 추상적인 답을 구하려는 노력이 바보스럽게 느껴진다. 더 많이 탐구할수록 더 많은 것을 보게 될 테고, 그럴수록 내가 본 것이 얼마나 적은지 깨닫게 될 것이다. 세상은 서로 섞이기를 거부하는 세밀한 부분으로 가득한 것이리라.

3개월간의 M구역 근무가 끝나갈 무렵, 잠시 앉을 짬이 날 정도로 일찍 근무 지점에 도착했다. 이럴

때면 항상 묘하고 멋진 느낌이 든다. 전시관을 설계한 사람들이 배치해둔 나무 스툴 덕분에 관람객들은 풍성하고 섬세한 페르시아의 미니어처 그림 앞에 더 오래 머문다. 나는 16세기 수피파의 더비시를 그린 그림[12] 앞에 앉는다. 더비시는 고행을 통해 수행하는 인물로 수도사와 다소 비슷하다. 이 종이 소재 초상화는 오늘날의 우즈베키스탄 지역에서 그린 것이다. 그림 속 주인공은 주황색 망토와 독특한 골무 모양의 모자를 쓴 채 땅 위에 낮게 웅크려 있고, 시선은 구부러진 코의 능선을 타고 아래를 향한다. 손에 들린 염주는 신을 직접적으로 체험하기 위해 매일 의식처럼 행하는 그의 노력을 상기시킨다. 쿠란은 신이 우리의 경정맥보다 가까이 있다고 조언한다. 수피즘의 사상이란 이 가르침을 가슴에 새기려고 노력하는 것이다.

예술 작품 앞에 '앉아' 있다니, 너무 좋다! 그림에 적힌 아랍어 문구를 번역한 캡션을 찬찬히 읽는다.

> 그렇다면 나는 왜 내게 영혼을 준 것에 대해 하늘에 감사한 마음을 가져야 하는가? 바로 그 영혼을 고통스럽게 하는 슬픔의 원천을 하늘이 내 안에 만들었는데도.

12  신을 향한 이 비난에 얼마나 날이 서 있는지 믿기지 않아 문장을 두세 번 반복해서 읽는다. 반대로 그림은 너무 절제되고 웅장해서 더비시의 애처

로운 말투가 허를 찌른다. 초상화의 얼굴에서 이제야 발견한 침울함이 내가 고민하던 몇 가지 질문을 인간적으로 바라볼 수 있게 해준다. 이렇게나 뚜렷하게 느껴지는 이 남자의 번뇌는 무엇 때문이었을까?

출퇴근길 지하철에서 수피즘을 파고들기 시작한다. 내가 찾은 가장 적합한 책은 13세기의 신학자 이븐 아라비가 쓴 것이다. 그가 세상을 보는 방식을 이해하지 못할 것을 각오하고 지식의 진창으로 걸어 들어갔다. 이븐 아라비에게는 아주 흥미로운 구석이 있다. 그는 우리가 의식하는 것보다 더 많은 것을 이해하고 있다고 거듭 주장하며 직접적인 체험을 통해 지식을 얻어야 한다고, 또 그에 필요한 도구도 우리에게 있다고 말한다. 월트 휘트먼(미국 문학에서 가장 영향력 있는 작가 중 한 사람으로 '자유시의 아버지'라고도 불린다. – 옮긴이)의 시처럼 '그래, 바로 당신'이 그가 전하려는 메시지의 핵심으로 보인다.

이븐 아라비에 따르면 인간에게는 두 가지 매우 다른 시각이 있다. 첫 번째는 현실을 인식하도록 세밀하게 조정된 의식의 일부로 마음 한가운데 자리한 인지능력이다. 이 거칠 것 없는 능력은 우리가 세상의 아름다움과 숭고함을 깨달아 진실이 (혹은 신이) 노골적이고 가깝게 느껴지도록 한다. 이슬람 전시관의 미흐라브가 내게 일깨우는 바와 같은 시각이다.

하지만 우리는 논리적인 두뇌도 지니고 있다. 이는 우리가 세상의 얼마나 작은 부분밖에 보지 못했는지, 그 궁극적인 또는 다면적인 현실을 해독하는 데 우리가 사용할 수 있는 도구가 얼마나 제한적인지 상기시킨다. 이 관점에서 우주를 바라보면 우주의 진리는 멀리 숨겨져 있는 것처럼 보이고 진실은 불가해한 것처럼 느껴진다. 〈시모네티 양탄자〉가 내게 일깨우는 바와 같은 종류의 시각이다.

이븐 아라비는 이 두 가지 시각을 조화시킬 방법은 없다고 말하며, 그것은 마치 사람 얼굴에 두 개의 다른 눈이 있는 것과 같다는 비유를 펼친다. 우리에겐 두 가지 시각 모두 필요하며, 심장이 뛰는 것에 맞춰 각각의 시각으로 초점을 전환할 수 있다고 그는 주장한다. 이 구절을 읽고 고개를 든다. 지금 나는 브루클린 지하에서 나와 덜컹이며 다리를 건너는 맨해튼행 열차에 타고 있다. 일요일 아침 출근길에 오른 같은 처지의 동승객들은 창문 너머로 미끄러져 가는 세상을 공허하거나, 몽롱하거나, 예리하거나, 졸리거나, 닫혀 있는 온갖 종류의 눈빛으로 바라본다. 약 40분 후 근무 구역에 도착한 나는 하다드 대장에게 나를 더비시 근처로 배치해달라고 부탁한다. 그래서 다시 한번 왜 자신에게 심장이 존재해야 하는지 의문을 가질 정도로 고통스러워하는 남자를 바라본다. 그에게는 스스로 보거나 생각하거나 느낄 것 없이 그저 기도문을 암송하는 유령 같은 기계가 되는 편이 더 쉬웠을 것이다. 그러나 더비시는 그 길을 택하지 않았다.

더비시는 때로는 고통과 극도의 피로가 기다리는 극한까지 자신의 지각 능력을 밀어붙였으리라. 곧 그가 기운을 되찾고 스스로를 다시 밀어붙이기 시작할 것 같다는 왠지 모를 확신이 든다. 한쪽 눈으로 그를 보며 이 신비로운 종파의 16세기 추종자와 친밀해짐을 느낀다. 다음 순간 내 심장이 한 번 뛰자, 그는 또 멀고 낯설게 느껴진다. 한 번 더 심장이 뛰고, 내 앞에 놓인 그림처럼 그는 다시 가까이 있다.

10장

애도의 끝을

애도해야 하는 날들

가성비 좋은 음식과 꾸밈없고 시원한 음료의 불모지인 맨해튼 어퍼 이스트 사이드에 드물게도 가식 없이 수수한 카를로 이스트라는 펍이 있다. 흔히 그렇듯 아일랜드 국기가 밖에 걸려 있고 그 아래에는 유쾌하게 담배를 피우는 사람들이 늘 옹기종기 모여 있다. 안쪽은 누구라도 목을 축이러 수없이 방문해봤을 펍의 모습처럼 어두컴컴하고 좋지 않은 냄새가 나는 워터링 홀(서민적인 펍이나 바를 일컫는 말 – 옮긴이)의 전형이다.

    술판은 주로 일요일 밤에 벌어진다. 월요일에는 휴관하기 때문에 다음 날 우리 대부분은 일할 필요가 없고, 출근한다 해도 온 힘을 다해 일하지 않아도 되기 때문이다. "근데 그 소문 들었어?" 해피 아워(음식점이나 술집에서 맥주, 와인, 칵테일 등 주류를 할인하는 이른 저녁 시간대를 말한다. – 옮긴이) 맥주를 홀짝이며 레스터 씨가 일행에게 묻는다. "조만간 일주일 내내 문을 열 거래. 이게 무슨 일이야! 기술자들이 작품을 옮길 때 우리더러 전시실을 통제하게 할 건가 봐. 월요일이 휴일인 게 좋았는데. 기술자들이 조각상 들어 올리는 거 보고 있으면 너무 스트레스받아!"

"월요일에 미술관에서 데이트해본 적 있어?" 로니가 끼어든다. "다들 엄청 좋아하던데. 누구라도 닫힌 문 뒤로 들어가는 건 좋아하지. 경비원이랑 만나는 걸 거의 만회할 정도로."

저녁 6시다. 이 시간대가 되면 젊은 경비원, 자녀가 없는 경비원, 문제가 약간 있는 경비원처럼 술자리에서 늘 보는 얼굴뿐만 아니라 가정이 있는 사람도 보통 '두 잔'을 의미하는 '딱 한 잔'을 하기 위해 남녀 할 것 없이 모여든다.

이 그룹에는 오늘은 꼭 나와달라고 간곡히 부탁한 테런스와 조셉도 포함되어 있다. 라커 룸 느림보인 둘은 약간 늦게 도착해 바에 배를 걸치고는 내가 밀러 하이 라이프(다소 단조롭고 특징적인 맛은 없지만, 청량하고 낮은 가격으로 부담 없이 즐길 수 있는 서민들의 맥주-옮긴이) 한 잔씩을 대접할 수 있도록 허락해준다. 그들이 다음번 맥주를 사고 세 번째 잔까지 마실 거라는 뜻이다. 텔레비전에 스포츠 하이라이트가 나오자 우리는 함께 갔던 브루클린 네츠 경기를 회상한다. 경기장 꼭대기의 싼 자리에 앉았더니 조셉의 현기증이 너무 심해져서 누가 우리를 봤다면 롤러코스터를 타고 빙빙 도는 중이라고 생각했을 것이다. 좀 더 낮은 구역에 들어가게 해달라고 비는 동안 조셉은 동정심 많은 좌석 안내원의 계급의식에 호소했다. "우리 셋도 모두 경비원이에요. 당신처럼요!"

화면에 야구가 나오자 테런스는 또 다른 배팅 게임인 크리켓의 세계에서 도착한 속보를 전한다. 그가 윈디스라고 부르는 서인도제도의 크리켓 팀이 오전에 '나인 위킷^{nine wicket}'인지 뭔지 하는 대승을 거뒀다고 한다. 그러나 조셉은 이미 여러 번 얘기했지만 아직도 집착하는 주장을 펼치기 위해 화제를 돌려버린다. "왜 뉴욕 네츠가 아니라 브루클린 네츠지?" 그가 깊은 실망감을 내비치며 묻는다. "패트릭 당신은 시카고랑 브루클린 출신, 테런스 당신은 가이아나랑 퀸스 출신, 나 조셉은 토고랑 브롱크스 출신이잖아. 네츠가 챔피언십에서 우승하면 플랫 부시 애비뉴(뉴욕 브루클린의 주요 대로 중 하나-옮긴이)가 아니라 캐니언 오브 히어로즈('영웅들의 협곡'이라는 의미. 맨해튼 금융가를 가로지르는 로어 브로드웨이 부분을 가리키는 명칭으로 2차 대전 승전 기념 행진을 비롯해 스포츠 게임 승전 퍼레이드가 많이 벌어진다. 길 양옆으로 높은 건물들이 늘어서 '협곡'이라는 별칭을 얻었다. -옮긴이), 브로드웨이를 행진해야지! 뉴욕은 하나라고!"

하이 라이프 첫 잔을 끝내고 우리는 스툴을 돌려 앉아 더 많은 일행과 대화를 나눈다. 여기에는 펍 단골인 로니와 레스터 씨, 사복 차림이 반가운 대장 몇 명, 도보로 10분 거리인 이곳까지 나와 함께 걸어온 하와이에서 온 루시, 웨스트체스터에서 온 블레이크, 코네티컷에서 온 사이먼이 포함된다.

블레이크가 근무 중 겪은 무용담을 들려준다. "들어봐." 그가 말한다. "내가 〈사비니 여인들의 납치The Abduction of the Sabine Women〉[1] (이탈리아반도에 살고 있던 사비니인들을 제국 초기의 로마인들이 납치하는 장면을 그린 그림. 로마신화에 나오는 이야기이기도 하다. -옮긴이)가 걸린 B구역 프랑스 전시실에 있는데 한 꼬마가 연필 끝에 달린 지우개로 그림을 찌르는 거야. 하느님 맙소사. 꼬마한테 그 자리에 서 있으라고 하고 그림을 살피는데 내가 보기에는 아이가 찌른 부분에 약간 자국이 난 것 같은 거야. 보고를 했지. 기술자가 도착했고. 그리고 이게 정말 이상한 대목인데, 기술자가 표면 전체를 손가락으로 훑는 거 있지! 꽤 세게, 선크림을 바르듯이. 그러고는 말하더라고. '아냐, 자국처럼 보이는 저게 뭐든 간에 바니시 몇 겹 아래에 있어. 오래된 거야.'"

루시가 전시실 위치를 묻는 관람객 이야기를 꺼내며 대화에 끼어든다. 813, 432, 731, 622… 그녀의 목소리가 우스꽝스럽게 사그라들자 우리 모두는 앓는 소리를 낸다. 메트가 최근에 새로 디자인한 지도를 내놨는데 거기에는 베테랑 경비원이라면 신경도 쓰지 않는 전시실 번호가 무수히 적혀 있다. 지도를 보며 묻는 관람객에게 우리는 보통 이렇게 답한다. "그냥 무엇을 찾고 있는지 말해주세요. 미라? 모네의 〈수련〉? 메리 카사트? 이름을 말하면 바로 알려드릴 수 있어요." 잔을 비워가며 우리는 서서히 닥쳐오는 미술관의 변화를 주제로 대화를 이어간다. 우리 중 몇몇은 오랫동안 관장 자리를 지켰던 필리프 드 몽트벨로^{Philippe de Montebello}가 은퇴한 후 일어난 이 모든 변화가 너무 기업적이고 인간미가 없다고 느끼고 있다. "필리 치즈 스테이크한테 불만이 있는 사람도 있겠지만." 사이먼이 '필리프'라는 이름을 놀리며 말한다. "그래도 그 사람은 우리더러 번호 세는 법을 배우라고 한

적은 없다고." 재치 있는 지적이지만 우리는 고상하신 드 몽트벨로의 새 별명 '필리 치즈 스테이크' 때문에 웃느라 정신이 없다.

"괜찮은데?" 테런스가 말한다. "뚱뚱한 사람을 홀쭉이라고 부르는 것처럼."

일에 관한 수다는 종종 교사들이 휴게실에서 나누는 대화처럼 날마다 대해야 하는 작은 괴물(우리의 경우 미술관을 찾는 대중)에 대해 약간의 드라마가 가미된 성토대회로 진화한다. 이쯤에서 들려줄 딱 맞는 이야기가 있다. "그러니까, 내가 라이츠먼 전시관 3팀에 있었는데." 일행은 그게 프랑스 전시실들을 의미한다는 걸 알고 있다. "폐관 시간이 다 됐는데 전시실에 남자가 하나 남아 있는 거야. 부자지만 좀 힙한? 어깨까지 오는 머리, 좀 너무 작아 보이는 비싼 정장, 그 사람 못지않게 잘 차려입은 꼬마 아들도 있었어. '실례지만 5시 15분이에요. 전시실을 닫아야 합니다.' 그에게 말했지. 그랬더니 그 남자가 나를 돌아보지도 않고 야구 선수가 수신호로 시간을 알리듯이 손을 공중으로 치켜들었어.

'5분.' 그가 말했어. 그냥 그렇게. 선언하듯이. 묻는 게 아니라.

'죄송하지만.' 내가 말했어. '규정이라서요. 하지만 1분 드리죠.' 그러고서 내가 내 일을 하도록 완벽하게 협조하는, 다른 두 전시실에 있던 관람객들을 먼저 내보냈지. 미스터 5분한테 돌아갔더니 남자가 희미하게 아니꼬운 미소를 짓더라고. 내가 하는 짓이 재미있다는 듯이. 그 남자는 내가 자기한테 명령을 하려고 한다는 게 믿을 수 없을 정도로 우스꽝스럽다고 생각하는 거지. 그가 누구인지는 모르지만 말이야. '선생님, 이러지 마시죠….' 나는 인류애에 호소했어. 그런데도 꿈쩍도 하지 않더라고. 다른 경비원들이 무슨 일이 있나 싶어 전시실에 고개를 들이밀기 시작했고, 얼마 지나지 않아 우리 구역 경비원 열여섯 명 전체가 그를 향해 재촉하듯 발을 구르며 시계를 보는 상황이 됐어. 마침내 프랭클린 씨가 '폐관! 폐관! 폐관! 폐관! 폐관! 폐관!'이라고 고함치며 불쑥 들어왔어. 프랭클린 씨 스타일 알지? 말투가 항상 지루하게 들려서 정말 공격적으로 말해도 괜찮은 거. 그건 아무도 못 배기지. 드디어 남자의 기세가 꺾였는데, 그가 전시실을 나서다가 마지막으로 한마디 했어. 자기 아들을 보고는 '작은 사람들한테는 작은 힘이 어울리지…. 인생이 그래.'"

사람들은 기대했던 것만큼 웃지 않는다. 이야기의 마지막이 무겁게 끝나자 사람들은 엄숙하게 고개를 젓고 "빌어먹을…"이라고 중얼거리며 이런 차원의 도덕적 부패에 대해 곱씹어 생각한다. 우리 모두는 누군가의 신발 바닥에 붙은 껌 같은 취급을 받아본 경험이 있다. 한 번씩 당신은 경비원 따위일 뿐이라는 걸 아주 확실하게 상기시켜주는 녀석들을 겪지 않고는 경비원으로 일할 수 없다. 기분이 괜찮을 때는 이런 건 모욕으로 간주하지도 않는다. 하지만 기분이 바닥일 때는 때때로 이 불량배들이 의도하는 것처럼 작고 힘이 없다고 느끼고 만다. 그래도 적어도 이런 날에는 그들을 우리가 술집에서 늘어놓는 무용담에 등장하는 악당으로 만들 수는 있다.

7시쯤 되면 일행이 줄어들기 시작한다. 테런스, 조셉 같은 부류는 가족이 기다리는 집으로 향하고, 남은 사람들끼리 떠들썩한 밤을 이어간다. 루시가 주크박스 옆 외딴 테이블에서 나를 향해 손짓하자, 나는 시끄럽고 눅눅한 바 안 작은 친밀함의 보금자리인 그곳으로 가 친구들과 합류한다. 오랫동안 뿌리쳤지만, 나는 결국 혼자가 아닌 것처럼 느끼게 해주는 결이 비슷한 젊은 무리를 발견했다. 우리는 모두 서른 전후로 친구들에게 하는 잘난 척은 그만두고 서로에게 기대 격려를 받는 나이다. 어쩌면 어려운 나이이기도 하다. 어른이 되기 위한 견습 기간이 끝나가고 진정한 의미의 성인기가 다가오고 있다. 다시 한번, 그리고 아마 이번에는 진짜로 어떻게 살아가야 할지 결정해야 한다. 우리 넷 중 일부러 미술관 경비원이 된 괴짜는 나뿐이다. 사이먼은 교사가 되고 싶었다고 한다. 블레이크는 지질학을 전공했다. 루시는 시 전공으로 문학 석사 학위를 받았다. 우리 네 사람의 삶이 정확히 어디로 향하는지에 대한 확신은 없다. 지금 바로 이 모습, 이것이 삶이라는 사실은 점점 분명해지고 있음에도.

밤이 깊어가고 취기가 오르면서 우리는 덜 어리석고, 더 진지해지며, 덜 조심스럽고, 더 연약해진다. 그리고 다른 사람이 보기엔 어떨지 몰라도 우리끼리는 훌륭하게 대화를 나누고 있다. 오늘과 그 후 수많은 일요일에 벌어진 술자리에서 우리는 부모님의 죽음이나 건강 같은 주제로 이야기를 이어갈 것이다. 우리는 루시의 시가 문예지에 실린 것을 기념하며 축배를 들 것이다. 우리는 블레이크가 오픈 마이크의 밤 공연에 출연하기 전에 미리 흥에 취할 것이다. 사이먼과 루시는 바로 이런 자리에서 사랑에 빠질 것이고, 그들은 친구 사이로 돌아간 후에도 여전히 서로를 사랑할 것이다. 그러던 어느 날 사이먼은 자기가 한 여자를 만났고 그녀와 함께 유타로 이사할 거라는 소식을 전할 것이다. 그는 그곳에서 결국 우체부 일자리를 찾고 개 몇 마리와 함께 산에서 살게 될 것이다. 이게 진짜 인생이다. 프라이버시라고는 없는 이 왁자지껄한 바에서 우리는 진짜 인생을 논하고 있다.

∽∽∽

이슬람 전시관에서 보낸 3개월이 끝나갈 무렵 경비원들의 근무 구역을 재배치하는 시기가 되었고, 나에게는 소속 구역을 옮길 기회가 주어졌다. M구역에 소속된 경비원들은 모두 같은 선택에 직면했고 우리는 선택지를 헤아려보며 꽤 오랜 시간을 보냈다. R구역은 어떨까? 경비 담당 부서의 구획대로는 R구역은 근대, 아프리카, 오세아니아, 고대 아메리카 미술을 포괄하고, 계절에 따라 루프톱 조각 정원도 맡게 된다. 아, 하지만 라커 룸에서 몇 킬로미터는 족히 떨어져 있다고 누군가 지적한다. 뒤이어 전시관 대부분에 카펫이 깔려 있다고 또 누군가가 반박한다. 맞지, 그런데 내 꼬마 조카도 칸딘스키처럼은 그리겠다고 주장하는 이상한 사람들을 상대해야 하잖아…. 그렇지, 하지만 그런 건 뭐, 웃기잖아.

그렇다면 F구역(아시아 미술)은? 모두가 유난히 조용한 구역이라는 데는 동의한다. 베테랑 경비원인 우리는 조명의 힘을 이해하고, 실내를 어두컴컴하게 유지하면서 스포트라이트 조명을 사용하는 F구역에서는 사람들이 조각상을 깨우는 게 두려운 듯 속삭이는 경향이 있다는 걸 안다. 우리의 의견이 일치하지 않는 부분은 이렇게나 조용한 것이 과연 바람직한가에 대해서다. 어떤 경비원은 매시간 학생들이 방문해 침묵이 깨지는 편을 선호할 것이다(이런 경우 이집트관이 제격이다). 자주 이 구역을 담당하는 대장의 상냥함과 공정함에 대해서도 의견은 첨예하게 나뉜다.

나는 이런 식으로 선호도를 나누는 것을 의식적으로 피하곤 했다. 이 팀, 저 구역, 대장, 휴게 시간 스케줄 등에 대해 의견을 말하는 것은 주변을 에워싼 마법을 스스로 깨는 행동이다. 나는 그저 밥이 보내는 곳이라면 어디든 가서 고요한 하루 속으로 흘러 들어갔다. 하지만 결국 이 마법은 깨졌다. 더 이상 사슴 눈을 한 신입처럼 행동하고 싶지 않고, 좀 더 현명하고 신중하게 행동하는 것이 슬슬 즐거운 때가 왔다. 종종 잡담을 즐기고 가끔은 투덜거리고 앓는 소리를 한다. 그리고 천천히 그러나 확실하게 몇 가지 마음의 습관이 생겼다. 덜 노련했던 시절의 내 시선으로 보면 놀랍고 또 어쩌면 실망스러울지도 모르는 습관일지도 모르겠다.

결국 내가 G구역(아메리카 전시관, 악기 전시관, 무기 및 갑옷 전시관)을 새로운 소속 구역으로 결정한 건 아주 고귀한 이유 때문은 아니었다. 화장실이 많고, 라커 룸 바로 위에 있고, 이 구역의 정규 감독관인 싱 대장은 우리가 직접 팀을 선택하게 해주기 때문이다. 게다가 지금은 낯선 영역과 의문을 탐구하러 나설 기분이 아니다. 내가 바라는 건 동료들과 가까이 지내는 것이고(조셉과 테런스 모두 이 구역에 있다) 미국인으로서 아메리카 전시관에서 느낄 친숙함을 맛보는 것도 나쁘지 않을 것이다.

이 전시관에서 가장 유명한 그림은 다소 딱딱하지만 정작 누구도 진지하게 받아들이지는 않는 〈델라웨어강을 건너는 워싱턴〉이다. 이 그림은 보는 이를 압도하는 것이 아니라 즐겁게 한다. 사람들은 그 앞으로 곧장 걸어가서 "세상에! 고속도로 지하도 밑은 통과하지 못하겠는데!" 같은 반응을 보인다. 마치 슬쩍 보고 지나치는 길가의 대형 홍보물을 보는 것처럼 말이다.

그 그림 앞에 배치될 때면 나는 관람객들이 워싱턴을 처음 발견한 순간을 포착하기 위해 복도를 멀리 내다보는 걸 좋아한다. 사람들이 존 싱글턴 코플리의 멋진 초상화[2]들을 무시하고 카메라와 휴대전화를 꺼내 들며 내 쪽으로 뛰듯이 걸어오는 모습, 아버지들이 불룩 튀어나온 술배를 감추기 위해 숨을 참으며 워싱턴의 포즈를 따라 하는 몸짓에 모두가 웃음을 터뜨리는 모습

[2]

을 보는 걸 좋아한다. 또 사람들에게 그림이 진품이라고 확인해주고, 그 옆의 작은 캡션에 적힌 말이 복제품이라는 뜻이 아니라고 말해주는 걸 좋아

한다. 거기엔 그림의 '액자'가 복제품이라고 쓰여 있는데, 큐레이터들은 유명한 그림 근처에 그 단어를 두면 안 된다는 걸 알아야 한다.

나는 정말 말을 나룻배로 전쟁터에 실어 나를 수 있는지 같은 주제로 사람들과 토론하는 걸 좋아하고, 잡학 박사들에게 작가가 그림에 그려 넣은 미국 국기가 사실 워싱턴이 델라웨어강을 건널 당시에는 존재하지 않았던 버전이라는 말을 듣는 걸 좋아한다. 사람들이 작가 이름을 발음하는 것을 돕는 일도 좋아한다. 에마누엘 로이체 Emanuel Leutze는 미국 예술 최고의 원 히트 원더(대중음악 등의 문화계에서 단 하나의 대표작만 크게 흥행을 거둔 아티스트를 의미하는 말 - 옮긴이)다. 작품에 대해 경건하지 않은 태도를 보이고 혼자만의 특이한 관심 분야를 개발해나가는 내 모습이 딱히 싫지 않다. 아메리카관은 그래도 괜찮은 장소처럼 느껴진다.

메인 회화 전시실 바로 아래에는 메트를 통틀어 가장 이상하고 다양한 것이 모여 있는 장소 중 하나인 메자닌(1층과 2층 사이에 있는 복층 공간 - 옮긴이)이 있다. 이 '공개된 수장고'에는 정식 전시실에 제대로 자리 잡지 못한 수만 개의 물건이 보관되어 있다. 별다른 안내판 없이, 관람객들은 지난 4백 년간의 아메리카 문물이 섞여 있는 키 큰 유리 케이스들을 따라 길고 좁은 복도를 통과하게 된다. 테이블에 관심이 많은가? 이곳에는 식탁[3], 티 테이블[4], 작업 테이블[5], 카드 테이블[6], 접이식 테이블[7], 상판 각도 조절 테이블[8], 콘솔 테이블, 사다리꼴 다리 테이블[9], 협탁[10]이 있다. 시계를 좋아한다면 이곳에서 괘종시계[11], 탁상시계, 벽시계[12]뿐만 아니라 도토리[13], 등대, 밴조[14], 리라[15] 모양 시계도 찾을 수 있다. 메자닌은 메트에서 방문객들이 전시물을 보고 "바버라 이모가 갖고 있는 거랑 똑같다"라고 말하는 유일한 구역이다. 여기서는 신성한 명작에서 잠시 벗어나 안경, 설탕 집게, 그리고 소방대원의 가죽 헬멧이나 방패 같은 것과 함께 시간을 보낼 수 있다.

메자닌에도 '예술품'은 있다. 단지 흥미롭게도 그 물건에 주목하게 만드는 거창함이 생략된 채 전시되어 있을 뿐이다. 조각상들은 중학교 댄스파티의 소년, 소녀처럼 어색하게 떠밀려 붙어 있다. 수백 점의 그림은 상하좌우로 서로에게 닿은 채 그들이 차지하고 있는 긴 유리 케이스에 어지러운 모자이크를 만들어낸다. 케이스 사이를 걸으며 그림 속에서 나를 바라보는 수십 쌍의 눈을 의식한다. 잡 페릿[16], 토머스 브루스터 쿨리지 부인[17], 앙리 라 투렛 드 그루트 씨[18], 거기다 특별한 것 없는 이름의 몇몇 초창기 미국인의 눈이다. 보통 이런 초상화 속 인물들은 자신이 가

능한 한 세련되어 보이도록 노력했고, 그림은 그들이 바랐을 것 보다는 좀 더 숨김없고 평범한 느낌으로 그려졌다. 초창기 미국 화가들은 유럽의 선진 문화를 동경했지만 그 세련됨을 모방할 수는 없었다. 이것이야말로 그들의 매력이다.

이런 다락방 느낌이 나는 곳에서라면 물건을 수집한 과정이 궁금해지는 건 당연지사다. 어느 날 나는 메트가 처음으로 취득한 그림 몇 점을 발견했다. 그림의 취득 번호, 작품의 캡션 라벨 하단에 나오는 일련 번호 같은 것을 보고 눈치를 챈 것이다. 취득 번호는 대개 '2008.11.413'처럼 길지만, 내가 발견한 것은 '74.3'으로 이건 메트가 영구적으로 터를 잡기 6년 전인 1874년에 컬렉션의 일부가 되었다는 뜻이다. 그림들은 미술관 설립자 중 한 명인 존 프레더릭 켄셋John Frederick Kensett이 그린 사랑스럽고 절제된 느낌의 풍경화[19]다. 풍경화가가 제대로 된 직업이 아니었던 초창기 미국에서 자란 그는 동판공 훈련을 받아 지폐를 찍어내는 판을 새기며 생계를 이어갔다. 켄셋의 일생 동안 뉴욕은 급속도로 성장했고 그는 허드슨 리버 스쿨의 예술가들과 함께하며 미국 최초의 위대한 미술관을 세우기 위한 노력에 동참했다.

하지만 시작은 그렇게 위대하지 않

았다. 루브르 같은 박물관은 왕실 소장품을 기반으로 설립되었지만 메트는 일반 시민, 즉 첫 번째 이사회의 구성원인 상인, 금융가, 개혁 운동가, 예술가의 수집품을 기반으로 삼아야 했다. 메트는 상당 기간 전시할 가치가 큰 유물을 소장하기 위해 고군분투했고 계획보다는 우연에 더 가까운, 기증이나 유증 같은 뜻밖의 횡재에 의존했다. 내가 알게 된 바에 따르면 켄셋의 풍경화들은 작가가 롱아일랜드 사운드 해변에서 한 여성을 구하려다 익사한 후 그의 형이 미술관에 기증한 것이다. 이 풍경화 시리즈는 '마지막 여름의 작품'이라고 불린다.

나는 작품의 라벨을 끝까지 읽는 습관을 갖게 되었는데 그러다 보니 두 단어로 이루어진 똑같은 구절이 도처에 보인다는 걸 깨닫게 됐다. '로저스 펀드.' 메트는 기증, 유증, 구매를 통해 작품을 취득하는데 제이컵 S. 로저스만큼 메트의 구매력에 큰 영향을 끼친 사람은 없다고 한다. 기관차 제조업자였던 로저스는 토머스 제퍼슨이 살아 있던 1824년에 태어나 루이 암스트롱이 태어나기 한 달 전인 1901년에 세상을 떠났다. 미국의 짧은 역사를 다시 실감한다. 메자닌의 컴퓨터 포털에서 검색한 내용에 의하면 로저스의 이름은 아메리카관에서만 1,500개 이상의 유물에 붙어 있다. 포장마차 수리를 위한 18세기 기중기?[20] 로저스 펀드. 1879년에 티파니사에서 만든 은 쟁반?[21] 로저스 펀드.

사실 로저스는 예술에 특별한 관심이 없었기 때문에 생전에 메트에 나타난 적이 거의 없었다. 그래서 (그의 뜻에 따라) 장례식도 없이 그의 유언장이 공개되었을 때 일어난 일은 아무도 예상하지 못한 것이었다. 본인 말고는 아무도 모를 이유로, 성질 고약한 괴짜 로저스는 그의 유일한 가족을 상속 대상에서 제외했고 (몇 안 되는 조카들만 약간의 생활비를 받았다) 5백만 달러의 재산을 메트 앞으로 남겼다. 당시로는 천문학적인 금액이었다. 순식간에 기금을 운영하는 것 자체가 막중한 일이 되었다. 오늘날까지도 로저스의 돈에 붙는 이자는 메트의 경영에 도움이 되고 있다. 이 모든 건 그의 오기 혹은 변덕, 그리고 물론 대륙을 가로지르며 연기를 내뿜었던 강철 전차들 덕분이다.

수집욕은 미술관뿐만 아니라 개인도 사로잡는다. 메트의 4대 관장 J. P. 모건은 희귀한 필사본과 예술품을 사 모으느라 자신의 현금 자산 대부분을 써버렸고, 그의 수집품 중 약 7천 점은 현재 메트가 소장하고 있다. 존 D. 록펠러는 모건의 유언장을 낭독하는 자리에서 이렇게 빈정댔다고 한다. "생각해보면 그는 심지어 부자도 아니었어!" 더 드문 일이지만 미술관은 엄청난 부자가 아닌 사람의 컬렉션을 선물 받기도 한다. 내가 가장 좋아하는 이런 기증품의 예가 이곳 메자닌에 있다.

어느 평일 오후 나는 제퍼슨 R. 버딕 컬렉션 옆에 배치되었다. 싱 대장과 함께다. 말투가 부드러운 싱 대장은 70대 중반이지만 영원히 은퇴할 것 같지 않다. 메트에서 40년간 근무한 그는 침묵을 전혀 불편해하지 않는다. 우리는 지금까지 몇 분을 아무 말도 하지 않고 팔짱을 낀 채 서 있다.

"야구 좋아하세요, 싱 대장님?" 마침내 나는 모험을 하기로 한다. 우리는 형형색색의 직사각형 판지에 그려진 야구 선수 수십 명의 초상화를 격자 패턴으로 배열한 전시물에 둘러싸여 있다. 윌리 메이스[22], 행크 에런, 호너스 와그너[23]뿐 아니라 킹 켈리[24]까지 거슬러 올라가는 야구 카드들이다. 보스턴 비니터스(1883년부터 1906년까지 미국 내셔널리그에서 활동한 보스턴 지역 기반의 프로야구팀 - 옮긴이)가 1886년에 영입하려고 지불한 거액 때문에 '1만 달러 켈리'라 불린 바로 그 선수 말이다.

내 질문에 싱 대장의 얼굴은 순수한 기쁨으로 밝아졌다. "아니!" 그가 단호하게 답했다. "하지만 크리켓은 좋아해."

"이것 좀 봐…." 가이아나 출신인 그는 나를 19세기 야구 카드들 쪽으로 이끌었다. 컬러 석판인쇄술로 여러 단계에 걸쳐 능숙하고 아름답게 인쇄되어 담배나 롤링 타바코 연초 상자에 들어갔던 카드들이다. "장갑을 안 끼었잖아!" 싱 대장은 내리는 빗방울을 받듯 두 손을 모아 컵 모양으로 오므리고 있는 중견수 잭 맥기치Jack M'Geachy[25]의 이미지를 가리키며 말한다. "크리켓에서는 여전히 저렇게 해. 내 말 무슨 뜻인지 알겠어? 이해하고 있는 거야? 우리는 이렇게 맨손으로 공중에서 공을 잡아낸다고." 그는 나에게 생기발랄하게 주름진 두 손을 보여준다. 테

22  23  24  25

런스가 크리켓에 관해 몇 가지 가르쳐주긴 했지만, 어쭙잖은 아는 척으로 싱 대장을 방해하는 건 어리석은 짓이다. 나는 계속 아무것도 모르는 척했고, 그는 곧 타격 자세와 공 던지는 기술을 흉내내기 시작했다.

"싱 대장님, 야구를 좋아하지 않는 사람이 또 누가 있는지 아세요?" 내 타석 순번이 돌아오자 묻는다. "제퍼슨 버딕이요! 메트는 쿠퍼스타운(뉴욕주의 작은 마을로 미국 야구 명예의 전당이 있는 곳으로 유명하다. - 옮긴이)을 제외하고는 최고의 야구 카드 컬렉션을 갖고 있어요. 3만 장이나요. 그게 다 야구 경기에 한 번도 간 적이 없는 시러큐스 출신의 전기 기술자 덕분이죠. 버딕은 야구에는 관심이 없었어요. 그의 관심사는 카드였죠. 엽서, 광고 유인물, 메뉴판, 밸런타인 카드… 에페메라(일회성에 가까운 광고의 용도로 만드는 포스터, 카드, 티켓, 카탈로그 등의 종이 인쇄물을 총칭하는 말 - 옮긴이)라면 닥치는 대로 수집했고, 이제는 수천 달러(또는 호너스 와그너의 경우 수백만 달러)는 줘야 살 수 있는 야구 카드를 장당 1달러 이상을 지불하지 않고 사 모았어요. 1947년, 메트의 문을 두드릴 때 그는 25만 점이 넘는 물건을 소장하고 있었어요. 인생의 마지막 몇 년을 소묘와 판화 부서에서 자기가 기부한 것들을 분류하고 기록하면서 보냈죠."

"그 버딕이라는 사람, 대단한 인물인 듯하군." 여전히 크리켓 선수에 대한 기억으로 생기가 넘치는 싱 대장이 말한다. "최고의 경비원이 됐을 거야…"

최근 들어 싱 대장은 나를 악기 전시실에 배치하고 있다. 많은 방문객을 놀라게 하고 그들 중 몇몇은 슬프게도 만드는 컬렉션이다. 클래식의 거장 안드레스 세고비아가 '우리 시대 최고의 기타'라고 평한 기타[26] 옆에서 근무하고 있는 나를 한 방문객이 아연실색한 얼굴로 돌아본다. "이거 읽어봤어요?" 그는 악기가 쇠사슬에 묶인 킹콩인 양 바라보며 말한다. "왜 이걸 케이스에 가둬두는 거죠? 내 말은, 대체 왜?" 그는 자신이 은퇴한 고등학교 밴드 선생님으로, 재즈 트롬본으로 '여기저기에서 가끔씩 연주를 하고 다니는 사람'이라고 소개한다. 나는 고등학교 시절 밴드 선생님의 엄청났던 실력을 떠올리며 그가 이곳에 전시된 악기 중 몇 가지나 연주할 수 있을 것 같은지 물어본다. "형편없는 수준도 괜찮다면 아마 전부?" 그가 말한다. "다뤄볼 시간을 충분히 준다면…."

멀어져가는 그를 바라보며 나는 메트보다 좀 덜 신중한 미술관에서 실력이 끝내주는 연주자를 (세상에 넘쳐난다) 데려다가 마음대로 전시 케이스를 열고 악기를 다뤄보게 하는 장면을 상상한다. 사람들이 지켜보는 가운데 연주자는 매일 페르시아의 카만체[27], 일본의 고토[28], 수족의 구애용 플루트[29], 이탈리아의 하프시코드[30]를 익힐 수도 있을 것이다. 얼마나 인기가 많을지 가늠도 안 된다. 방문객들은 누군가가 예술품을 직접 다루는 모습을 구경하는 드문 기회를 매우 좋아한다. 열정적이고 인내심이 강한 사람이 이 악기들에 생명을 불어넣는 순간을 목격한다면 얼마나 감동적일까. 벌써 큐레이터, 보존 연구원, 보험 조율관이 수많은 이유를 들어 반대하는 소리가 들리는 듯하다. 하지만 잘 모르겠다. 당신이라면 자신의 스트라디바리우스(명장 안토니오 스트라디바리가 제작한 현악기 – 옮긴이)[31]에 영원히 아무 일도 일어나지 않는 것과 스트라디바리우스로 연주하는 음악을 듣는 것 중 무엇을 선택하겠는가? 두 가지 모두를 가질 수는 없다.

어쨌든 이 전시관을 사랑할 이유는 충분하다. 운 좋게도 이곳은 바로 이웃인 아메리카 전시관의 컬렉션에서 빠진 부분을 메운다. 내가 가장 좋아하는 악기 중 하나는 나이아가라폭포 근처에서 만든 이로쿼이Iroquois 부족의 늑대거북 등딱지 셰이커[32]다. 손잡이 부분에 달린 뼈가 드러난 머리와 야구 글러브 정도 크기의 등딱지가 훌륭하다. 그러나 이 셰이커에서 중요한 것은 악기 자체의 특징보다 신성한 의식을 행하는 동안 무용수와 하나가 되어 때로는 점점 빠르게, 때로는 점점 느리게, 때로는 시간 자체를 뒤틀기도 하면서 박자를 조절하는 악기의 기능이다. 나에게 그 악기는 장난스러운 동시에 극도로 진지한 느낌으로 다가온다.

26  27  28
29  30  31  32

실제로는 아기들의 딸랑이와 다를 바 없이 체리 씨로 속을 채운 것일 뿐이지만, 그런 식으로 말할 것 같으면 기타도 진동하는 줄이 달린 나무 상자에 지나지 않는다. 이 악기에는 유명한 라틴어 경구인 '메멘토 모리(죽음을 기억하라)'가 잘 어울리는 듯하다. 악기 제작자가 거북의 부드러운 살을 잘라내고 파내는 모습이 머릿속에 그려진다. 기묘하게도 이 두 가지 측면은 서로 연관된 것처럼 느껴진다. 당신의 죽음이 곧 도착할 것이다. 모든 것을 잊고 맘껏 흔들어라.

요즘 아메리카에 대한 생각으로 가득 차 있는 나로서는 전형적인 미국 악기인 밴조[33] 이야기에 마음이 동한다. 놀랍게도 메트는 아마추어가 수공예로 만든 밴조를 소장하고 있다. 비록 제작자의 이름은 잊혔지만, 오랜 옛날인 1850년 조지아주의 흑인 뮤지션이 만든 것으로 알려졌다. 탁월하게 간결하면서도 정말 사랑스럽다. 증기로 구부린 나무 테두리에 씌운 팽팽한 원형의 염소 가죽, 프렛(기타나 베이스, 밴조 같은 발현악기의 핑거 보드에 설치된 음쇠. 줄에 손가락을 짚을 때 프렛에 줄이 닿게 만들어 음의 높낮이를 교정한다. – 옮긴이)을 설치하지 않고 호두나무를 깎아 만든 목, 나무로 만든 튜닝용 페그가 꽂혀 있는 머리 부분. 조율을 정확히 하기가 엄청나게 어려워 보이지만 누군가가 아주 잘 돌봤던 건 분명하다. 이 밴조의 제작자일 확률이 높은 그는 악기를 연주하면서 힘든 삶 속에서 무엇보다도 절실했던 해방감을 누렸을 것이다. 그 정도로 이 악

기는 사랑받은 것처럼 보인다.

나는 방문객들을 멈춰 세워 그들이 〈델라웨어강을 건너는 워싱턴〉 앞에서 그러듯 이 악기와도 사진을 찍으라고 하고 싶은 마음을 애써 억누른다. 이 밴조는 아메리카의 다양한 예술 형식 중 가장 풍성하고 고차원에 다다른 장르인 음악의 완벽한 상징처럼 보인다. 최초의 밴조는 서인도제도에서 박을 이용해 만들었는데 이 전시관에는 아프리카의 류트, 하프, 리라, 치터는 물론 유럽의 류트와 기타까지, 밴조에 영감을 준 악기들이 지척에 있다.

86번가 지하철역의 버스커가 세네갈 코라[34]를 연주하는 걸 본 기억 덕분에 그 악기의 비범한 형태를 살필 때 마음속에서 코라의 소리를 떠올릴 수 있다. 스물한 개의 현이 달린 호리병박과 염소 가죽으로 만든 몸체는 뚱뚱한 아저씨의 배만큼 크고 베개처럼 부드러워 보인다. 아프리카 전통의 후손이자 내가 속한 미국 전통의 시조인 미니 밴조 같은 그 악기를 다시 바라본다. 어린 시절, 데이비드 삼촌이 캠프파이어 옆에서 블루스와 블루그래스(미국 서부 산악 지역의 음악을 민속 악기만 이용해 현대화한 음악 장르-옮긴이), 노동요와 카우보이 노래를 연주하는 동안 내 임무는 손전등을 들고 있는 것이었다. 데이비드 삼촌은 이제 편찮으시고, 앞으로는 가족 모임이 열릴 때 모닥불 옆에서 기타를 연주하는 건 그의 견습생이었던 내 몫이 될 것이다.

퍼즐 같은 G구역을 이루는 마지막 조각인 무기와 갑옷 전시관은 악기관과 공통점이 있다. 이곳에 전시된 작품들은 단순히 관상용이 아니라 실제로 사용했던 것이라는 점이다. 이 경우에는 어쩌면 물건을 사용하지 못하는 게 나을지도 모르겠지만 말이다. 빛나는 갑옷을 입은 기사들 사이에 배치되어 근무하다가 때때로 이 가짜 말에 올라탄 텅 빈 갑옷이 무엇을 나타내는지 떠올리면 소름이 끼치곤 한다. 확실히 에칭, 엠보싱, 청도금과 은도금으로 철 갑옷을 장식한 솜씨는 놀랍다. 나는 마상 시합의 규칙이나 이런저런 갑옷이 무게가 얼마나 나가는지 같은 질문에는 기꺼이 대답할 수 있다. 하지만 점점 더 속속들이 알게 되는 이 갑옷들의 성격을 읽지 않을 수는 없고 그들 중 상당수는 악몽 같다. 전형적인 토너먼트 투구는 거대하고 돌출된 아래턱과 가늘고 옆으로 길게 찢어진 눈을 한 괴물의 모습을 떠올리게 한다. 그것을 착용한 사람이 움직이는 것을 상상하자면, 원래는 쿠로스 같은 몸을 가능한 한 탱크처럼 불린 어리석고 발이 둔한 살인 기계가 보이는 듯하다.

가장 잔인하게 보이는 얼굴은 그 유명한 1520년 '금란의 들판(프랑스의 프랑수아 1세와 잉글랜드의 헨리 8세가 벌인 레슬링 경기. 1514년에 양국이 맺은 조약을 굳건하게 하기 위한 친선경기였다. – 옮긴이)'에서 결투(정확히 말

34

하면 상대를 향한 조직적인 몽둥이 구타)에 참여했던 자일스 경의 투구[35]다. 아무 장식이 없어 그것을 착용한 사람을 알아볼 만한 인간적인 특징은 전혀 없고, 자일스 경이 숨을 쉬고 바깥을 보는 데 필요한 작은 구멍들만 격자형으로 나 있다. 그러나 가장 무서운 부분은 이 투구의 차갑고 냉정한 정직함이다. 이것은 다른 사람의 머리를 내려쳐서 부술 때 자신의 두개골을 보호하는 데 쓰는 커다랗고 속이 빈 중금속 덩어리일 뿐이다.

그렇게 시간이 지나고 어느 시점엔가 이 모든 강철 슈트들이 사라졌다. 1944년에 나의 할아버지가 노르망디 해변에 상륙했을 때 그는 면으로 만든 옷을 입고 있었다. 사람들의 폭력성이 덜해졌기 때문이 아니라 무기가 갑옷을 훨씬 능가하기에 이르렀기 때문에 수 세기에 걸친 방어 기술의 혁신은 한순간에 무용지물이 된 것이다. 어떻게 보면 이게 더 무서운 일이다. 이런 변화가 어떻게 일어나게 되었는지 이해하기 위해 총들이 전시된 전시관 가장 뒤쪽으로 천천히 걸어간다. 17세기 후반, 총기는 양철 인간처럼 챙겨 입는 것이 더 이상 의미가 없을 정도로 강력해졌다. 총알 세례로 갑옷 따위는 양철 채반처럼 만들 수 있었다. 하지만 19세기까지도 총을 쏘는 과정은 총기가 원시적 단계에 머물러 있을 때와 크게 다르지 않았다. 화약의 양을 재서 총신에 붓고, 거기에 공이를 떨어뜨려 꽂을대로 다진 다음, 부시에 기름칠을 하고, 뇌관을 격발하기 전에 부싯돌을 조정하고…. 이 모든 과정을 총을 쏠 때마다 반복해야 했다. 더 현대적인 형태의 폭력에는 적합하지 않은 방법이었다. 그리고 그 혁신을 좇다 보니 나는 다시 미국에 이르렀다.

　무기와 갑옷 컬렉션 중 몇 안 되는 미국 유물에는 케이스 하나에 전시된 열여섯 개의 콜트 리볼버[36]가 포함되어 있다. 이렇게 작은 공간에 미국의 폭력적인 역사를 이보다 더 많이 담기도 어려울 것이다. 그중에서 제일 오래된, 1838년에 만든 아담하고 귀여운 총과 문자 그대로 혁명적 특징인 여러 발의 총알을 빠르게 연속적으로 발사할 수 있는 회전 실린더를 들여다본다. 특허 받은 이 권총의 총부리는 텍사스공화국과 멕시코 간의 전투 장면을 새긴 콜트 모델 1851 해군 리볼버[37]를 향하고 있다.

　양키(미국 북동부에 사는 사람을 가리키는 말 - 옮긴이)였던 새뮤얼 콜트(미국의 발명가 및 공장 경영자. 콜트 제조 회사를 세우고 리볼버 권총을 보급한 것으로 잘 알려져 있다. - 옮긴이)는 자신의 가장 중요한 초기 고객이었던 텍사스 레인저스(개척 시대 미국 텍사스의 파수꾼 역할을 한 민병대를 가리키는 말 - 옮긴이)의 감성을 자극하기 위해 이 이미지를 선택했다. 결국 그의 리볼버는 코만치족과 전쟁을 치르고 그들을 땅에서 몰아내는 데 꼭 필요한 무기였음이 증명되었다. 텍사스에서뿐만 아니라 대륙 전역에서 이 무기는 미국의 제국 건설에 필수 도구가 되었다. 원주민 전사들은 2~3초에 한 발씩, 총보다 훨씬 빠르게 화살을 쏠 수 있었지만, 리볼버가 등장하

35　　36　　37

자 밀려날 수밖에 없었다.

　새뮤얼 콜트의 영향력은 전장에 국한되지 않았다. 남북전쟁이 끝날 때까지 40만 정 이상이 판매된 자신의 권총을 제조하기 위해 콜트는 완벽한 상호 호환이 가능하도록 똑같은 부품을 기계로 생산한다는 기발한 목표를 추구했다. 이것은 곧 '아메리칸 시스템'으로 알려진 조립 공정별 제조법으로의 도약이었다. 1855년, 콜트는 기계로 금속을 두드리고, 연마하고, 구멍을 뚫고, 날을 세우고, 완벽한 복제품으로 성형하기 위한 약 21,157제곱미터(약 6,400평 - 옮긴이)에 달하는 시설을 만들었다. 그것은 세상이 다시는 예전으로 돌아가지 않을 것이라는 가장 뚜렷한 징후 중 하나였다.

　오늘날에도 여전히 생산되고 있는 1874년산 45구경 리볼버를 자세히 살핀다. 아이러니하게도 '피스메이커'라는 별칭으로 민간인에게 판매되었던 유명한 싱글 액션 아미 모델 권총[38]이다. 당시 미국 서부에서는 '신은 인류를 만들었고, 새뮤얼 콜트는 그들을 평등하게 만들었다'라는 말이 유행했다. 총부리를 훑어보는데 이것이 예술인지 판단이 서지 않는다. 만약 이게 예술이라면 근대 예술에 속해야 할 것이다.

　　　　　　　　　　◯◯◯

이 일을 거의 5년 동안 하다 보니 몇 가지 습관이 생겼다. 친한 친구들이 생겼고, 내가 일하기 좋아하는 전시실과 별로 선호하지 않는 전시실을 구별하게 됐다. "인상파 그림은 왜 항상 그렇게 흐릿해 보이는 거 같아?"처럼 익숙한 대화를 듣게 되면 언제, 어떻게 내 의견을 말해야 하는지 안다(요즘엔 끼어들지 않고 내버려두는 편이긴 하지만). 달리 말하면 나는 이제 베테랑이 됐고 이 일이 익숙하고 편안해졌다. 나에게 맞는 리듬에 따라 움직이며 그것을 유지하는 데는 큰 노력이 들지 않는다. 대부분의 날에 내가 맡은 일은 그저… 여느 직장의 일과 마찬가지로 평범하게 느껴진다. 그리고 어떤 날에는 이 상태가 나를 그리움과 후회로 가득 채운다.

몇 번째인지 셀 수 없을 만큼 다시금 아메리카 회화 전시실에 배치된 아침이면 벽에 걸린 그림들은 활력이 없고 그저 따분해 보인다. 그림을 비난하는 것이 아니다. 베테랑 경비원의 일주일에는 예술이 가치 없게 느껴지는 순간도 있을 만큼 예술의 다양한 면모를 살펴볼 넘치는 시간이 있음을 인정한다는 뜻이다. 한때 내 아침을 채우곤 했던 쥐 죽은 듯한 정적은 이제 느끼기 힘들다. 머릿속이 더 분주해지면서 예전의 조용한 시구 대신 간헐적으로 흥미로운 산문이 떠오르곤 한다. 지금 이 순간에는 방금 배정받은 팀이 어디였는지 기억해내려고 노력하고 있다. 1팀이었나? 그건 어제였나?

또 한편으로는 해야 할 일 목록을 속으로 훑는다 (어버이날 선물로 무엇을 살지 같은 종류의 것들). 존 싱어 사전트^{John Singer Sargent}의 매혹적이기로 유명한 초

상화 〈마담 X$^{Madame X}$〉^{39}(1800년대 후반, 다수의 스캔들로 프랑스 파리 사교계의 유명 인사였던 마담 피에르 고트로의 팜 파탈적 면모를 묘사한 초상화 – 옮긴이) 옆에 자리를 잡는다. 비록 지금은 그림과 대조를 이루는 내 허름한 몰골이나 이 희극적인 조합을 신경 쓸 겨를이 없지만 말이다. 이건 그냥 일상이다. 시간이 흐르고 관람객이 줄지어 들어올 때면 여러 파편적인 생각이 머릿속을 스친다. 오늘은 여호와의 증인 그룹이 몇 번이나 방문할지 궁금해진다(이 단체는 메트에서 2백 명이 넘는 신자를 데리고 성경을 테마로 한 투어를 진행하는 날도 있다). 또 한 남자와 한 여자가 〈마담 X〉로 가는 길을 물으며 다가오길래 돌아봤더니 록 스타 마이클 스타이프와 배우 킴 캐트럴이었던 일을 떠올린다. 나는 또 오늘 같은 팀 동료로 일하게 된 에이버리 씨에 대해 몇 가지 야박한 생각을 한다. 그는 휴게 시간이 끝나고 늦게 복귀하는 것으로 악명이 높다. 그리고 이내 매디슨가에 있는 파니니 가게가 문을 닫았으니 이제 점심으로 무엇을 먹어야 할지 생각한다. 얼마 전 라커 룸에서 우연히 듣게 된 웃긴 이야기도 떠올려본다. "내가 그 여자한테 말했지. '우리는 경비원이 아니에요…. 보안 예술가죠'라고."

다음 순번이 예상대로 조금 늦게 도착하자 내 유머 감각과 인내심이 바닥을 보인다. 사고가 많지 않은 직장에서는 아주 작은 무례함에도 신경이 거슬릴 수 있다. 나는 6미터 정도를 걸어서 다음 위치로 이동한다. 바위에 부딪혀 장엄하게 부서지는 파도와 바람에 휩쓸린 메인주의 해변을 그린 윈즐로 호머^{Winslow}

Homer(미국 매사추세츠주 보스턴 출신의 화가. 거친 파도와 폭풍우 등 바닷가를 모티브로 한 풍경화로 잘 알려져 있다.-옮긴이)의 작품[40]들 앞이다. 그림들이 너무나 강렬해서 내 기분을 조금 물들이는 데 성공한다. 하지만 아주 조금으로 그친다. 바닷가의 짠 공기가 맡아지지도, 딱히 맡고 싶지도 않다. 어느 순간엔가 나는 기계적으로 A지점으로 이동했고 그곳에서 미국의 인상파 화가 메리 카사트Mary Cassatt(작품 대다수가 여성의 사회적이거나 개인적인 일상생활을 담고 있으며 어머니와 자녀, 특히 모녀 관계에 많은 관심을 가졌다.-옮긴이)의 작품[41] 옆에 선 나 자신을 발견한다.

카사트는 분명 훌륭한 화가였지만 나는 항상 그녀의 작품을 어떻게 대해야 할지 몰랐다. 그랬기 때문에 최근에 아메리카 전시관을 돌아볼 때 굳이 다가가지 않았다. 피츠버그에서 태어난 카사트는 해외에서 교육을 받았고 모네와 드가 같은 인상파 화가와 함께 작품을 전시하면서 프랑스에서 거의 모든 주요 작품을 완성했다. 프랑스인은 아니지만 그렇다고 전형적인 미국인도 아니고, 주류에 속했던 건 아니지만(특히 그녀의 성별을 고려한다면) 제대로 된 부르주아 계급이라 아주 무시할 수는 없는 인물이다. 그녀의 작품은 전형적인 인상파 작품만큼 '흐릿하지' 않고 옛 거장들의 그림보다는 즉흥적이다. 한마디로 정의하기 힘든 스타일인 것이다. 그녀에 대해 한동안 생각하지 않았던 건 명확하게 생각할 만한 부분

39
40
41

을 찾지 못해서였다.

그러나 오늘은 나를 끄는 무언가, 더 정확히는 누군가가 있다. 전시실 맨 끝에 한 여성이 이젤 앞에 서서 한 손에는 붓을, 다른 한 손에는 팔레트를 들고, 발치에는 오염 방지 천을 펼쳐둔 채 미간을 찌푸릴 정도로 집중해 캔버스에 물감을 칠하고 있다. 보안상의 이유로 모사하려는 원작보다 25퍼센트 이상 작은 캔버스를 사용해야 한다는 규칙에 따른 크기다. 모작을 하려는 사람들이 흔히 그렇듯 그녀가 미술 전공자라면 진지하고 몰입한 표정을 하고 있어 말을 걸어보길 포기하게 만든다. 오늘이 그녀가 이 그림을 모사하는 첫날이 아닌 건 확실하다. 그림이 거의 끝나가는 듯해 보이기 때문이다. '거의'라는 게 앞으로 한 시간일지 다섯 시간일지 알 수 없지만 말이다.

그림을 감상하는 대부분의 사람들처럼 나는 그림이 어떻게 완성되는지 명확하게 알지 못하고, 여태까지 읽은 책들은 기껏해야 아주 약간 도움이 될 뿐이다. 그래서 누구나 그렇듯 그림을 베껴 그리는 사람들을 지켜보는 데 늘 매료되곤 한다. 오늘도 나는 적절한 거리를 두고 서서 그녀의 더디고 조용한 붓놀림을 지켜보는 방문객 무리에 합류한다.

모작을 평가하면서 나는 그것이 사랑스럽다고 결론 내렸다. 금잔화색 드레스를 입은 엄마가 벌거벗은 어린 아들을 돌보는 장면을 아름답게 묘사한 그림이다. 그녀는 분명 이 작업에 충분한 시간을 들였고, 그 결과 어느 정도 설득력 있는 순수예술처럼 보이는 작품을 만들어내는 데 성공했다. 잠시 후 나는 카사트의 원작을 보려고 눈을 든다. 그리고 뭐, 굳이 말하자면 '25퍼센트 규칙을 만들면서까지 모작과 원작이 바뀔까 봐 걱정할 일은 없을 것 같다' 정도의 생각을 하게 된다고 해두자.

카사트의 그림은 사랑스러운 것이 아니라 햇살에 흠뻑 젖은 것처럼 아름답다. 대담하고, 편안하고, 다채롭고, 옳고, 뭐랄까, '순수예술'보다 더 탄탄하다. 카사트가 어렵게 얻은 거장의 날개를 달고 하늘로 날아오르는 동안 조심스럽고 끈질기게 모작을 완성 중인 저 딱한 사람에게는 불공평한 일이다. 이것이 카사트의 스타일이었고, 이것이 그녀의 주제였다. 그녀는 기민하고 영감이 충만한 미적 지능으로 수천 가지 선택을 해냈다. 그런 그녀의 작품을 생명력 없이 흉내 낼 수는 있지만 재현하기는 불가능하다. 정리하자면 나는 그녀의 그림이 얼마나 훌륭한지 믿을 수도, 견딜 수도 없어서, 아주 오랜만에 그저 깊이 흠모하며 바라보기만 했다.

이제 이런 순간은 예전만큼 자주 오지 않고 그 사실을 인정하며 슬퍼진다. 위대한 그림은 경외감, 사랑, 그리고 고통 같은 잠들어 있던 감정을 불러일으키는데, 그것은 메자닌의 골동품에 대한 호기심과는 다르다. 이상하게도 나는 내 격렬한 애도의 끝을 애도하고 있는 것 같다. 이제는 내 삶의 중심에 구멍을 냈던 상실감보다 그 구멍을 메운 잡다한 걱정거리를 더 많이 생각한다. 아마도 그게 옳고 자연스러운 것이겠지만 받아들이기는 쉽지 않다.

11장

완벽하지도 않고 완성할 수도 없는

프로젝트

타라와 내가 결혼한 지 정확히 5년이 지난 후, 그리고 나의 형이 떠난 지 거의 5년이 지난 때 나는 다시 침대 곁을 지키고 있다. 이번에는 산부인과 병동이다. 전과 마찬가지로 단조로운 병실에는 정적이 흐른다. 간호사들이 타라의 상태를 확인하러 가끔 들르긴 하지만 특별히 걱정을 하거나 뭔가를 기대하는 것 같진 않다. 물론 우리는 기대로 가득하지만 막상 겪어보니 이런 상황은 영화처럼 흘러가지 않는다. 작은 병실 안에서 중대하고 신비로우면서도 평범한 일이 일어나기를 기다리는 시간 중 대부분은 그냥 앉아서 어리둥절하며 침묵 속에서 견뎌내는 기나긴 기다림의 연속이다. 그것도 전과 마찬가지다.

시간에 딱 맞춰 나타난 담당 의사는 다름 아닌 싱 박사였다. G구역 싱 대장의 아들 말이다. 아들 자랑을 하도 많이 하길래 타라와 나는 검색을 해봤고 그러길 잘했다고 생각했다. 그러다가 기다리던 급속한 진전이 찾아왔고 엄청난 산통 끝에 절정의 순간이 찾아온다. 이번에는 5년 전과 완전히 반대다. 침묵 대신 울음소리가 터져 나오고 기도 대신 소동이 벌어진다. 오래도록 매달리고 싶은 마지막 기억 대신 엄청난 양의 할 일이 기다린다.

가끔 아들 올리버 토머스를 달래느라 밤에 깨어 있을 때면 나는 유감스러운 마음으로 성모와 아기 예수가 등장하는 그림들을 떠올린다. 그림 속에서는 아기도 부모도 얼마나 조용하고 침착해 보이는지! 그 장면과는 대조적으로 내 품에서 꿈틀거리는 이 동물은 원하는 게 많고, 무례하고, 터무니없다. 나는 그가 우유 한 병을 욕심껏 들이켜면서 우유 범벅이 되어가고, 팔다리를 쉴 새 없이 휘젓고, 장을 활발하게 작동시켜서 만족스러운 포만감에 잠이 드는 동시에 배변하는 모습을 지켜본다. 조심스럽게 똥을 치워보려 하지만 엉덩이에 닿는 차가운 감촉에 모욕감을 느낀 아기는 과도한 분노를 일으키며 폭발하고 만다. 불공평해! 길게만 느껴지는 몇 분이 지난 후 다시 잠든 아들을 굉장히 불편하고 괴상한 자세로 안고 있지만, 후환이 두려워 몇 분 더 그 자세를 유지한다. 기진맥진한 채 그 자리에 서서 아직 붙지 않은 아이의 두개골 틈으로 심장이 뛰는 걸 느낀다.

올리버가 태어나기 전까지만 해도 신생아는 품에 안기에도 연약한 존재이고, 잘못하면 부러져버릴까 두려울 것이라 생각했다. 하지만 실제로는 두껍고, 강력하고, 강건한 느낌을 주는 생명력으로 가득 찬 부대 자루, 수십억 개에 달하는 세포 더미였다. 톰이 그토록 찬양하던 경이롭고 엉망진창인 세포생물학이 떠오르고 더 나아가 생명 자체를 생각하게 한다. 자연은 단순함보다 대담하고 강한 것을 선호한다. 그런 것들은 아름답긴 하지만 항상 예술적이거나 명료하지는 않다. 경험상 내 삶도 그렇다. 이제 단순한 삶은 끝났다. 그러나 아기 덕분에 이제 내 삶도 더 아름답고 강건해지는 여정을 시작했는지도 모르겠다.

임금을 거의 받지 못한 육아휴직 3개월 동안 내 일터는 엘리베이터도 없는 아파트 3층이었다. 메트로폴리탄 미술관에서 한 번에 담당하는 구역보다 작은 공간이었다. 고요하고 말끔한 전시실 대신 고물상 같은 방들이 내 일터가 되었다. 하지만 약 231,404제곱미터(7만 평－옮긴이)이 넘는 메트에서보다 약 66제곱미터(20평－옮긴이)짜리 이곳에서 할 일이 훨씬 많다. 솔직하게 말하자면 적응하기가 무척 힘들다. 지금까지는 사소한 데 별로 신경 쓰지 않는 삶을 살아왔다. 그 삶에서는 내게 전혀 부담을 주지 않는 세상을 그냥 둘러보기만 하면 됐다. 그러니 부모 노릇에서 가장 중요한 부분은 수없이 많았을 사소한 일을 해결하는 것이라는 사실을 깨달았을 때 내가 받은 충격을 상상해보라. 산더미 같은 빨래, 계속되는 병원 출입, 기저귀 가방을 끝없이 쌌다 풀었다 해야 하는 일상. 나는 농부들이 느꼈을 법한 기분으로 대부분의 시간을 보냈다. 노동이 너무 고단해서 그 결실을 음미할 여유조차 없는 느낌 말이다.

어느 날 오후, 도박을 해보겠다 결심한다. 싸다 만 기저귀 가방을 들쳐 메고 아기를 원숭이처럼 한 팔로 안고 드넓은 세상으로 용감하게 나섰다. 5번가의 멕시코 음식점들과 언덕 위에 자리한 북적거리는 차이나타운 사이 비탈에 펼쳐진 브루클린 선셋

공원이 우리의 목적지다. 언덕을 오르면서 우리는 소풍을 즐기는 사람, 연을 날리는 사람, 축구를 하고 있는 사람을 지나친다. 정상에 오르니 만다린어와 민어(대만, 싱가포르 등에서 사용하는 중국어-옮긴이)를 사용하는 수십 명이 가벼운 에어로빅을 하고 있고, 음악가 한 명이 현 하나짜리 중국 전통악기로 아름다운 선율을 연주하고 있다. 올리의 머리가 빙빙 돌아간다. 고개를 어찌나 잘 돌리는지 우리는 종종 그를 '아울리(고개가 많이 돌아가는 부엉이를 뜻하는 아울owl과 올리버라는 아이 이름을 결합한 별명-옮긴이)'라고 부른다.

놀이터에서 올리는 동네 아이들을 쳐다보느라 정신을 못 차린다. 아이들은 무모할 정도로 날쌔게 사방으로 뛰어다니고, 올리는 인간이 이렇게 신나 할 수 있을까 싶을 정도로 기뻐한다. 나는 그런 그를 사랑한다. 미끄럼틀을 태우니 놀라서 얼이 빠질 지경이 되지만, 올리는 딱 한 번 잠깐 울려다 마는 데 그친다. 도박을 한 보람이 있다. 많은 사람의 사랑을 받는 이 공원의 아름답고 초라하고 고르지 않은 풀밭에 아이를 눕힌다. 주위는 사람들로 붐빈다. 자동차 소리도 들려온다. 하지만 그럼에도 자연의 모든 아름다움이 바로 여기에 있다. 태양이 빛나고, 바람이 불고, 공원의 오래된 느릅나무는 지구상의 어떤 생명보다 숭고한 모습으로 우뚝 서 있다. 거기에 더해 내 아들이 있다. 그의 커다랗고 촉촉한 두 눈을 들여다보니 아기도 눈웃음을 치며 나를 바라본다. 이 순간의 충만한 생명력에 경탄한다. 이건 아름다울 뿐 아니라 '좋음' 그 자체이기도 하다. 그 좋음이 모든 고투를 흡수해버린다.

○○○

직장으로 복귀한 첫날, 조셉이 앞장서서 환영 인사를 건넨다. "패밀리 맨!" 그가 우렁차게 외친다. "우리 패밀리 맨이 돌아왔군!" 우리는 내가 그를 처음 만난 날 아침에 그랬던 것처럼 배치 사무실 앞에 서 있다. 하지만 이번에는 그가 앞장서서 다니며 한 사람도 빠짐없이 내 소식을 들었는지 확인한다. 다른 경비원들도 환영하며 악수를 청하고, 마치 시가라도 나눠 피우는 사이인 것처럼 등을 치며 반긴다. 질문과 충고가 경쟁하듯 쏟아진다. "애는 잘 먹어? 잠은 잘 자? 아이고, 안됐네. 하지만 애랑 같은 방에서 자면 고생길이 열리는 거야. 어, 감기에 걸렸다고? 불쌍한 것…. 어떻게 해야 하는지 알려줄게. 질 좋은 꿀을 구하고 생강을 좀 갈아. 많이는 말고 적당히."

아다도 함께 기뻐해준다. 내 사수였던 그녀는 늘 가족의 안부를 묻고 그에 대한 대답에 진심으로 흥미를 가지고 귀를 기울이는 사람이다. 내 팔을 꼭 잡고 함께 걸으면서 그녀는 부모님이 첫 손주를 처음 만났을 때 어떤 기분이었는지 간절히 듣고 싶어 한다. 그리고 미술관이 새로 사들인 그림 앞에 당도하자 말한다. "이것 좀 봐, 이렇게 추한 걸 본 적 있어?"

오전 10시가 되자 우리는 문을 활짝 열고 관람객을 맞이한다. 익숙한 얼굴에 대한 기억이 되살아난다. 글자 그대로 익숙한 얼굴도 몇 있긴 하지만, 그 외에도 사람들의 얼굴에 담긴 감탄과 어리둥절함, 화장실을 찾지 못했을 때의 짜증 나는 표정이 떠오른다. 미술관에도 단골손님이 있다. 그리고 하루 일과가 끝나기 전에 그 사람들을 차례로 만나게 되어 있다. 보통 사람들과 발달 과정에서 차이가 있는 켄지라는 젊은이는 경비원들에게 퇴근길에 어떤 기차를 타는지 묻고 운행에 문제가 있다는 소식이 있으면 모두에게 알려줘서 도움이 된다. 아널드 파머처럼 매일 초록색 재킷을 입고 와서 대학생들에게 장황한 조언을 해대는 노인도 있다. 상아 손잡이가 달린 돋보기로 그림을 보는 사람도 있는데, 무성영화 시대의 배우처럼 옷을 입고 긴 코트를 어깨에 걸치고 다닌다. 그의 이름을 모르는 게 유감이지만 우리는 서로를 부를 때 '선생님'이라는 존칭을 사용한다.

드와이트는 미술관 전체를 특유의 느린 걸음으로 누비면서 모든 경비원에게 하루에 정확히 한 번만 인사를 건넨다. 두 번째 만나면 국물도 없다. 드와이트는 보통 작은 종이 조각에 뭘 쓰느라 (혹은 그리느라?) 바빠서 입에서 두 마디 이상 나오게 하기가 하늘의 별 따기만큼 어렵다. 오늘은 그런 드와이트도 "오랜만에 뵙습니다" 하고 인사를 건넨다. 그러나 역시 다음 순간 내 대답을 기다리지 않고 그대로 걸어서 지나쳐버린다.

일과에 다시 익숙해지면서 내게 웃음이 나올 정도로 시간이 많다는 사실을 새삼 절감한다. 팔짱을 끼고 주변을 둘러보고 그냥 자리에 서서 하고 싶은 생각을 할 수 있는 시간. 내가 아는 모든 성인은 자신이 눈코 뜰 새 없이 바쁘다고 주장하지만 이곳에서의 나는 바빠서는 안 된다. 긴 시간을 조용히 보내다가 가끔 "이봐요, 이거 원화 맞아요?" 같은 질문에 대답하고 어린아이가 그림 액자를 잡아당기거나 그 비슷한 일이 생기면 가끔 개입해야 한다. 그러나 정적을 음미할 시간은 충분하다. 몇 달 만에 처음으로 한 시간이 정확히 한 시간으로 느껴질 때 그 시간이 얼마나 긴지 깨닫는다. 집에서 올리버를 돌볼 때도 한가한 시간이 있긴 했지만, 그 시간과 이 빈 시간은 다르다. 전자는 소비하고, 쓰고, 낭비하고, 텔레비전을 보느라 사라지는 시간이어서 그냥 시간만 죽이는 게 아니라 몸도 해치울 수 있다. 후자는 옛날식으로 보내는 시간이라 여름날 포치에 앉아 바람이 부는 걸 바라보는 것 같은 시간이다.

시간이 흐르면서 내 경비원 근육이 약해졌다는 사실이 명확해진다. 서 있는 건 끊임없이 연마하지 않으면 녹스는 기술이다. '서 있는 것'이 실은 서 있고, 기대 서 있고, 서성거리고, 스트레칭을 하고, 다 쓴 잉크 카트리지처럼 다리를 터는 것을 모두 포함한다는 사실을 기억해낸다. 늦은 오후로 접어들 무렵이 되자 에너지는 탈탈 털리고 여기저기가 쑤셔왔지만, 아이를 돌볼 때 느끼는 미친 듯이 기진맥진한 상태가 아니라 기분 좋은 단순한 피로감이다.

'그러니까 바로 이게 내 삶이군.' 나는 생각한다. 앞으로 록 콘서트 무대 코앞의 객석만큼 떠들썩한 세계와 수도원처럼 고요한 세계 두 곳을 오가게 될 것이다. 피터르 브뤼헐의 〈곡물 수확〉 근처에 배치된 나는 이 오랜 친구에게 다가가면서 내 이중생활 사이의 조화를 이룰 방법이 있을까 궁리를 한다. 예술과 고요의 신전이 바로 문밖에서 돌아가는 노역의 세상과 어떤 관계를 맺을 수 있을까?

천 번쯤 들여다봤던 브뤼헐의 풍경을 창문을 통해 들여다보듯 다시 한번 바라본다. 오늘은 더 작은 디테일들에 눈이 간다. 속수무책인 수탉에게 막대를 던지는 아이들, 웅덩이에서 수영하는 수도승들, 건초 더미를 끌고 가는 소몰이…. 활기찬 장면이지만 인물들은 캔버스의 밝은 표면에 고정되어 있다. 우리는 날이 가고, 달이 가고, 해가 바뀌는 사이 그들의 복잡한 삶이 어떻게 펼쳐질지는 볼 수가 없다. 어쩌면 예술 작품은 삶의 예술적이지 않은 측면을 묘사하는 데는 적합하지 않을지도 모른다. 일상의 단조로움, 불안함, 그리고 차례로 밀어닥치는 빌어먹을 일들에 파묻혀 큰 그림을 볼 능력을 잃어버리게 하는 측면 말이다. 적어도 오늘만큼은 내 전시관에 걸린 완성된 그림들이 아직도 진행 중인 세상과 동떨어진 저 너머에 존재하는 것처럼 느껴진다.

그리고 올리버가 태어난 지 2년 후 루이스가 태어났다. 나처럼 금발인 딸아이를 우리는 위지, 위즈 걸, 리틀 미스, 위저, 위즈 등의 별명으로 부른다. 오빠에 비하면 느긋한 성격이다. 한편 아장아장 걷기 시작한 올리버는 치열하고, 집착적이며, 불굴의 의지를 지닌 에이해브 선장(소설 『모비 딕』에 등장하는 캐릭터. 흰고래 모비 딕에게 집착하는 광적인 인물로 묘사된다. - 옮긴이)이다. 루이스는 밝은 성격에 재미있고 남의 눈치를 별로 보지 않는다. 알고 보니 아이의 성격은 주사위 던지기처럼 우연히 얻어걸리는 것이고 우리가 인간의 본성이라 생각했던 것은 올리버만의 본성이었다.

나의 새 일과는 다음과 같다. 일찍 퇴근해봐야 저녁 7시 정도지만 집에 오자마자 곧바로 엎드려 올리버와 장난감 기차를 가지고 놀아준다. 그러면 어떻게든 저녁이 준비가 되어 식탁에 오른다. 타라가 유아원에서 아이들을 픽업해 온 다음 위지에게 젖을 물린 채 저녁 식사까지 준비할 때가 많다. 저녁을 먹고 나면 다시 바닥에 엎드려 지루하고, 지루하고, 지루하기 그지없는 장난감 기차 놀이를 한다. 아이들을 재우는 것은 일련의 교착 상태를 극복해나가는 과정이다. 올리를 씻기기 위해 싸우고, 침대에 눕히기 위해 싸우고, 눈을 감도록 하기 위해 싸운 끝에 겨우 쟁취한 승리마저 절대 최종적인 승리가 아니라는 것을 우리는 안다. 그 과정 내내 루이스는 엄마의 품을 거의 떠나지 않는다. 루이스가 보채지 않고 좋은 기분을 유지하는 데 타라의 품이 점점 중요해져가고 있다.

마침내 두 아이 모두 잠이 든 다음 시선을 돌리면 집이 엉망진창이 되어 있다. 사회복지사가 보면 우리에게 아이들을 맡겨

둘 수 없다고 판단할 만한 지경이다. 우리는 그 정도가 되지는 않을 수준까지 집을 정돈한다. 그러고는 이내 잠에 빠져든다. 올리버가 우리 침대로 기어 들어올 때를 대비해서 한쪽에 공간을 놔두고, 위지가 올 때를 대비해서 또 다른 한쪽에도 공간을 남겨둔 채로. 이즈음 나의 쉬는 날은 월요일, 화요일, 수요일이어서 열두 시간씩 근무를 하는 금요일과 토요일, 그리고 일요일에는 타라를 거의 보지 못한다. 주말 내내 타라 혼자서 아이들을 돌봐야 하는 것이다.

7년이 넘도록 대처하지 못할 일은 없는 직장에서 일해왔다. 내가 지키는 구역에서는 예술품이 단 한 점도 손상되는 일이 없었다. 명화 한 점도 분실되지 않았다. 타율 천 퍼센트다. 하지만 새로운 삶에서는 성장이라고 부르는 과정을 거치기 위해 젖 먹던 힘까지 다 긁어모아 고군분투해야 할 것이다.

감정이란 얼마나 변화무쌍한 것인지 배우고 있다. 어린아이가 맑음과 폭풍우 사이를 얼마나 예상치 못하게 빠른 속도로 왔다 갔다 할 수 있는지, 어른도 얼마나 그와 비슷한지 깨우친다. 그래서 가령 고대 로마 전시관에 전시된 귀족들의 두상을 보면서 그 근엄한 가면에 드러나지 않는, 어쩌면 그들이 말도 안 되게 웃기는 사람들이었을지도 모른다는 상상을 해보곤 한다. 다부진 인상의 카라칼라 황제가 떼를 쓰는 아이처럼, 어머니 말씀을 빌리자면 '아무것도 아닌 일에 뚜껑이 열리는' 장면을 쉽게 상상할 수 있다. 언짢았던 기분이 아무 이유 없이 다시 좋아지고 자신감이 넘치고 살아 있다는 것이 행복해지면서 찌푸렸던 눈썹이 풀어지는 모습을 상상할 수도 있다.

메트에서 일하기 시작한 후 첫 몇 달을 돌이켜 보면 내가 한때 날이면 날마다 말없이 뭔가를 지켜보기만 하는 상태를 그토록 오래 유지할 수 있었다는 사실 자체가 놀랍다. 아마 그것은 커다란 슬픔이 지닌 힘을 잘 보여주는 사례일 것이다. 날마다 수많은 밀고 당기기를 해야 하는 요즘 같아서는 그렇게 뭔가에 집중해서 사는 삶을 상상하기가 힘들다. 이제는 더 이상 처음 미술관에서 일을 시작했을 때처럼 단순한 목표만 바라보지 않는다. 대신 살아나가야 할 삶이 있다.

○○○

2016년 봄, 루이스가 걸음마를 시작했고, 메트도 완전히 새로운 여정을 향해 첫걸음을 뗐다. 휘트니 미술관이 다운타운으로 이사를 하면서 비게 된 건물을 메트가 분관으로 사용하고자 임대 계약을 체결한 것이다. 어느 날 아침 배치 사무실로 출근한 우리에게 밥이 본관에서 벗어나 매디슨 애비뉴 75번가에서 일할 선택권을 줬다. 그곳에서 새로이 문을 연 메트로폴리탄 브로이어 미술관은 지나가는 행인들을 어리둥절하게 하고 있었다(마르셀 브로이어는 20세기 중반에 지은 이 랜드마크의 건축가다). 우리 기준으로 보면 독특한 일터다. 미술관 전체를 스물두어 명의 경비원이 커버할 수 있는 데다 익숙한 곰팡내 대신 깔끔하고 모던한 분위기가 느껴지는 곳이지 않은가. 대중도 이런 외양, 이런 느낌의 메트에 익숙하지 않아서 전시실에는 호기심은 가득하지만 주저하는 분위기가 팽배하다. 직원과 방문객 모두 이 미술관에 적응하려 노력하고 있는 셈이다.

어느 날 신문을 읽다가 개관 기념 브로이어 기획전 〈미완성〉을 혹평한 《뉴욕타임스》 기사를 발견했다. 완성 전에 제작이 중단됐거나 개념상 아직 진행 중이라고 할 수 있을 작품을 모아놓은 매우 개념적인 전시였다. 나는 그것을 긍정적인 신호라 받아들였다. 메트 본관에서 열리는 기획전에서는 큐레이터들이 실패를 감수할 기회가 많지 않다. 지나치게 안전한 선택만 하는 실수를 범한다는 의미다. 나는 용기 있는 실패일지도 모를 전시에서 일할 수 있는 기회에 신이 났다.

브로이어 미술관에 배치된 나는 역사와 지리학이 분류 원칙으로 적용되지 않은 세상으로 들어선다. 브뤼헤 출신의 얀 반 에이크 Jan van Eyck(유화 기법을 사용한 최초의 예술가. 15세기 플랑드르 회화에서 가장 중요한 화가로 꼽힌다. - 옮긴이)와 시카고 출신의 케리 제임스 마셜 Kerry James Marshall[1](미국의 예술가이자 회화과 교수로 본인의 정체성이기도 한 흑인을 주요 소재로 삼는다. 2017년 《타임》 선정 '세계에서 가장 영향력 있는 100인'에 들기도 했다. - 옮긴이)이 함께 등장하는 폭넓은 전시다. 알브레히트 뒤러 Albrecht Dürer(르네상스 시기의 독일을 대표하는 화가이자 판화가. 국내에는 소묘 〈기도하는 손Betende Hände)으로 특히 잘 알려져 있다. - 옮긴이)가 반쯤 그리다 만 〈살바토르 문디Salvator Mundi〉는 잉크로 스케치한 예수의 얼굴에 살이 덧붙여지기를 기다리고 있다. 앨리스 닐Alice Neel의 〈흑인 징집병 Black Draftee〉[2]은 초상화 속 인물이 단 한 번 모델을 서고 사라지자 작가가 이 자체로 완성된 그림이라고 선언한 작품이다.

경비원으로서 특히 흥미로운 작품은 색색으로 포장된 80킬로그램에 달하는 사탕 더미[3]로, 관람객들이 그 작품을 만질 수 있을 뿐만 아니라 가져갈 수도 있었다. 이 작품은 펠릭스 곤살레스토레스가 에이즈로 쇠약해진 자신의 배우자를 표현한 초상화다. 초상화의 주인공과는 달리 그를 기념한 작품의 무게는 끊임없이 다시 채워진다.

《뉴욕타임스》 비평가의 불만이 어떤 것이었는지는 기억나지 않는다. 하지만 대중은 이 전시를 정말 좋아한다는 것이 한눈에 봐도 분명하다. 이 전시는 보통 미술관들이 전혀 자극하지 않는 두뇌 한구석에 손을 뻗어 간지럽히는 역할을 한다. 어느 날 오후, 나는 '일리노이 사람들은 시간을 내서 재미있는 일을 한다'라고 쓰인 티셔츠를 입은 관람객을 지켜본다. 고급문화 전문가로 보이지는 않는 사람이지만 어찌어찌 여기까지 와서 얀 반 에이크의 〈성 바바라Saint Babara〉를 바라보고 있다. 딱 봐도 감탄으로 넋이 나간 상태다. 하지만 그의 넋을 뺀 것은 이 작품의 역사성이나 신학적 의미가 아

니라 겉이 깨져 안이 들여다보이는 시계처럼 완전히 드러난 작품 내부의 작동 방식이다. 그는 모든 사람이 그렇듯 현미경으로 들여다봐야 할 것처럼 세밀한 밑그림과 저 멀리 보이는 지평선 위로 가볍게 채색되기 시작한 하늘에 감탄한다. 아마도 뛰어난 물건을 볼 때 가장 즉각적으로 느껴지는 특징, 다시 말해 '성공적인 임무 완수(사실 이 경우는 '성공적인 임무의 시작'이겠지만)'를 감각한 그는 작품에 사로잡혀 열중한다. "훌륭해." 그는 소리 내서 덤덤하게 말한다. 목욕탕의 고급 타일이나 잘 만든 부엌 가구를 보면서 할 만한 말투와 별반 다르지 않다.

경탄할 만한 또 다른 대상을 찾아 천천히 멀어져가는 그를 보며 기분이 좋아진다. 아니, 자랑스러운 마음이 든다. 세심하게 신경 쓰고 실력과 인내심을 발휘해서 무언가를 만들어냈을 때 결국 그것이 넘칠 정도로 좋은 것이 된다는 게 어떤 의미인지 우리는 모두 알고 있다. 무엇이 됐든 그것을 정말로 잘하는 것이 얼마나 어려운 일인지, 얼마나 열심히 해야 하는지, 수월해 보이는 외양을 지니기까지 얼마나 많은 노력을 기울여야 하는지 우리는 잘 안다. 내가 자랑스러웠던 이유는 아마도 인간이 수많은 단점에도 이성적으로 상상할 수 있는 것보다 더 나은 것을 만들어내는 능력을 지니고 있다는 사실, 그것도 꽤 자주 그렇게 할 수 있다는 사실 때문인 듯하다.

전시는 규모가 워낙 커서 두세 번 둘러본 후에도 전시물 중 결국 내게 가장 깊은 인상을 남긴 작품을 놓친 채 지나칠 정도였다. 메인 동선에서 약간 벗어난 구석에 한쪽 귀퉁이는 썩어가고 표면에는 벌레 먹은 자국이 가득한 사과나무 토막이 전시되어 있었다. 나무의 한 부분에 아주 세세하고 깊이 조각을 새겨, 언젠가 여기에 잉크를 묻히고 종이에 눌러 영원히 지워지지 않는 작품, 상업적으로 가치 있는 작품으로 탄생할 날을 고대하던 목판이다. 하지만 판화 제작자는 알 수 없는 이유로 작업을 중단했고, 나무에 그려놓은 밑그림을 모두 파내지 않은 탓에 그림의 일부가 그대로 남아 있다. 그림을 그린 주인공은 다름 아닌 피터르 브뤼헐이다.

나는 그 사실을 깨닫고 깜짝 놀란다. 썩어가는 사과나무 조각에서 대가의 펜 자국을 발견하니 완성된 목판화에서는 얻을 수 없는 느낌에 모골이 송연해진다. 그가 그린 그림은 브뤼헐답게 친근하고 인간적이다. 〈더러운 신부 혹은 몹수스와 니사의 결혼식 The Dirty Bride or The Wedding of Mopsus and Nisa〉[4]이라는 작품은 같은 명칭의 민속놀이를 재현하는 주민들을 묘사하고 있다. 가짜 코를 붙인 사람이 칼과 석탄 삽을 가지고 악기를 연주하는 시늉을 하고, 신랑 몹수스 역을 맡은 젊은이가 처녀가 아닌 신부 니사의 손을 잡고 행진을 하고 있다. 이 이야기의 교훈인 '몹수스가 니사와 결혼을 하는데, 사랑에 빠진 연인이 바라지 못할 게 뭔가'는 '무슨 일이든 가능하다'는 말을 달리 표현한 것이다. 침울한 사순절 전에 열리는 '재의 수요일 Shrovetide' 축제의 열광적인 분위기 속에서 펼쳐지는 이 연극

은 곤란한 상황에서라도 최선을 다해 기쁨을 찾아내자는 주제를 담고 있다.

하지만 내가 뜻밖이라고 느꼈던 것은 거장의 '지문'을 그토록 부자연스럽고, 일그러지고, 불완전하고, 초보적인 것에서 발견했다는 사실이다. 완벽한 외양을 갖춘 완성품만으로는 예술에 대한 배움이 충분하지 않다는 생각이 든다. 그 작품들이 탄생하는 과정에 담긴 고통을 잊지 않아야 한다. 자기 자신이 무언가를 어떻게 만들어낼지 궁리하는 사람이라면 다른 사람의 창작물을 보는 데서 큰 도움을 받을 수 있다. 그리고 사실 평생 처음으로 나도 뭔가를 만들어가고 있는 듯한 느낌이 든다. 엄청나게 무질서하고 즉흥적인 과정을 밟으면서 두 명의 작은 인간과 그들이 살아갔으면 하는 작은 세상을 만들어가고 있는 것이다. 결코 완벽하지도, 완성할 수도 없는 프로젝트겠지만 말이다.

메트 브로이어 미술관은 결국 계약 기간을 끝내지도 못하고 문을 닫았다. 비용이 너무 많이 들고, 관람객 수가 고르지 않다는 이유로 불과 4년 만에 폐관했다. 메트처럼 엄청난 기관이라도 새로운 것을 만들어내려면 실험을 해야 하고, 실패를 하기도 한다.

12장

무지개 모양을

여러 번 그리면서

그 후 2년 사이에 내 상상력에 불을 지핀 기획전이 둘 있었다. 하나는 예술계에서 가장 크게 이름을 날린 사람이 주인공이었고, 다른 하나는 스스로를 예술가라 생각하지도 않았을지 모를 무명 예술가들의 작품을 모아놓은 전시였다. 하나는 16세기 기독교 세계의 중심으로 우리를 데려가고, 다른 하나는 20세기 한 흑인 공동체가 모여 사는 앨라배마주 시골로 우리를 데려간다. 거기 사는 사람들의 삶이 펼쳐지는 현장이라는 사실을 빼면 별나른 일이 일어나지 않는 곳이다. 모든 차이점에도 미켈란젤로의 소묘 작품과 지스 벤드Gee's Bend 지역 퀼트 제작자들의 작품을 각각 선보인 두 전시는 예술과 예술품의 제작이라는 점에서, 그리고 모든 노력을 허사로 만들어버리기 일쑤인 이 세상에서 가치 있는 것을 만드는 행위 자체에 관한 나의 이해를 돌아보는 계기가 되었다는 점에서 공통점이 있었다.

만일 어떻게든 시스티나 예배당의 천장에 가까이 다가갈 수 있다면, 미켈란젤로가 그랬듯 높게 쌓아 올린 비계 위에 서서 턱을 치켜들고 설 수 있다면 거장이 하루에 얼마만큼 작업을 했는지 정확히 확인할 수 있을 것이다. 매일 아침 미켈란젤로와 그의 조수들은 새로 바른 회반죽이 마르기 전에 그날 완성해야 할 부분에 대한 밑 작업을 했다. 이것을 이탈리아어로 '하루의 일'이라는 뜻의 조르나타giornata라고 하는데 시스티나 예배당의 천장화는 사실 이렇게 작고 불규칙한 모양의 작은 성취가 경계선이 거의 보이지 않는 모자이크처럼 모여서 완성된 작품이다. 비스듬히 누워 있는 아담은 조르나타 네 개, 팔을 뻗고 있는 신도 조르나타 네 개. 조각들을 세어보면 미켈란젤로가 붓과 물감통과 모래, 회반죽 자루를 가지고 흙손(이긴 흙이나 시멘트 등을 떠서 바르는 연장-옮긴이)으로 그 높은 곳에서 570일을 보냈다는 것을 알 수 있다.

메트에서 열린 전시는 좀 더 아담한 규모지만 내게는 거장의 작품을 가장 가까이에서 볼 수 있는 기회다. 전시물은 미켈란젤로의 70년 커리어 전반에 걸친 133점의 소묘 작품으로, 대부분 아무에게도 보여줄 의도가 없었던 습작이다. 전시는 〈미켈란젤로: 신이 내린 소묘 화가이자 디자이너〉라는 제목을 내걸었지만 막상 들여다보면 그 주인공이 한 명의 인간에 불과했다는 사실을 절감하게 된다. 미켈란젤로는 자신을 예술사 최고의 거장으로 생각하지 않았던 게 분명하다. 날마다 그날 해야 할 일을 마치기 위해 고군분투하는 데 더없이 전념했기 때문이다.

어느 날 아침 나는 평소보다 일찍 5번가의 전시실에 서 있다. 바깥에는 안달을 하며 입장을 기다리는 관람객 한 무리가 모여 있다. 컴컴한 전시실에는 어둠의 바닷속에 소묘 작품들만 스포트라이트를 받아 빛나고 있어서 그 조명의 궤도 안에 들어서면 말조차 속삭이듯 해야 할 것 같은 은밀한 세계로 들어서는 느낌이 든다. 소묘화[1]에 다가서면서 그 작품을 선배 거장 마사초 Masaccio(초기 르네상스 시대의 이탈리아 출신 화가. 당시에는 새로운 기법이었던 원근법을 적극적으로 활용해 사실적이고 입체적인 인물화와 프레스코화를 남겼다. – 옮긴이)의 눈으로 바라보려는 10대 미켈란젤로의 시선을 상상해보려고 노력한다. 이 소묘는 마사초의 성 베드로 프레스코화를 붉은 초크와 펜, 갈색 잉크로 베낀 작품이기 때문이다. 미켈란젤로는 처음 그림을 그렸을 때 아버지에게 심한 매질을 당했다. 부오나로티 가문은 빈털터리였지만 귀족이었고 그의 아버지 로도비코는 아들이 손 쓰는 일을 하는 것을 몹시 괴로워했다. 그물처럼 교차하는 선으로 세심하게 공을 들여 음영을 표현한 작품을 보면서 로도비코가 한 가지 면에서는 옳았다는 생각이 든다. 이 작업은 육체노동이었다. 반복적이고 지루하며 몸을 쓰는 노동. 숙련이 가능한 노동인 것은 확실하지만 지름길도 없고, 인내심을 가지고 한 획 한 획 긋는 것 말고는 일을 진척시킬 다른 방법이 전혀 없는 겸허한 작업인 것이다.

　나는 작업을 하는 젊은 예술가의 손길뿐만 아니라 그의 생각까지 바라보고 있다는 사실을 깨닫는다. 마사초의 성인을 베껴 그린 후, 미묘한 수정을 가미한 미켈란젤로는 베드로의 뻗은 손을 다시 그렸다. 이번에는 90도를 돌려 위에서 보면 어떤 모습일지 상상하며 그린 것이다. 이는 놀라운 개념적 도약처럼 보인다. 하지만 그가 조각가가 되기 위한 훈련을 받고 있었다는 사실을 기억하자 이해가 된다. 3차원적 예술에 관한 이야기가 나왔으니 말인데 이 소묘 작품은 받침대 위에 전시되어 주변을 돌아 그 뒷면을 볼 수 있다. 실제로 뒤로 돌아가보니 뒷면에 손을 하나 더 그려놓은 것이 보인다. 이 손은 살과 근육을 모두 발라낸 오싹한 느낌의 해골이다. 어쩌면 그는 성 베드로를 눈으로 해부했는지도 모른다. 아니면 그냥 피렌체 산토 스피리토의 병원에서 시체를 해부할 때 이 종이를 재활용해서 그렸는지도 모른다. 종이를 낭비하는 일은 거의 없었다. 어느 쪽이든, 나는 내 손을 한참 바라보면서 이 젊은 예술가가 스스로에게 부과한 프로젝트의 규모에 혀를 내두른다. 그가 사물을 얼마나 정확히, 얼마나 깊은 곳까지 보고 싶어 했는지 상상조차 하기 힘들다.

　미켈란젤로가 스승으로 여긴 작가들의 소묘 작품도 볼 수 있는 이 전시실들을 혼자 거닐다 보면 예술품 제작 과정에 관한 기초적 사실을 상기하게 된다. 세상은 쉽게 그릴 수 있는 모델이 되어주지 않는다. 안전한 길은 다른 사람들이 여러 차례 시도해서 다듬어놓은 방식을 통해 복잡함을 제한하는 방법이다. 위험한 길은 시각의 한계에 도전하고 그것을 펜으로 표현할 방법을 스스로 만들어내려고 애쓰는 방법이다. 미켈란젤로는 아마 표현하기 가장 어려운 대상과 사랑에 빠졌던 듯하다. 바로 약 6백 개의 근육과 약 2백 개의 뼈로 이루어진 인간의 몸 말이다. 이 전시실에는 그가 자신의 눈과 손과 두뇌에 의지해서 생명력을 불어넣은 인간의 몸이 있다.

오전 10시가 되어 미술관이 문을 열자 나는 피렌체에서 로마로 이동한다. 미켈란젤로 커리어 초기에 거둔 성공을 뛰어넘어 시스티나 예배당 안에 착지한다. 실은 로마 시스티나 예배당 분위기를 내려고 위대한 천장화를 머리 위에 재현해놓은 전시실이다. 몇 분 후 벌떼처럼 몰려든 순례자들이 주변에 걸린 그림에는 눈길도 주지 않고 지나친 후 곧바로 카메라를 위쪽으로 치켜든다. 그들이 서 있는 자리에서 불과 몇 미터 떨어지지 않은 곳에 비슷한 자세로 붓을 위로 쳐든 스스로를 미켈란젤로가 끄적거리듯 그린 그림[2]이 있다는 걸 떠올리고 나는 혼자 쿡쿡 웃는다. 이 자화상에서 그는 고개를 90도 각도로 젖히고 팔을 12시 방향으로 뻗고 있다. 적어도 570일간 그런 자세로 일했을 것이다. 그 낙서 옆에 그는 그의 척추, 엉덩이, 물감 튄 얼굴, 그리고 두개골이라는 '관' 안에 갇힌 뇌의 상태에 대해 불평하는 소네트를 적어두었다. 소네트는 들떠서 사진을 찍어대는 전시실의 관람객들을 놀라게 할 만한 말로 끝

을 맺는다. '이곳은 만족스럽지 않다. 나는 화가가 아니다.'

그 말들을 생각하며 다시 쿡쿡 웃는다. 자신 없어 하는 거장의 말을 듣는 것이 즐겁다. 아마 우리 중 대부분은 그런 말을 들으면 자신이 혼자가 아니라는 느낌을 받을 것이다. 전시가 시작된 후 내내 나는 미켈란젤로의 짜증과 절망이 섞인 편지를 닥치는 대로 읽었다. '결과도 없이 시간만 낭비하고 있어…. 신이시여, 도와주소서!'가 제일 자주 눈에 띄는 대사다. 사실 그가 작업을 시작한 후 처음 몇십 번의 조르나타는 완전 실패였다. 회반죽을 제대로 바르지 못한 아마추어적인 실수 때문이었다. 그는 교황에게 작업을 포기하게 해달라고 애원했다. 이 엄청난 커미션의 영광을 즐기고 싶은 생각은 추호도 없는 듯했다.

그럼에도 불구하고.

"실례합니다"라는 말을 연발한 끝에 전시실 가장자리를 돌아 메트의 가장 유명한 소장품인 동시에 이번 전시의 하이라이트인 작품을 보러 간다. 빛을 받으면 손상되는 작품이라서 경비원으로 일하면서도 그 작품이 전시된 모습을 본 것은 이번을 제외하면 단 한 번뿐이다. 미켈란젤로는 비계 위에 올라가 있지 않을 때는 화판으로 돌아갔다. 붉은 초크로 그린 이 소묘[3]는 그가 그려낸 수천 점 중 하나일 것이다. 내 눈앞에는 '리비아인 시빌(시빌sibyl 또는 시빌라sibylla는 고대 그리스 문화권에서 신탁을 받는 예언자를 뜻한다. 미켈란젤로는 이 상상 속 인물을 화폭에 옮기기 위해 다양한 스케치를 해본 듯하다. - 옮긴이)'이라고 부르는 인물이 놓여 있다.

미켈란젤로의 작업실에서 포즈를 취하고 있는 누드 모델이다. 그 남자는 아마도 예술을 하려는 학생이나 조수였을 것이다. 시빌은 여자 예언가 혹은 점쟁이로 알려진 인물이지만 미켈란젤로가 관심을 가진 건 대개 남성의 몸이었다. 그는 젊은 남성 모델에게 몸을 나선형으로 꼬는 어려운 포즈를 취해달라고 주문했을 것이다. 자신도 어려운 자세로 작업을 해야 해서 고생을 많이 한 그가 모델들이 그런 자세를 취하느라 쥐가 나고 여기저기 결린다는 데 공감을 했을지 궁금해진다. 나도 슬쩍 그 자세를 취해보지만 사람들의 눈이 신경 쓰여 그냥 몸을 스트레칭하는 척했다. 그런 다음, 그림을 더 자세히 보기 위해 몸을 기울인다.

그토록 불만으로 가득했던 사람이 그린 그림이 어떻게 이토록 아름다울 수 있단 말인가? 한편으로는 영감받아 그린 그림이지만 다른 한편으로는 무한한 근면성의 산물이다. 그는 긴 시간을 바쳐 모델의 등과 팔의 모든 근육에 음영을 줬다. 미켈란젤로는 천장화 전체에 걸쳐 약 430명의 인물을 그려야 했다. 그럼에도 그는 시빌의 발이 너무도 흥미로워서 엄지발가락이 땅을 짚은 모양을 세 가지 다른 방식으로 그렸고, 그마저도 아름답게 만드는 데 성공했다.

종이 위 무엇 하나 그냥 그린 건 없다. 한 획 한 획마다 어려운 임무를 완수하고자 하는 에너지와 야심과 헌신이 깃들어 있다. 미켈란젤로는 빈 종이 한 장만 있으면 모든 근심을 잊고 혼신의 힘을 바쳐 주어진 과

메트로폴리탄 미술관 제공

제를 해냈고, 씁쓸한 불평 따위는 일이 끝난 후에나 하는 사람이었음이 분명하다. 어려운 일을 해내는 데 이보다 나은 방법이 또 있을까?

4년간의 작업 끝에 천장화가 완성되자 '온 세상이 그 작품을 보려고 몰려오는 소리가 들린다'라고 동시대인은 전했지만 미켈란젤로는 호들갑을 떨지 않았다. '그동안 그려오던 예배당 천장화 작업을 끝냈습니다. 교황이 매우 만족했습니다'라고 그의 아버지에게 편지로 전했을 뿐이다. 그런 다음 덧붙였다. '다른 일들은 바랐던 대로 이루어지지 않았습니다. 그건 제가 시대를 잘못 타고났기 때문인 듯합니다. 지금은 제가 하는 예술에 그다지 호의적이지 않은 시대예요.'

오늘날 우리는 이 '호의적이지 않은' 시대를 하이 르네상스 High Renaissance 혹은 전성기 르네상스라고 부른다.

또 다른 날 나는 뒤쪽 전시실 경비 팀에 배치되었다. 길게 펼쳐진 거장의 후기 커리어를 커버하는 전시실들이다. 예상치 못하게 장수를 누려 거의 89세까지 산 그는 수십 년을 자기가 금방 죽을 것이라 믿으며 살았다. 그럼에도 그는 절대 일을 줄이지는 못했다. 40년에 걸쳐 간헐적으로 교황 율리오 2세의 무덤을 제작하는 일을 하면서 보수를 달라고 애걸복걸하고, 끊임없이 바뀌는 주문으로 고통받았다. 전시 전반부는 무덤을 구상하는 '시범 스케치'로 이루어졌는데 미켈란젤로가 이 소묘들을 다시 봤다면 상당히 괴로워했을 것이다. 계획했던 조각상 중 3분의 1도 완성하지 못했기 때문이다. 그의 개인적인 삶도 정착과는 거리가 멀었다. 57세에 23세의 귀족과 사랑에 빠져 그에게 선물로 준 소묘 작품이 전시의 일부를 이룬다. 그보다 몇 년 전에는 1528년의 대역병으로 동생이 죽자 그의 자녀 셋을 맡았다. 그리고 그 조카들 중 막내도 결국 죽었다. 그걸로도 고난이 부족했는지 적군이 피렌체를 향해 진격하고 있었다.

"제가 이해한 바로는." 나는 질문을 하는 관람객에게 말한다. "이 그림은 피렌체 방어를 강화하기 위해 미켈란젤로가 그린 것인 듯합니다. 게처럼 보이는 뾰족뾰족한 구조물은 대포 공격을 위한 보루와 성곽이에요. 미켈란젤로는 이렇게 설계도만 그린 게 아니라 대규모 노무자 집단을 이끌라는 임무도 받았습니다. 그중 일부는 미켈란젤로와 함께 대리석을 채굴하던 사람들이었는데 이제는 적군의 공격에서 목숨을 구하기 위해 성곽을 짓는 일을 함께 하게 된 것이죠."

그 관람객은 자신을 전쟁사 마니아라고 소개했고 이 전투에 관한 문헌을 읽는 중이었던 나는 전투의 상세한 부분을 기억해 내기 위해 애쓴다. "성로마제국의 황제와 동맹을 맺은 교황이 메디치 가문을 다시 권좌에 앉히기 위해 벌인 싸움이었던 것 같아요. 미켈란젤로의 방어물은 제 역할을 다했지만 결국엔 별 소용이 없었어요. 적의 포위로 식량이 떨어진 피렌체가 항복했기 때문이죠."

전쟁사 마니아는 몇 주에 걸친 현장 조사의 결과로 제작되었을 (주변 지형에 대해 기록한 메모들이 있다) 그림 한 장을 나와 함께 20초쯤 들여다보다가 다음 작품으로 이동한다. 대부분의 관람객이 미켈란젤로가 70년 정도 걸려 완성한 작품들을 '끝내는 데'는 한 시간가량이 걸린다. 비난하는 건 아니지만, 미켈란젤로의 성미를 아는 나로서는 그가 이 사실을 알면 꽤 짜증을 낼 것이라고 짐작해본다. 전쟁 관련 소묘만 해도 수백 시간을 쏟아부은 작업이지만 우리에게는 그냥 재미있는 여흥에 불과하다.

교대 후에는 미켈란젤로가 현대의 기준으로도 노인이 된 후에 그린 작품들이 있는 전시실에 배치된다. 그가 쓴 다음과 같은 시들로 미루어보건대 그는 늙는 것을 그다지 반기지 않은 게 분명하다. '끊임없이 갈아대는 줄은 / 이 늙은이의 가죽을 쭈글거리게 만들고 닳아 없애간다 / 내 불쌍하고 병든 영혼!' 70대에 그는 로마의 성 베드로 성당 건설의 총지휘자로 임명받았다. 이 영예는 '미켈란젤로의 의지에 완전히 반해서 주어졌고, 그는 엄청나게 당황했다'고 친구 조르조 바사리(메디치 가문의 후원하에 다양한 프레스코화를 제작한 이탈리아 르네상스 시대의 화가이자 우피치 궁의 설계 등을 맡은 건축가. 1550년에 르네상스 예술가들의 전기를 담은 『미술가 열전』을 출간하면서 후대에는 미술사학자로 더 널리 알려지게 되었다. —옮긴이)가 전한 걸 보면 그는 이 일도 좋아하지 않았던 듯하다. 사실 그보다 더 복잡하고 옹색한 프로젝트를 상상하기도 힘들었을 것이다. 그 일을 해내려면 교황청 내의 정치적 암투를 헤쳐나가야 했을 뿐 아니라 두 명의 선임 건축가가 남긴 작업의 제한도 극복해야만 했다. 그는 17년 여생을 성 베드로 성당 건축에 바쳤다.

그가 대성당의 거대한 돔 지붕을 그린 가로세로 25센티미터가량의 종이를 들여다본다. 로마의 지붕들 위로 높이 솟아오른 돔을 짓는 것은 초인간적인 능력이 필요한 일이었고, 바로 그래서 우리가 미켈란젤로라는 인물이 초인간적 능력을 지닌 사람이라는 인상을 받게 된 것이다. 그러나 이 소박한 그림에서 그는 그저 무지개 모양을 거듭해 그리면서 마음에 드는 곡선을 찾으려 하고 있다. 아무리 위대하다 칭송받는 그일지라도 결국 어린아이 같은 연습 과정을 건너뛸 수는 없는 사람인 것이다.

나는 돔 그림이 있는 방에서 나와 그가 노년에 진행한 또 다른 프로젝트였지만 죽을 때까지 완성하지 못한 피에타상 스케치[4]를 찾아 나선다. 종이 한 장에 80대 노인의 떨리는 손으로 그린 다섯 점의 습작이 담겨 있는 작품이다. 작고 치열하며 솔직한 느낌의 그 그림들에서는 그가 자신이 세계에서 가장 유명한 예술가라고 의식한 흔적은 손톱만큼도 찾아볼 수 없다. 80대에 접어들어서도 미켈란젤로는 사소한 실수로 성 베드로 성당의 완공이 미뤄진 일로 크게 자책했다. '수치심과 슬픔으로 사람이 죽을 수 있다면 나는 이미 죽

4

영국 옥스퍼드대학교 애시몰린 박물관 제공

었을 것이다'라고 그는 당시를 기록했다. 다섯 점의 스케치 중 두 점은 그가 결국 만들어낸 조각과 비슷하다. 수직으로 서 있다시피 하는 숨을 거둔 예수와 그의 무거운 시신을 받치고 있는 어머니 성모마리아의 모습이다. 미켈란젤로는 처음에는 듬직한 근육질로 예수의 몸을 조각했지만 거기서 그치지 않고 계속 돌을 깎아나가 마침내 수척하고 쪼그라들어서 묘하게 현대 인상파 조각 느낌이 나는 예수의 모습을 완성해냈다. 1490년대에 제작된 그의 〈피에타^{Pietà}〉(미켈란젤로의 걸작이며 피에타의 가장 대표적인 이미지가 된 작품 – 옮긴이)가 거장의 명성에 걸맞은 걸작이라면 이 〈론다니니 피에타$^{Pietà\ Rondanini}$〉(미켈란젤로의 유작이며 성 베드로 대성당의 〈피에타〉와 달리 성모가 예수를 선 채로 끌어안고 있는 구도 때문에 축 늘어진 예수의 몸이 부각되어 더 처연한 느낌을 자아낸다. – 옮긴이)에서는 고통과 내밀한 슬픔이 더 생생하게 느껴진다.

사랑과 경건함, 그리고 기진맥진한 몸과 마음을 표현한 그 소묘들을 다시 바라본다. 그리고 머리와 심장의 요구에 손으로 부응하려 애를 쓰며 하얀 종이 앞에 구부정한 몸으로 앉아 있는 노인을 상상한다. 미켈란젤로를 미켈란젤로로 만드는 건 그다음에 그가 한 일이다. 습작을 해본 다음 그는 일어나서 그 스케치를 현실화하는 작업에 착수한다. 그는 죽기 며칠 전까지도 말을 잘 듣지 않는 대리석을 망치와 끌로 두드리고 있었다.

다음 전시는 부지불식간에 나를 덮쳤다. 미켈란젤로의 뉴욕 입성은 5번가에서 휘날린 현수막으로 널리 알려졌지만 근현대미술 전시관에서 열린 〈지스 벤드 퀼트 작품전〉이라는 작은 기획전에 배치되기 전까지 나는 '지스 벤드'라는 지역에 관해서 이름조차 들어보지 못했다. 널찍한 전시실 두 개의 벽에 퀼트 작품이 걸려 있었다. 여덟 명의 퀼트 제작자가 만든 열 점의 퀼트였는데, 그중 네 명의 성이 페트웨이^{Pettway}였다. "이게 뭐지?" 나는 작은 소리로 속삭인다. 선입견을 뒤엎는 작품을 하나하나 지나치면서 맥박이 빨라짐을 느낀다. 대담하게 대비되는 색깔, 비대칭적인 패턴, 거칠고 해진 재료를 눈에 보이는 바느질 자국으로 이어 붙인 작품…. 처음 그 전시실에서 근무한 날에는 작품을 그렇게밖에 묘사할 수 없었지만 맥박이 빨라지는 걸 보니 아름다운 물건이라는 사실은 부인할 수 없었다.

그 후 몇 주에 걸쳐 이 퀼트 제작자들에 대해 가능한 한 모든 정보를 알아냈다. 앨라배마주의 지스 벤드에서 퀼트를 만드는 수십 명의 여성이 자신들의 일과 삶을 이야기한 인터뷰 기사도 읽었다. '어렵다'는 표현이 너무 자주 나와 후렴구처럼 느껴졌다. "어려움에 처했어요…", "어려운 시기였죠…", "어려운 길을 가야 했어요…", "우리가 어려운 상황에서 열심히 일한 건 주님도 아실 거예요…", "쉽지 않았어요. 어려웠죠." 루시 T. 페트웨이$^{Lucy\ T.}$

Pettway는 전시에 작품을 출품한 예술가 중 하나였다. 어릴 때 그녀는 11월 말부터 3월 말까지만 학교에 다녔다. 3월 말부터는 "베어낸 목화 줄기를 쳐서 채 여물지 않아 아직 달려 있는 목화 열매를 수확하고, 관목을 자르고, 땅을 일구고, 쟁기질을 해서 파종할 준비를 도와야 했어요." 다른 여성 퀼트 제작자와 마찬가지로 그녀의 가족과 친구들도 소작농이었다. 그러나 루시는 밭에서 다른 일도 했다. 날마다 밥을 먹는 시간에 바느질할 퀼트 재료를 조금씩 가지고 밭으로 나간 것이다. 대부분의 퀼트 작품은 블록 아홉 개로 이루어져 있는데 하루에 블록 하나쯤 완성하면 만족했다. 루시 T. 버전의 조르나타였다.

그녀가 1955년에 완성한 퀼트[5]는 지스 벤드를 묘사하고 있는데 전시 작품 중 유일하게 사진으로만 볼 수 있다. 앨라배마강을 상징하는 한편의 푸른 줄무늬는 진흙으로 이루어진 강둑을 표현한 두 개의 붉은 줄무늬 사이를 흐르고 있다. 다른 한쪽에는 패턴이 있는 캘리코(날염을 한 거친 면직물 – 옮긴이)로 목화밭이 묘사되어 있다. 퀼트의 나머지 부분은 동심원처럼 늘어선 정사각형 블록으로 이루어져 있다. 이렇게 지붕 위에서 내려다보는 듯한 하우스톱housetop 패턴에서는 온갖 종류의 패턴과 색을 구현할 수 있지만 이 작품에서만큼은 글자 그대로 진짜 지붕을 상징한

5

다. 큰 집 한 채와 작은 집 네 채를 위에서 내려다본 광경이다. 이 풍경을 더 멀리까지 보이도록 줌 아웃할 수 있다면 말굽 모양을 그리며 극적으로

구부러진 강이 지스 벤드의 세 면을 감싸고 흐르면서 세상에서 이 지역을 고립시키는 지형을 볼 수 있을 것이다. 더 가까이 가서 페트웨이가 묘사한 집들을 자세히 들여다보면 이 지역의 역사를 더 확실히 이해할 수 있다. 가장 큰 집은 옛날 페트웨이 플랜테이션의 '큰 집'이고, 다른 작은 집들은 노예들이 기거하던 곳이다.

이 지역에 제일 먼저 들어와 정착한 페트웨이 가문 사람은 마크 H. 페트웨이다. 그는 1845년에 조셉 지$^{Joseph\ Gee}$의 상속인들에게서 면화 플랜테이션을 사들였다. 그가 플랜테이션과 함께 구매한 재산 목록에는 인간 마흔일곱 명이 포함되어 있었고, 거기에 더해 이전에 살던 노스캐롤라이나주에서 데리고 온 노예 백 명도 있었다(그들은 걸어서 이동해야 했다). 퀼트 제작자 중 성이 페트웨이인 사람들은 주인의 성을 받은 노예의 후손들이다. 지스 벤드 지역 방언으로 페트웨이를 발음하면 새로운 멜로디가 생겨 '토닥거려서 달래다' 정도의 의미가 되는 '페트-어-웨이'처럼 들리지만 말이다.

전시를 둘러보다가 작품 라벨에서 '독학$^{self-taught}$'이라는 단어를 발견했다. 그 표현은 '민중예술$^{folk\ art}$'이라는 용어 대신 쓰이기 시작한 예술계의 전문용어인데 현실은 그 단어의 원래 의미와 관계가 전혀 없다는 걸 생각하면 이상한 용어 선택이다. 내가 알기로는 이 퀼트 제작자들 중 누구도 독학을 하지 않았기 때문이다. 루시 T. 페트웨이는 어머니와 이모할머니에게서 퀼트를 배웠고, 그들은 또 자기보다 나이 든 여자에게서 배웠을 것이다. 퀼트는 노예해방 이전부터 있었던 오래된 전통이고, 아마도 서아프리카 지역의 관습에서 일부 뿌리를 찾을 수 있을 것이다. 그녀는 또 동년배들과 경쟁도 하고 아이디어를 훔치기도 하면서 기술을 배우고 연마했을 것이다. 미켈란젤로가 살던 시대의 피렌체처럼 지스 벤드에도 인구 한 명당 예술가 비율이 비정상적으로 높았다.

퀼트는 다른 예술 장르보다 공개적인 성격이 훨씬 강했다. "봄이 오면 여자들은 퀼트를 볕에 널어야 했어요. 빨랫줄에 걸어서…" 크레올라 페트웨이가 설명한다. 루시 T.는 "보통 퀼트를 열다섯 점에서 스무 점씩 내다 널었어요. 그보다 더 많을 때도 있었고요. 사람들이 지나가다가 퀼트 구경을 하느라 도랑에 빠지기도 했죠!" 크레올라는 어릴 때 걸어서 퀼트 구경을 하고 다녔다. 연필과 종이를 들고 동네를 슬슬 돌아다니면서 거장들의 작품을 보고 "패턴을 베껴서 내 퀼트를 만드는 데 썼죠."

전시된 것 중 가장 오래된 작품도 어쩌면 크레올라가 베끼려고 스케치한 작품 가운데 하나였을 수도 있다. 메리 엘리자베스 케네디Mary Elizabeth Kennedy도 1930년대 중반에 여기 전시된 작품[6]을 볕에 널어 말렸을 테니까. 나는 그 퀼트 작품이 봄바람에 펄럭거리는 장면을 상상해보려고 애쓴다. 다양한 톤의 하얀색, 하늘색, 청록색으로 이루어진 퀼트다. 흰색에도 여러 톤이 있다는 사실을 그때까지 몰랐지만 그녀는 햇빛에 바래고 입어서 해진 낡은 옷가지에서 구해낸 천 조각으로 그런 효과를 내는 데 성공했다. 미술 재료상에서 구한 것이 아니라 실제 삶에서 얻은 색깔들이었다. 구조적으로는 아홉 개의 블록을 연결한 하우스톱 패턴을 따르고 있으나 이 기본 구조는 블록의 한계를 뛰어넘어 압도적인 에너지로 작품 전체를 휘감은 패턴에 가려 희미해진다. 파란색 배경을 관통해서 픽셀화된 번개가 내리꽂히는 느낌이다.

메트의 현대미술 전시관에 걸린 그 작품은 야생적이고 대담하고 도전적이다. 그것이 외풍이 술술 들어오는 통나무 오두막집에서 잠든 그녀의 아이를 덮은 이불이었을 때 어땠을지는 상상으로 그려볼 수밖에 없다. 1930년대는 지스 벤드가 곤궁한 시기였다. 대공황이 터지고 목화 가격이 폭락하면서 백인 부재지주에게 소작료를 지불할 수 있는 사람은 거의 없었다. 채권 추심원이 조직적으로 급습해서 농기구와 가축, 가재도구를 압수해버리자 사람들은 숲으로 들어가 식량과 땔감을 구해야만 했다. 그렇게 곤궁한 시기에 케네디는 이 작품을 만들었다. 그녀도 이 용어를 썼는지 모르지만 내게는 이것이야말로 예술의 정의 그 자체로 보인다. 과분하게 아름다운 것.

가장 마음에 드는 작가는 로레타 페트웨이^{Loretta Pettway}다. 그녀의 작품만 유일하게 여러 점, 정확히는 세 작품이 전시되어 있기도 하다. 1942년에 태어난 그녀는 아직 살아 있다. 그녀는 소위 '루스벨트 하우스'를 지스 벤드 지역 여기저기에 지은 시대에 자라났다. 공황으로 곤경에 빠진 공동체를 돕기 위한 뉴딜 정책의 일환이었다. 신용 대출을 받아 집을 살 수 있는 기회가 주어진 지스 벤드 지역 주민들은 다른 남부 흑인들처럼 대규모 도시 이주를 하지 않았다. 그렇지만 가난에서 벗어날 수는 없었고 로레타 페트웨이는 다른 사람보다 더 어려운 상황에 맞닥뜨렸다. "제겐 아동기라는 것이 없었어요." 그녀는 한 인터뷰에서 그렇게 말했다. 가정 폭력을 휘두르는 주정뱅이이자 도박꾼이었던 남편에 관해 이야기할 때도 그녀는 에둘러 말하지 않았다. "즐기는 게 많은 남자였어요. 난 아무것도 없었죠. 돈이 없었으니까."

그 인터뷰 기사에서 가장 놀라운 부분은 그녀가 '바느질을 좋아하지 않았다'라는 대목이었다. 선배 미켈란젤로와 마찬가지로 그녀도 자신이 하는 일에 대한 불만을 거침없이 토로했고, 자신이 맡은 일의 막중한 무게에 신음했다. 그녀는 '다 허물어져가는 낡은 집'에서 살았고, 아이들의 잠자리였던 옥수수 껍질로 만든 매트리스는 퀼트 이불 없이는 참을 수 없을 만큼 불편했다. 퀼트 제작자 헬렌 맥클라우드Helen McCloud의 이야기를 들어보면 얼마나 많은 퀼트가 필요했는지 대충 짐작할 수 있다. "침대가 여섯 개였어요." 그녀가 기억을 더듬어 이야기했다. "그때는 한 침대에서 아이 둘이 함께 잤는데 날씨에 따라 다르지만 보통 퀼트 네댓 개는 필요했지요." 모여서 수다를 떨고 찬송가를 부르면서 함께 바느질을 하는 여자들이 많았지만 로레타는 혼자 일했다. 그녀는 우울증과 불면증으로 고생했고, 스스로 친구가 없었다고 말했다.

"달리 방법이 없었어요. 사람들한테 퀼트 이불을 좀 달라고 해도 하나도 주질 않았으니까. 그러니 제가 아는 방법으로 최선을 다해 바느질을 하는 수밖에 없었죠. 만드는 내내 저나 애들이나 이걸 만들면 따뜻하게 잘 수 있을 거라고 생각했어요. 결국 그랬고요."

일요일 아침이다. 나는 지금까지 본 중에서 가장 아름다운 퀼트 작품을 바라보면서 그것을 만든 사람을 생각하고 있다. 보통 죽은 지 오래된 예술가를 떠올리는 경우가 대부분인 이 미술관에서 그건 꽤 기분 좋은 예외였다. 로레타 페트웨이가 지금 이 순간 어디에 있을지 추측하는 것도 어렵지 않다. 분명 지스 벤드에 있을 것이고 그곳에 있는 플레전트 그로브 침례교회에 있을 가능성이 높다. 그녀는 여행을 하지 않는다. 심지어 이런 전시가 열려서 축하받을 수 있는 자리에도 오지 않는다.

내가 가장 좋아하는 퀼트는 1965년으로 거슬러 올라간다. 흑인 투표권이라는 중차대한 문제로 열띤 투쟁이 벌어지던 와중에 마틴 루서 킹이 플레전트 그로브에 와서 연설을 한 바로 그해다. 이 집회에 대한 보복으로 지스 벤드를 주변 공동체와 이어주는 중요한 수단이었던 페리 서비스가 취소됐고 지금까지도 복구되지 않았다. 마음만 먹으면 이 작품을 추상화처럼 바라볼 수도 있다. 여느 모더니스트 그림 못지않게 절제되어 있고 인상적인 작품이기 때문이다. 하지만 나는 그러지 않을 것이다. 내가 보고 있는 것은 천을 누벼서 만든 퀼트이며 나는 그 작품의 역사, 실용성, 아름다움, 감촉 등 거기 사용한 천 조각만큼 다양한 이유로 그 작품을 사랑한다. 가능한 한 가장 가까이 다가가서 작품을 들여다본다. 퀼트가 약간 흔들거리면서 벽에 그림자를 던진다. 로레타가 천 조각을 배열하는 장면을 상상해본다. 그녀는 '바짓가랑이 뒷부분처럼 해지지 않은 천'은 뭐든 다 사용했다고 했다. 어쩌면 바느질을 시작하기 전에 '헌 셔츠와 치맛자락, 반바지의 바짓가랑이 부분'에서 구해낸 조각을 모두 펼쳐 배열해봤을지도 모른다. 하지만 그보다는 날마다 당장 할 부분만 생각하며 작업을 해나가다가 어느 날 예술품을 완성하는 방법으로 작업을 했을 가능성이 더 높다.

몇 걸음 뒤로 물러서서 내 손바닥 정도 되는 너비의 '바^{bar}'라고 부르는 수직 줄무늬가 거의 눈에 띄지 않는 정도로 파도치는 것을 바라본다. 왼쪽과 오른쪽 가장자리는 짙은 청색 데님 천이고 대부분의 줄무늬는 보라색이다. 그리고 서로 가깝지만 닿지는 않게 놓인 하얀 천으로 된 두 개의 줄이 중앙에서는 조금 벗어나 있지만 작품의 중심을 이룬다. 이 작품은 〈게으른 아가씨 바$^{Lazy\ Gal\ Bars}$〉[7]라고 부른다. 나는 수평으로 시선을 옮기면서 피아노 건반을 누르는 상상을 해본다. 이렇게 보면 박음질 자국으로 구획 지은 일련의 재빠른 트랜지션으로 느껴진다. 하지만 천천히 작품을 바라보면서 기다란 줄무늬를 따라 여유 있게 시선을 옮기다가(쉽게 이해할 수 있게 할 만한 표현이 떠오르지 않는다) 깜짝 놀라고 만다. 다른 것들보다 색깔이 밝은 두 개의 줄무늬가 광선 모양의 천사, 기쁘게 몸을 곧추세우고 있는 천사들처럼 보였기 때문이다. 나는 이 퀼트의 기하학적 패턴뿐만 아니라 그 불완전함에 감동한다. 살짝 헤매는 듯한 구불구불한 선, 복잡하지 않고 간결한 바느질 자국, 즉흥적으로 구성된 재료. 거기에는 근면성과 영감을 비롯해서 예술의 위력 중 가장 희망을 주는 것들이 넘치도록 들어 있다.

혼자 생각에 잠긴다. 여기서 배울 수 있는 교훈이 있다. 메트로폴리탄 미술관처럼 세계적으로 장대한 곳에서 얻는 깨달음치고는 좀 우습긴 하지만, 의미라는 것은 늘 지역적으로 만들어진다는 것이다. 가장 위대한 예술 작품은 자신의 상황에 갇힌 사람들이 아름답고, 유용하고, 진실된 무언가를 창조하기 위해 조각조각 노력을 이어 붙여 만들어가는 것이라는 교훈까지 말이다. 미켈란젤로 시대의 피렌체, 심지어 미켈란젤로 시대의 로마마저 이런 면에서는 로레타 페트웨이가 살던 시절의 지스 벤드와 다르지 않다. 이제 더 이상 전성기 르네상스와 같은 개념을 빌려 생각하려 하지 않을 것이다. 대신 새로 만든 회반죽을 바르고, 거기에 그림을 그리고, 회반죽을 조금 더 바르고, 거기에 그림을 조금 더 그리는 한 사람을 생각할 것이다.

13장

삶은 우리를 내버려두지 않는다

인생은 길다. 그 사실을 깨달아가고 있다. 젊어서 죽으면 인생은 그리 길지 않다. 하지만 요절하지 않으면 다 자란 후에도 추가로 남은 몇십 년에 대해 생각해야 하는 묘한 상황에 처하게 된다. 50년, 60년, 어쩌면 70년 정도 남은 시간을 살아내야 하는 것이다. 형이 죽고 나서 나는 어찌어찌 메트로 오는 길을 찾게 됐다. 그리고 성년이라는 것이 그 자체로 여정이라기보다 그동안 추구하던 성장과 변화를 마무리 짓는 최종 목적지 같은 시기라 생각하는 쪽이 편했다. 형보다 더 나이 든 사람이 된 지금이 이상하고 부자연스럽다. 어릴 적 올라가서 놀던 나무보다 키가 더 커지면 이런 느낌일까. 그러나 이제는 내 삶이 지금 보이는 지평선 너머까지 뻗을 것이라는 사실을 알 정도의 관록은 갖추게 되었다. 삶은 휘청거리고 삐걱거리면서 천천히 앞으로 나아갈 테고, 그 방향을 나 스스로 잡는 편이 낫다는 것도 알게 됐다. 다시 말해 내 삶은 여러 개의 챕터로 구성되어 있고, 그 말은 현재의 챕터를 언제라도 끝낼 가능성도 있다는 뜻이다.

〈지스 벤드 퀼트 작품전〉은 2018년 가을에 끝을 맺었다. 그

즈음 나는 아침 출근 전 걸어서 올리버를 유치원까지 데려다주는 일을, 타라는 내 월급의 대부분이 들어가는 유아원에 루이스를 맡기는 일을 나눠 하고 있었다. 마침내 일요일은 쉴 수 있게 되었지만 주말 전체를 쉴 가능성은 거의 없었다. 그런 특권은 장기근속자 중에서도 특히 오래 근무한 사람들만 누릴 수 있었다. 여름휴가를 미리 계획할 수 있을 정도로 근무 연수가 길지도 않아서 공립학교 학사 일정에 맞춰 사는 나머지 가족과 함께 휴가를 즐기기도 힘들었다. 크리스마스 연휴 때 쉬는 건 상상도 못할 일이다. 토요일 밤 10시 45분쯤 피곤에 찌든 몸으로 돌아와보면 아내와 두 아이가 내 침대에서 자고 있다. 사랑스러운 광경이지만 점차 신물이 나기 시작했다.

그럼에도 내 자리를 지키며 서 있는 동안에는 계속 즐거움을 찾을 수 있었다. 거의 완벽한 직장이었다. 하지만 어쩌면 이제 내가 필요로 하는 것은 더 이상 완벽한 직장이 아닐지도 몰랐다. 삶에서 가장 중요한 일은 이 전시실에서 벌어진다고 생각하던 때가 있었고, 명상과 같은 고요함을 감사한 마음으로 음미했다. 그러나 요즘은 생각이 미술관 밖으로 휘리릭 날아가서 몸과 마음이 움찔거리고 안절부절못하기 일쑤다. 나는 이제 더 이상 고요하고 정돈된 환경을 필요로 하지 않는다. 이제 더 이상 경기장 밖에 서서 게임을 잠자코 지켜보지 않아도 된다. 전시실을 찾는 아이들과 그들의 부모들을 지켜보면서 우리 아이들에게 이 큰 도시와 넓은 세상을 어떻게 만나게 해줄지 계획하는 나 자신을 발견하곤 한다. 두려우면서도 흥분되는 미래다. 솔직히 말해서 코딱지만 한 우리 집이 혼란에 빠지지 않게 하는 일만으로도 벅차고, 바깥세상과 다양한 관계를 맺기 위해 더 강인하고 용감해질 방법을 배우고 싶다.

가을과 겨울 내내 이 짙은 푸른색 근무복을 포기해야 할지를 두고 고민했다. 최근 들어 밥이 나를 옛 거장 전시관에 자주 배치했기 때문에 브뤼헐과 티치아노를 비롯한 옛 친구들의 작품 앞에서 줄곧 같은 고민을 했다. 그렇다고 사무실에서 일하는 직장으로 돌아가기에는 내 버릇이 너무 나빠졌다. 앉아서 하지 않는 일이 필요했다. 생각 끝에 여행 가이드 회사에 지원했고, 전화 인터뷰를 하자는 연락이 왔다. 어느 날 오후 3시, 휴식 시간을 이용해 인터뷰를 한 다음 타라에게 전화했다. "로어 맨해튼 도보 여행 가이드가 될 사람이 누군지 맞혀볼래?"

파트타임으로 하는 비정규직 일자리에 불과하다. 평생 이 일을 하면서 살아갈 것이라고 상상하지도 않는다. 하지만 인생은 길고, 이 일은 구석에 서서 사람들을 지켜보는 대신 그들을 이끌고 다니면서 글자 그대로 세상을 탐험하도록 해줄 것이다. 봄이 오고 일을 시작할 날짜가 다가오면서 나는 가이드 일을 하기 위해 조사하고, 투어 내용을 적고, 그것을 사람들에게 들려줄 준비를 하는 내가 얼마나 신나 하고 있는지 문득 깨닫는다. 이야기를 하는 일, 나만의 것을 만드는 일이다.

마지막으로 근무복을 입은 날, B구역 대장의 데스크로 가라는 지시를 받았다. 그의 책상은 그레이트 홀이 내려다보이는 발코니에 있다. 그곳으로 가면서 눈앞의 광경을 찬찬히 둘러본다. 머리 위로 보이는 접시 모양의 돔 세 개는 하나만으로도 대성당을 만들 정도로 커다랗다. 아래로 보이는 거대한 텅 빈 홀에는 동료 두 명이 강철 받침대를 밀면서 가로지르고 있다. 내 뒤로는 가이우스 마리우스 장군이 포로로 잡은 유구르타 왕을 데리고 행진을 하는 장면이 티에폴로의 커다란 화폭[1]에 펼쳐져 있다. 모퉁이를 도는데 옛 거장 전시관에 배치될 경비원들이 배치를 받기 위해 줄지어 서 있다.

"커티, 3번 팀 첫 번째 순번이야." 서턴 대장이 명령을 내린다. "맥밀런, 2팀에 가서 교대해줘! 페트로프, 2소대 소속이야? 늦었군…. 배치 사무실의 밥에게 찾아가. 바이샤, 기획 전시장 첫 번째 순번!"

이런 용어를 듣는 것은 이것이 마지막일 테지만, 아마도 죽을 때까지도 잊지 않을 것 같은 느낌이 든다. 차례가 된 내게 대장이 한 말을 요약하자면 "꺼져!"였다.

"브링리, 무슨 말이야, 오늘이 마지막 근무잖아! 한군데 처박혀서 보초를 서라고 할 수는 없지. 전시실을 쭉 둘러보면서 작별 인사를 해. 정 돕고 싶으면 화장실에 가야 하는 친구들 자리를 잠깐씩 지켜주면 돼. 건투를 빌어요, 브링리 씨! 다음!"

눈에 띄지 않게 배치 대기 줄에 슬쩍 끼어드는 데는 성공했지만 몸을 돌리자마자 파티가 시작된다. 동료들이 악수를 청하고, 등을 툭툭 치며 안녕을 빌어주고, 앞으로 무슨 일을 할지 질문을 던진다. 나는 도보 관광 안내 일에 관해 설명하고, 노조는 없지만 코트 보관소에서 받는 것보다는 팁을 더 많이 받을 거라는 예측도 나눈다.

알리 씨는 일동을 대표하는 마음으로 이렇게 말한다. "탈출하는 데 성공했구먼, 젊은이. 게다가 아직 머리카락이 남아 있기까지 하잖아."

하지만 나는 아무에게도 진짜 작별 인사를 허락하지 않는다. "사실 여기 고용된 사람이어야 올 수 있는 건 아니잖아요." 동료들에게 그 사실을 상기시키자 그들도 돈을 받지 않고도 메트를 방문하는 사람들이 가끔 있다는 사실을 인정한다. 이제 곧 '전 직장'이 될 이곳이 본질적으로 사람들을 입장시키고 자유롭게 헤매고 다니는 것을 허락한다는 건 참 다행스러운 일이다. 그리고 돌아왔을 때 친구들을 찾는 데 아무 문제가 없을 것이다. 모두들 보이는 곳에 서 있을 테니.

얼마 가지 않아 모두 오늘의 구역을 배정받았다. 나만 빼고 모두. 낯선 느낌으로 잠시 난간에 기댄 채 그레이트 홀을 내려다본다. 그 석회석 동굴 같은 곳에 몇 사람의 목소리만 메아리치며 들려올 때 어떤 소리가 나는지 귀를 기울여본다. 루시와 에밀리가 짐을 검사하는 테이블에서 일할 준비를 하는 것이 보인다. 수다를 떨면서 라텍스

1

장갑을 끼기 위해 손가락을 꼼지락거리고 있다. 저 아래 세상은 오늘도 여느 날과 다름없다. 나는 근무를 처음 시작한 날과 끝내는 날 사이에 무엇이 바뀌고 무엇이 그대로인지 생각해본다. 아다는 이제 은퇴를 했다. 트로이도 마찬가지다. 코트 보관소의 왕 랜디는 세상을 떴고, 조니 버튼스도 이제 더 이상 이 세상 사람이 아니다. 전시관 몇 개가 보수공사를 거쳤고, 수백 개의 새로운 전시물이 들어왔다. 그러나 크게 보면 15세기 예술품이 10년 더 나이를 먹었을 뿐이다. 메트가 달라 보인다면 그것은 그곳을 보는 사람의 눈이 변했기 때문인 경우가 대부분이다.

경비원들이 10시에 문을 열자 나는 이곳저곳을 배회해보겠다고 결심한다. 경비원으로서 꼭 지켜야 할 자리가 없다는 것은 매우 신기한 느낌이다. 계단을 따라 아래층으로 내려가 일찍 도착한 여러 타입의 관람객 틈을 빠져나간다. 손에 든 카메라로 언제든 사진 찍을 준비를 갖춘 채 빠른 속도로 미술관을 훑는 '관광객' 타입과 경이에 빠진 '예술 애호가' 타입이 보인다. 혼란스러워하는 '첫 방문객' 타입은 공룡 혹은 미국 헌법 원본을 볼 수 있으리라는 기대에 흥분하기도 하고 간혹 무엇을 보고 싶은지 잘 몰라 어리둥절하는 모습을 보이기도 하지만 친절한 경비원을 만나면 도움을 받을 수 있을 것이다.

방향을 돌려 매표소를 지나 그리스 조각 전시실로 들어갔다가 그림이 그려진 고대 도자기[2]들이 있는 부속 전시실로 향한다. 마지막 날의 여정을 시작하기에 적합한 곳이다. 야외에서 일하며 염소를 기르고 소크라테스를 알았던 이름 모를 누군가가 불로 흙을 굽고 그림을 그렸을 것이다. 가족이 사용할 기름과 포도주를 보관한 소박한 그릇들이지만 삶과 죽음, 신들의 모험을 담는 여유를 지닌 예술품이기도 하다. 웅장한 사르디스의 기둥을 지나 다시 한번 로마의 궁정을 거닐지만 이번에도 대리석에 조각되고 동전에 새겨진 수많은 황제들의 이름을 제대로 맞히는 데 실패한다. 내 주의를 끄는 것은 대리석 흉상[3]이다. 고대 로마인들의 모습을 솔직하게 담은 우락부락한 얼굴들은 그 사이를 오가는 내 동료들의 모습과 그닥 다르지 않다.

오른쪽으로 방향을 튼 나는 고전의 시대를 뒤로하고 오세아니아 바다의 세계로 항해를 떠난다. 구멍을 낸 나무 드럼[4], 토템폴[5], 열 명이 노를 젓는 카누[6], 그리고 이 머나먼 섬나라 어디에선가 돈으로 사용했을 붉은 깃털 6만 개를 엮은 꾸러미[7]. 이런 전시실에서는 천 번을 둘러봐도 늘 새로운 것을 발견할 것이다. 그러나 동시에 그동안 내가 이 벽 너머 세상을 얼마나 조금밖에 보지 못했는지도 생각하게 된다.

다시 한번 오른쪽으로 돌아서 유럽 조각과 장식 예술품 전시실을 통과한다. 메두사의 머리를 든 페르세우스[8]가 있는 곳이다.

잘린 머리 이야기가 나왔으니 말인데, 내가 지나는 다음 전시실이 앙시앵 레짐 시대(15세기에서 18세기 후반에 걸친 프랑스의 왕정 시대. 대혁명으로 막을 내렸다. – 옮긴이) 전시실이다. 이어지는 방마다 기요틴 냄새가 점점 더 진하게 풍기는 것 같다. 금박과 세공[9]이 뛰어난 예술품을 지나친 후에는 역병과 종교를 주제로 한 예술품이 전시된 대성당 같은 느낌의 중세 전시실로 들어간다. 늘 그랬듯 장엄하기 이를 데 없지만, 동시에 내 집처럼 편안하고 익숙하다. A구역을 지키는 동료가 자리에서 하품을 하는 것이 보인다. 1팀의 B구역으로 가다가 콜린스 씨에게 붙들리고 말았다. 내 소식을 듣지 못한 게 분명한 그녀는 장광설을 늘어놓으며 자신이 최근 훈련시킨 신입 경비원을 소개하고 싶어 한다. 나는 그 젊은 여성에게 환영한다는 말 외에는 별다른 말을 하지 않았다. 두 사람 모두 다시 만나게 될 것이 분명하니까.

무기와 갑옷 전시관에서 진격하고 있는데 휴대전화가 울린다. 조셉이 보낸 문자메시지다. 내용은 '반 고흐'가 전부였다. 알았다, 오바. 나는 그 자리에서 바로 뒤로 돌아 근대미술 전시관 엘리베이터 쪽으로 되돌아간다. 다리와 발을 아끼기 위해 계단을 피하는 습관에서 나온 행동이다. 엘리베이터를 타고 2층으로 올라가 피카소에서 좌회전, 세잔에서 우회전해서 걸어가다가 조셉이 보이자 걸음을 멈춘다. 그는 고전적인 포즈로 문설주에 기댄 채 생각에 잠겨 있다. 그의 뒤편으로 미술관이 소장한 반 고흐 작품 중 절반가량이 눈에 들어온다. 〈해바라기 Sunflowers〉[10]와 〈협죽도 Oleanders〉[11]와 심플한 하얀 꽃병에 꽂힌 〈붓꽃 Irises〉[12]이 보인다. 감자를 깎고 있는 농부[13]와 카페 주인인 지누 부인[14], 무릎을 꿇고 앉아 딸이 첫 걸음마를 떼는 걸 응원하는 농부[15]가 보인다. 그리고 마침내 붉은 턱수염이 더부룩한 채 오랜 고통에 시달리는 화가 자신[16]이 모습을 드러낸다. 맑은 눈에 커다란 밀짚모자를 쓰고 관광객들의 요청에 마지못해 그들이 찍는 셀카에 응해주는 반 고흐.

"이봐, 거기. 용무 좀 보고 올래요?" 방을 가로질러 가면서 내가 외치자 조셉이 깜짝 놀라며 웃음을 터뜨린다. '용무'란 10분가량 화장실에 다녀올 수 있는 휴식 시간을 말한다.

"난 괜찮아. 고마워!"

대신 우리는 〈협죽도〉 옆에 서서 NBA 결승전, 그가 꼭 읽으라고 권했던 스탕달의 소설, 새로 태어난 그의 손주, 다가오는 루이스의 세 번째 생일 파티, 그리고 얼마나 시간이 빠르게 흐르는지에 대해 잡담을 나눈다. 그러면서 나는 이 미술관을 떠나고 나면 나이가 나보다 곱절이나 많은 세상 반대편에서 태어난 사람과 좋은 친구가 되는 일이 일상적이지 않은 세상으로 들어가게 된다는 사실을 절감한다. 메트 경비원들 사이에서 그런 일은 언급할 필요도 없을 정도로 흔한 일이다. 조셉이야 일부러 다시 찾아와 자주 만날 생각이니 괜찮지만 그 자체는 그리울 것이다. 시간 말고는 가진 게 아무것도 없는 동료들과 날마다 나누는 대화, 그다지 중요하지 않은 주제를 친밀한 분위기에서 나누는 시간 때우기용 대화도 그리울 것이다. 경비 일이라는 것이 '아무 할 일도 없는데 하루 종일 걸려서 해야 하는 일'이라며 우리끼리 농담을 하곤 했다.

15분쯤 지난 후 조셉이 나를 보며 말한다. "있잖아, 용무 좀 보고 와도 될까?" 어서 다녀오라고 하자 그는 나를 혼자 남겨두고 자리를 뜬다. 이것도 그리울 것이다. 물론 반 고흐의 작품들을 보러 다시 올 수는 있지만 작품에 손을 대고 싶어서 안달이 난 관람객들이라도 있는지 감시해야 하는 임무도 없고, 자기가 보고 있는 그림이 진짜인지 묻는 사람도 없고, 자기 마음속에 있는 생각을 공감하고 들어줄 사람이라고 믿고 내게 털어놓는 낯선 사람도 없을 것이다. 이곳을 다시 찾게 될 때 나는 방문객일 것이고, 여덟 시간에서 열두 시간 동안 한곳에서 서성거리는 대신 언제라도 자리를 털고 일어나 다음 전시실로 옮겨 갈 자유를 누릴 것이다.

예술에 관해 내게 가장 큰 감명을 준 글은 1884년 암스테르

담 국립 미술관을 방문한 빈센트 반 고흐에 관한 글이었다. 그는 늘 일행의 발걸음을 늦추게 하는 종류의 관람객이었던 듯하다. 1884년에 그와 함께 박물관을 찾았던 친구 안톤 케서마커스는 '그는 〈유대인 신부The Jewish Bride〉[17](물감을 일부러 두껍게 발라 옷의 주름이나 표면의 광택을 더욱 사실적으로 표현하는 '임파스토impasto' 기법이 잘 드러난 그림. 고흐의 작품에서도 자주 찾아볼 수 있는 특징이다. — 옮긴이) 앞에서 하염없이 서 있었다'라고 썼다. 렘브란트의 작품이었다.

> 그를 그 자리에서 떼어낼 방법이 없었다. 그는 그냥 그곳에 가서 편히 자리를 잡고 앉았고 나는 다른 작품들을 둘러보러 갔다. "다 보고 와. 나는 여기 계속 있을게." 그가 말했다.
> 꽤 오랜 시간이 지난 후 내가 돌아가서 이제 다른 곳으로 좀 움직이는 게 좋지 않겠냐고 묻자 그가 놀란 표정으로 말했다. "믿을 수 있겠어? 진심에서 하는 말인데 여기, 이 그림 앞에서 말라빠진 빵 조각이나 먹으면서 2주일 정도 앉아 있을 수만 있으면 내 명을 10년은 단축해도 좋을 것 같아." 그러다가 마침내 그가 일어섰다. "하는 수 없지." 그가 말했다. "여기 영원히 있을 수는 없는 일이잖아. 그렇지?"

그렇다, 그럴 수는 없다. 하지만 그런 순간들은 위안을 준다. 힘이 나게 한다. 그리고 순수하다. 빈

센트의 〈붓꽃〉을 보고 있자면 가난과 자신을 괴롭히는 상념에서 벗어나 그 생기 넘치는 단순함 속에서 영원히 살고 싶은 화가의 염원이 느껴진다. 그러나 몸을 돌려 우리 앞에 놓인 것을 직면해야 하는 시간은 오고야 만다. 빈센트의 이야기가 슬픈 것은 그가 삶을 살아내는 능력을 가지고 있지 않았기 때문이다. 나는 그보다 운이 좋다는 사실에 이루 말로 다 표현할 수 없이 감사하다. 내 이야기는 행복한 이야기가 될 것이라고 생각한다.

특히 더 그런 생각이 드는 이유는 이제 조셉이 자리로 돌아와서 자신과 내 미래에 관해 신나게 이야기하고 있기 때문이다. "여기서 4년 정도 더 일할 예정이야." 그가 단호하게 말한다. "그런 다음 은퇴를 해서 내가 제일 좋아하는 곳으로 갈 거야. 가나에 있는 마을인데 우리 어머니의 고향이지. 거기서 뭘 할 거냐고? 잠에서 깨면 어부들이 뭘 잡았는지 보고, 마음에 드는 물고기가 있으면 사고, 그렇지 않으면 사지 않을 거야. G구역에 있는 윈즐로 호머 그림[18] 알지? 뗏목 위에 누워 있는 흑인. 뗏목 주변으로 상어들이 빙빙 돌고, 저 멀리서 태풍이 불어닥치고 있지만 그 사람은 최악을 경험한 사람이라 그냥 이렇게 하고 편히 쉬고 있잖아." 조셉이 그의 포즈를 따라 하며 말한다. "그게 바로 나야. 너무 오랫동안 안전하게만 살아왔어. 케세라 세라$^{\text{Que será, será}}$. 하지만 우리 젊은 친구, 패밀리 맨, 자네는 세상으로 나가서 큰돈을 벌어. 혹시 그렇게 못한다 하더라도 누가 뭐라 하겠어? 사랑스러운 아이들이 있잖아! 이미 잘하고 있는 거야! 올리가 흠, 열두 살, 위지가 열 살 정도 되면 가나로 놀러 와."

◯◯◯

나는 마주치는 동료들과 가리지 않고 이야기를 나누며 하루 종일 시간을 보낸다. 3백 명에 가까운 현직 경비원 대부분과 잘 지내온 나로서는 이렇게 이야기를 나누다가 일과를 끝낼 수 있을 것이다. 하지만 푸른색 근무복을 입은 덕분에 누릴 수 있는 익명성을 마지막으로 한 번 더 즐기고 싶다. 그래서 옛 거장 전시관으로 가서 그곳을 맡은 포스터 씨의 근무 구역 절반을 내가 맡겠다고 협상한다. 전시실 한 곳은 그가 지키고 다른 한 곳은 내가 맡는 식이다. 그렇게 하면 메트 전체에서 제일 마음에 드는 그림이라고 마음속으로 정한 작품을 다시 한번 볼 기회도 누릴 수 있을 것이다.

 미술관 경비원으로서 수행한 마지막 임무는 바로 맨 처음 미술관에 갔을 때 배운 일이었다. 20여 년 전, 어머니는 톰 형과 미아와 나를 시카고 미술관에 데리고 가서 각자 제일 마음에 드는 작품을 하나씩 고르기 전에는 전시실을 떠나지 못하게 했다. 그렇기에 메트에서 10년간 일했는데 내가 어떤 작품을 제일 좋아하는지 모르는 채 떠날 수는 없는 일이다. 몇 달 동안 공책에 후보를 적고 리스트를 만든 다음 가차 없이 숫자를 줄이는 작업을 반복하면서 엄청난 규

모의 메트 소장품을 개인적인 컬렉션으로 축소했다. 〈쿠로스 대리석 조각상〉, 〈은키시 주술상〉, 〈시모네티 양탄자〉, 〈곡물 수확〉…. 너무 많이도, 너무 적게도 고르고 싶지 않다. 내가 품고 갈 수 있는 숫자 정도면 된다. 앞으로 나아가는 데 시금석이 되어줄 작품들. 옛 거장 전시관에서 내가 제일 필요로 하는 그림은 15세기 이탈리아 수사 프라 안젤리코 Fra Angelico의 〈십자가에 못 박힌 예수〉[19]라는 결론을 내린다.

이 그림을 좋아하는 이유는 부분적으로 내 편견 때문이기도 하다. 나는 오래된 작품이 좋다. 단단한 나무판 위에 입힌 템페라의 느낌도, 잘게 금이 간 금박 아래로 붉은 진흙 베이스가 살짝 얼굴을 내미는 것도 좋다. 옛 기독교 예술품과 거기에 깃든 빛을 발할 정도로 선명한 슬픔이 좋다. 너무도 고통스럽지만 이 그림이 톰을 생각하게 만드는 것이 좋다. 예수의 몸은 태풍에 요동치는 배의 돛대에 못 박힌 것처럼 보인다. 그를 중심으로 나머지 세상이 흔들리며 돌아가고 있는 듯하다. 우아하면서도 부서진 몸은 뻔한 사실을 상기시킨다. 우리가 죽을 수밖에 없는 운명이라는 것, 고통 속의 용기는 아름답다는 것, 상실은 사랑과 탄식을 자극한다는 사실 말이다. 그림의 이런 부분은 성스러운 기능을 수행해서 우리가 이미 밀접하게 알고 있으면서도 불가해한 것에 가닿게 해준다.

그러나 안젤리코 수사가 묘사한 것은 예수의 몸뿐만이 아니다. 그는 십자가의 발치에 뒤죽박죽으로 모여 있는 구경꾼 한 무리를 상상했다. 옷을 잘 갖춰 입은 사람, 말을 타고 있는 사람 등등 꽤 많은 구경꾼의 얼굴에는 놀라우리만치 다양한 반응과 감정이 떠올라 있다. 침통해하는 사람, 호기심을 느끼는 사람, 지루해하는 사람, 심지어 다른 곳에 신경이 팔려 있는 사람도 있다. 옛 거장들의 그림에서 자주 보이는 리얼리즘이다. W. H. 오든의 시 「뮤제 데 보자르 Musée des Beaux-Arts(미술관)」에도 나와 있듯 '끔찍한 순교'가 벌어지는 와중에도 '어떤 사람들은 음식을 먹고, 창문을 열고, 별생각 없이 그 옆을 걸어간다.' 나는 사람들이 몰려 있는 가운데 부분이 혼란스러운 일상생활을 제대로 표현한다고 생각한다. 디테일로 가득하고, 모순적이고, 가끔은 지루하고 가끔은 숨 막히게 아름다운 일상. 아무리 중차대한 순간이라 하더라도 아무리 기저에 깔린 신비로움이 숭고하다 할지라도 복잡한 세상은 멈추지 않고 계속해서 돌아간다. 우리는 삶을 살아가야 하고, 삶은 우리를 내버려두지 않는다.

마지막으로 그림 하단이 있다. 그곳에서 그림의 톤은 다시 한번 변화한다. 거기에는 슬픔에 겨워 쓰러진 어머니를 돌보는 연민 가득한 사람들이 있다. 수동적인 구경꾼과 달리 그들의 마음은 같은 방향, 즉 선행으로 향한다. 그림의 이 마지막 부분은 따르고 싶은 모범이다. 내 앞에 펼쳐진 삶에서 나를 필요로 하고, 내가 필요한 경우가 있을 것이다. 최선을 다하고, 다른 이들도 나를 위해 그렇게 해줄 것이라는 게 내 희망이다. 이제 형은 세상에 없다. 나는 그 상실을 느낀다. 형은 그림에서 성모마리아를 돌보기 위해 정신을 바짝 차린 채 몸을 굽히고 있는, 칭찬받아 마땅한 현실적인 사람들 중 하나일 것이다. 하지만 내 마음속에는 지금도 형의 초상화, 티치아노가 그린 듯한 밝고 솔직한 형의 얼굴이 선명하게 살아 있고, 그 모습에서 나는 위안을 찾는다. 이 그림이라면 확실히 내가 메트 바깥으로 품고 나갈 수 있을 것이다.

○○○

포스터 씨와 교대할 다음 순번이 온 후 나는 그를 따라 중앙 계단 맨 위쪽으로 간다. 늘 매우 바쁜 그 구역의 중요한 자리는 포스터 씨에게 양보하고 나는 눈에 띄지 않는 한쪽 구석으로 물러난다. 그럼에도 관람객들이 다가와 질문을 한다. 그중 한 젊은 여성은 〈모나리자Mona Lisa〉를 보고 싶어 한다(이런 행운이 있다니). 덕분에 나는 마지막으로 이 대화를 한 번 더 할 수 있게 됐다.

"여기에는 없습니다." 내가 진심으로 미안한 마음을 담아 설명한다. "그 그림은 파리에 있어요."

"정말요? 그럼 복제품 같은 거라도 없나요?"

"죄송하지만 없어요. 저희 미술관에 전시된 작품 중 복제품은 한 점도 없습니다. 관람하시는 모든 작품은 진품이에요."

"흠, 그럼 다빈치가 그린 회화 작품은 어디 있나요?"

"다빈치의 회화 작품은 미국에 단 한 점밖에 없고, 죄송하지만 그 작품은 워싱턴 D. C에 있습니다. 르네상스 시대의 다른 화가들 작품은 많이 보실 수 있을 겁니다."

그녀는 마치 '야구 명예의 전당'에 갔는데 "베이브 루스는 없어요. 하지만 1920년대 활동했던 다른 우익수들은 보실 수 있어요"라는 말을 듣기라도 한 듯한 표정으로 나를 쳐다봤다. 나는 이후에는 실망하지 않을 거라는 약속과 함께 최선을 다해 그녀의 사기를 진작하는 데 힘썼다. 이건 잠깐의 문제에 불과할 것이라는 추측을 해본다. 그녀처럼 호기심과 당황스러움으로 가득 찬 눈을 가진 사람이면 미술관을 잘 즐길 수 있을 것이다.

사람들 사이에 섞여 옛 거장 전시관으로 향하는 그녀를 바라본다. 수수께끼 같은 미소를 짓고 있는 〈모나리자〉는 세상에 단 한 점밖에 없을지 모르지만 어디를 가나 바라볼 가치가 있는 얼굴은 많다. 벽에 기대고 사람 구경으로 다시 돌아간 나는 10년간 경비원으로 지낸 사람이 메트에 오는 관람객들에게 해줄 조언을 곱씹어보는 자신을 발견한다. 그 메시지는 우리 아이들을 포함한 세상 사람들과 나누기 위해 내가 여기서 품고 나가는 것들 중 하나다.

> 당신은 지금 세상의 축소판에 들어서고 있습니다. 메소포타미아의 비옥한 개펄에서 파리의 센강 서쪽 리브고슈의 카페에 이르는 드넓은 땅과 그 너머 수많은 곳에서 인류는 정말이지 놀라

운 성취를 이루어냈습니다. 먼저 그 광대함 속에서 길을 잃어보십시오. 인색하고 못난 생각은 문밖에 두고 아름다움을 모아둔 저장고 속을 자유롭게 떠다니는 작고 하찮은 먼지 조각이 된 것 같은 느낌을 즐기십시오.

가능하면 미술관이 조용한 아침에 오세요. 그리고 처음에는 아무하고도, 심지어 경비원들하고도 말하지 마세요. 모든 것을 받아들일 준비가 됐다면 눈을 크게 뜨고 끈기를 가지고 전체적인 존재감과 완전함뿐 아니라 상세한 디테일을 발견할 만한 시간을 스스로에게 허락하세요. 감각되는 것들을 묘사할 말을 찾을 수 없을지도 모르지만 그래도 거기에 귀를 기울여보세요. 어쩌면 그 침묵과 정적 속에서 범상치 않은 것 혹은 예상치 못했던 것을 경험하는 행운을 누리게 될지도 모릅니다.

예술품의 제작자, 문화, 의도된 의미에 관해 알아낼 수 있는 건 모두 알아내세요. 그것은 보통 우리 자신을 겸손하게 만드는 과정입니다. 그러나 어느 시점이 되면 방침을 바꿔 자신의 의견을 내세워보고 싶은 마음이 들 것입니다. 우리가 사는 세상을 우리와 다름없이 오류투성이인 다른 인간들이 어떻게 해석했는지 두 눈으로 직접 볼 수 있는 곳이 바로 메트입니다. 여러분은 예술이 제기하는 가장 거대한 문제에 대해 의견을 피력할 자격이 있습니다. 그러니 아무도 자기 생각을 들을 수 없다는 사실에 기대 용감한 생각, 탐색하는 생각, 고통스러운 생각, 혹은 바보 같을 수도 있는 생각을 해보십시오. 그것은 맞는 답을 얻기 위함이 아니라 우리가 늘 사용하는 인간의 정신과 마음을 더 잘 이해하기 위함입니다.

메트에서 아끼는 작품이 어떤 것인지, 배울 점이 있는 작품은 무엇인지, 살아가는 데 필요한 연료가 될 작품은 또 어느 것인지 살핀 다음 무엇인가를 품고 바깥세상으로 나아가십시오. 그렇게 품고 나간 것은 기존 생각에 쉽게 들어맞지 않고, 살아가는 동안 계속 마음에 남아 당신을 조금 변화시킬 것입니다.

∾∾∾

미술관이 문을 닫을 시간이 가까워올 때까지도 나는 계단 맨 꼭대기의 내 자리에 서 있다. 저 아래 그레이트 홀은 소란스럽기 그지없다. 사람들이 바다처럼 몰려가 맡겨뒀던 옷을 찾아 입고, 지도를 보고, 말로 표현할 수 없을 정도로 아름다운 세상을 떠나 일상과 삶으로 돌아가는 수순을 밟고 있다.

많은 경우 예술은 우리가 세상이 그대로 멈춰 섰으면 하는 순간에서 비롯한다. 너무도 아름답거나, 진실되거나, 장엄하거나, 슬픈 나머지 삶을 계속하면서는 그냥 받아들일 수 없는 그런 순간 말이다. 예술가들은 그 덧없는 순간을 기록해 시간이 멈춘 것처럼 보이도록 한다. 그들은 우리로 하여금 어떤 것들은 덧없이 흘러가버리지 않고 세대를 거듭하도록 계속 아름답고, 진실되고, 장엄하고, 슬프고, 기쁜 것으로 남아 있을 수 있다고 믿게 해준다. 그리고 이곳 메트에 유화물감으로 그려지고, 대리석에 새겨지고, 퀼트로 바느질된 그 증거물들이 있다.

세상이 이토록 형형색색으로 화려하고 충만하며, 그런 세상이 존재하지 않는 것이 아니라 존재하며, 사람들이 아름다운 것들을 정성을 다해 만들려는 본성을 지니고 태어났다는 사실이 신비롭다. 예술은 평범한 것과 신비로움 양쪽 모두에 관한 것이어서 우리에게 뻔한 것들, 간과하고 지나간 것들을 돌아보도록 일깨워준다. 예술이 있는 곳에서 보낼 수 있었던 모든 시간에 고마운 마음이다. 나는 다시 이곳에 돌아올 것이다.

10년 전, 배치된 구역에 처음 섰을 때 내가 이해하지 못했던 것들이 있었다. 때때로 삶은 단순함과 정적만으로 이루어져 있을 때도 있다. 빛을 발하는 예술품 사이에서 방심하지 않고 모든 것을 살피는 경비원의 삶처럼 말이다. 그러나 삶은 군말 없이 살아가면서 고군분투하고, 성장하고, 새로운 것을 창조해내는 것이기도 하다.

5시 30분이 되자 나는 클립으로 부착하는 해진 넥타이를 떼고서 중앙 계단을 뛰어 내려간다.

감사의 말

영화 〈멋진 인생〉에서 자기 삶을 되찾은 조지가 허름하고 오래된 집으로 뛰어 들어가며 "메리! 메리!" 하고 외치는 장면이 있습니다(너무 기쁜 나머지 그는 순간적으로 아이들이 있다는 걸 잊은 것일까요?). 나도 꼭 그런 기분으로 아내 타라의 이름을 외치고 싶습니다. 타라, 타라! 당신의 사랑과 지혜와 고된 노력, 아니 모든 것이 고마워.

아버지 짐과 어머니 모린은 인생의 모든 단계에서 내가 하는 일을 응원하고 격려해주셨습니다. 어머니, 아버지, 감사합니다. 톰 형과 누이 미아는 가장 오랜 친구이자 가장 중요한 공모자들입니다. 미아, 고마워. 형, 이 책의 모든 건 형을 위한 거야.

에이전트 팔리 체이스와 편집자 이먼 돌런에게 큰 빚을 졌습니다. 팔리는 나 스스로 무엇을 하고 있는지 모를 때부터, 정말이지 아무것도 모를 때부터 나를 믿고 도박을 해줬습니다. 코치이자 에이전트로서 그는 직무 범위를 뛰어넘어 헌신적으로 나를 도와줬습니다. 나만큼이나 메트를 사랑하는 이먼은 내가 보낸 글을 열정과 안목을 가지고 한 단어도 빠짐없이 읽어줬습니다.

"좋아요!" 그는 항상 그렇게 시작한 다음 빨간펜 뚜껑을 열고 나를 몰아붙이곤 했습니다. 팔리, 이먼, 고마워요. 이 책을 발행하는 데 한몫을 해준 사이먼&슈스터 출판사의 티포라 베이치를 비롯한 모든 이들에게도 고마운 마음을 보냅니다.

뉴욕 메트로폴리탄 미술관의 경비원들에게도 큰 빚을 졌습니다. DC37 로컬 1503 소속의 형제자매들, 각자의 이야기와 지혜를 들려줘서 고맙고, 모두를 위해 중요한 임무를 수행해줘서 고맙습니다. 그중 친구들에게는 직접, 자주 만나서 고마운 마음을 전할 겁니다. 메트의 다른 직원들에게도 감사의 마음을 보냅니다. 청소 팀, 큐레이터들, 기념품점과 매점 직원들을 비롯해서 미술관이 돌아가게 하는 데 각자의 임무를 다하는 수없이 많은 분들, 고맙습니다. 여러분이 없으면 렘브란트도 없었을 겁니다.

일러스트레이션을 담당해준 마야 맥마혼은 감성적이고 살아있는 그림을 꾸준히 그려줬습니다. 마야, 고마워요. 마야가 자신의 생일 케이크 작품을 그리도록 허락해준 에밀리 르마키스에게도 감사의 마음을 전합니다. 그녀의 홈페이지(emilielemakis.com)를 둘러볼 것을 권하고 싶습니다.

나는 여러 방면에서 도움을 주는 친구들을 가진 행운아입니다. 그들이 준 도움 중에는 이 책의 원고를 읽어주는 것도 포함되어 있습니다. 메리 하이버트, 알렉스 로스, 빈센트 키티메페,

윈스턴 모라이어, 루이자 램, 오웬 칼리엔토, 코디 웨스트팔, 타냐 얼라치, 애런 둘리, 샘 괴츠, 존 이, 닉 크로퍼드, 키스 메아토, 마이클 해틀린, 데이브 슈리옥, 잭 해너건, 제이슨 위치, 엘리 퍼킨스, 코리 맥카프리, 조 갤러거, 조 브링리, 캐시 브링리, 고맙습니다. 그동안 나를 가르쳐주신 훌륭한 선생님들 중 특히 톰 오키프, 제임스 파인^{Pyne}, 제리 샌더스, 레베카 개즈 힐리, 스테이시 파이스 선생님께 감사의 마음을 전합니다.

굳이 내가 찬사를 보낼 필요도 없지만, 고대에서 현대에 이르기까지 수천 명에 달하는 예술가를 언급하지 않을 수 없습니다. 그들의 그림, 조각, 소묘, 사진, 도자기, 퀼트, 모자이크, 판화, 장식 예술 작품이 메트를 꽉 채우고 있습니다. 결코 쉽지 않은 일이었을 테지요. 박수를 보냅니다, 브라보!

마지막으로 우리 아이들에게도 고마움을 표현하고 싶습니다. 올리버, 루이스, 너희는 기쁨 그 자체란다. 이제 책 쓰는 작업에 더 이상 매달리지 않아도 되는 아빠로서 너희와 보낼 시간이 기대되는구나. 사랑해.

본문에서 언급한 작품들

별도로 명시하지 않은 모든 작품은 메트로폴리탄 미술관에 소장되어 있다. 전시실 내 정확한 위치 등 자세한 정보와 대다수 작품의 고해상도 이미지는 메트로폴리탄 미술관 홈페이지(metmuseum.org)에서 찾아볼 수 있다. 일반적으로 작품을 검색하는 가장 좋은 방법은 다음 쪽부터 기재된, 각각에 부여된 취득 번호(예를 들어 '29.100.6')를 활용하는 것이다. 홈페이지 오른쪽 상단의 '서치(Search)'를 누르면 나오는 검색창에 취득 번호를 입력하면 된다. 다음 목록에는 해당하는 경우마다 취득 번호를 명시해두었다. 내 홈페이지(patrickbringley.com/art)에서도 목록과 함께 메트 온라인 페이지를 링크해둬 작품 이미지를 바로 확인할 수 있다.

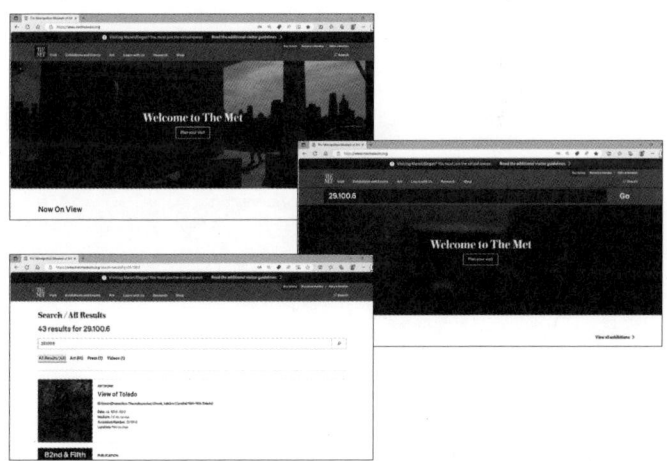

1.
가장 아름다운 곳에서
가장 단순한 일을 하는 사람

톨레도 풍경
View of Toledo
1599~1600년경
엘 그레코
스페인, 그리스 출신
29.100.6

성좌에 앉은 성모자와 성인들
Madonna and Child Enthroned with Saints
1504년경
라파엘로 산치오
이탈리아
16.30ab

성모와 성자
Madonna and Child
1290~1300년경
두초 디 부오닌세냐
이탈리아
2004.442

14세의 어린 무용수
The Little Fourteen-Year-Old Dancer
1922(주조)
에드가르 드가
프랑스
29.100.370

부상당한 전사의 대리석 조각상
Marble Statue of a Wounded Warrior
138~181년경
로마, 기원전 460~450년경 그리스 청동상 모사
25.116

마스타바 양식의 페르네브의 무덤
Mastaba Tomb of Perneb
기원전 2381~2323년경
이집트, 고왕국 시기
13.183.3

마리우스의 승리
The Triumph of Marius
1729년
조반니 바티스타 티에폴로
이탈리아
65.183.1

비스 기둥
Bis Pole
1960년경
파닙다스
아스마트족, 인도네시아
1978.412.1250

곡물 수확
The Harvesters
1565년
피터르 브뤼헐 더 아우더
네덜란드
19.164

2.
완벽한 고요가 건네는 위로

성모와 성자
Madonna and Child
1230년대(추정)
베를린기에로
이탈리아
60.173

건축가 티부르치오 페레스 이 쿠에르보
Tiburcio Pérez y Cuervo, the Architect
1820년
프란시스코 데 고야 이 루시엔테스
스페인
30.95.242

스페인 왕녀 마리아 테레사
María Teresa, Infanta of Spain
1651~1654년경
디에고 로드리게스 데 실바 이 벨라스케스
스페인
49.7.43

젊은 여성-습작
Study of a Young Woman
1665~1667년경
요하네스 페르메이르
네덜란드
1979.396.1

잠든 하녀
A Maid Asleep
1656~1657년경
요하네스 페르메이르
네덜란드
14.40.611

비너스와 아도니스
Venus and Adonis
1550년대
티치아노 베첼리오
이탈리아
49.7.16

남자의 초상
Portrait of a Man
1515년경
티치아노 베첼리오
이탈리아
14.40.640

십자가에 못 박힌 예수
The Crucifixion
1325~1330년경
베르나르도 다디
이탈리아
1999.532

3.
위대한 그림은 거대한 바위처럼 보일 때가 있다

검은 방울새의 성모
Madonna of the Goldfinch
1506년경

라파엘로 산치오
이탈리아
우피치 미술관, 피렌체

다이애나
Diana
1892~1893년경
오거스터스 세인트고든스
미국, 아일랜드 출신
필라델피아 미술관
28.101(메트에는 축소판이 소장되어 있다)

예수의 탄생과 경배
Nativity and Adoration of Christ
1290~1300년경
이탈리아
필라델피아 미술관

무덤의 예수와 성모
Christ in the Tomb and the Virgin
1377년경
니콜로 디 피에트로 제리니
이탈리아
필라델피아 미술관

4.
사치스러운 초연함으로

물의 신(찰치우틀리쿠에)
Water Deity(Chalchiuhtlicue)
1325~1521년경
아즈텍

00.5.72

사과 접시가 있는 정물
Dish of Apples
1876~1877년경
폴 세잔
프랑스
1997.60.1

나체 남성의 청동상
Bronze Statue of a Nude Male
기원전 200년~서기 200년경
그리스 혹은 로마
개인 소장, 메트로폴리탄 대여

사르디스 아르테미스 신전의 대리석 기둥
Marble Column from the Temple of Artemis at Sardis
기원전 300년경
그리스
26.59.1

마스타바 양식의 페르네브의 무덤
Mastaba Tomb of Perneb
기원전 2381~2323년경
이집트, 고왕국 시기
13.183.3

엎드린 사자상
Recumbent Lion
기원전 2575~2450년경
이집트, 고왕국 시기
2000.485

양면 석기 혹은 손도끼
Biface, or Hand Ax
기원전 30만~9만 년경
이집트, 전기 구석기
06.322.4

손잡이 없는 촉
Hollow-Base Projectile Point
기원전 6900~3900년경
이집트, 신석기
26.10.68

노 젓는 여객선 모형-메케트레 무덤 출토
Model of a Traveling Boat being Rowed from the Tomb of Meketre
기원전 1981~1975년경
이집트, 중왕국 시기
20.3.1

제빵소와 양조장 모형-메케트레 무덤 출토
Model of a Bakery and Brewery from the Tomb of Meketre
기원전 1981~1975년경
이집트, 중왕국 시기
20.3.12

현관과 정원 모형-메케트레 무덤 출토
Model of a Porch and Garden from the Tomb of Meketre
기원전 1981~1975년경
이집트, 중왕국 시기
20.3.13

비서들이 있는 곡물 창고 모형-메케트레 무덤 출토
Model of a Granary with Scribes from the Tomb of Meketre
기원전 1981~1975년경
이집트, 중왕국 시기
20.3.11

핫셉수트 좌상
Seated Statue of Hatshepsut
기원전 1479~1458년경
이집트, 신왕국 시기
29.3.2

무릎을 꿇은 핫셉수트 대형 조각상
Large Kneeling Statue of Hatshepsut
기원전 1479~1458년경
이집트, 신왕국 시기
29.3.1

헤즈푸의 아들, 우호테프의 미라
Mummy of Ukhhotep, son of Hedjpu
기원전 1981~1802년경
이집트, 중왕국 시기
12.182.132c

네프티스의 장기 보관용 항아리
Canopic Jar of Nephthys
기원전 1981~1802년경
이집트, 중왕국 시기
11.150.17b

덴두르 신전
The Temple of Dendur

기원전 10년경
이집트, 로마 시기
68.154

5.
입자 하나하나가 의미를 갖는 드문 순간

애스터 차이니스 가든 코트
The Astor Chinese Garden Court
1981년(축조), 17세기 양식
중국
전시실 217

수색평원도 豚色平遠圖
Old Trees, Level Distance
1080년경
곽희郭熙
중국
1981.276

수련과 다리가 있는 연못
Bridge over a Pond of Water Lilies
1899년
클로드 모네
프랑스
29.100.113

건초 더미(눈과 해의 영향)
Haystacks(Effect of Snow and Sun)
1891년경
클로드 모네

프랑스
29.100.109

여름의 베퇴유
Vétheuil in Summer
1880년
클로드 모네
프랑스
51.30.3

왕대비의 펜던트식 가면
Queen Mother Pendant Mask
16세기
에도족, 나이지리아
1978.412.323

은키시 주술상
Community Power Figure(Nkisi)
19~20세기
송예족, 콩고민주공화국
1978.409

6.
예술가들도 메트에서는 길을 잃을 것이다

자화상, 나
Self-Portrait, "Yo"
1900년
파블로 피카소
스페인
1982.179.18

347 판화 시리즈
347 Suite
1968년
파블로 피카소
스페인
다수의 취득 번호, 예: 1985.1165.38

배우
The Actor
1904~1905년
파블로 피카소
스페인
52.175

하얀 옷을 입은 여인
Woman in White
1923년
파블로 피카소
스페인
53.140.4

헤르메스의 대리석 두상
Marble Head from a Herm
기원전 5세기 후반(추정)
그리스
59.11.24

도난당한 키프로스 팔찌의 전기 주물 복제본
Electrotype Copy of a Stolen Cypriot Bracelet
기원전 6~5세기, 티파니사 복제
키프로스
74.51.3552

여신 네이트 소형 조각상
Statuette of Neith
기원전 664~380년
이집트, 신왕국 시기
26.7.846

성 토마스
Saint Thomas
1317~1319년경
시모네 마르티니 공방
이탈리아
43.98.9

앤 엘리자베스 촘리, 후일 멀그레이브 부인
Anne Elizabeth Cholmley, Later Lady Mulgrave
1788년경
게인즈버러 뒤퐁
영국
49.7.56

베퇴유 풍경
View of Vétheuil
1880년
클로드 모네
프랑스
56.135.1

사르페돈 크라테르
Sarpedon Krater
기원전 520~510년경
유프로니오스
그리스
국립 고고학 박물관, 체르베테리, 이탈리아

람세스 6세의 인장 반지
Signet Ring of Ramesses VI
기원전 1143~1136년경
이집트, 신왕국 시기
26.7.768

베네티족 또는 남네티족의 금화
Gold Coin of the Veneti or Namneti
기원전 2세기 중반
켈트족
17.191.120

파리시족의 금화
Gold Coin of the Parisii
기원전 2세기 후반
켈트족
17.191.121

장신구, 드레스 혹은 소매 고정 장치
Ornaments, perhaps dress fasteners or sleeve fasteners
기원전 800년경
아일랜드
47.100.9와 47.100.10

할리퀸 역할의 무용수
Dancer in the Role of Harlequin
1920년(주조)
에드가르 드가
프랑스
29.100.411

아라베스크식 드방
Arabesque Devant
1920년(주조)
에드가르 드가
프랑스
29.100.385

몸을 숙인 아프로디테 대리석 조각상
Marble Statue of a Crouching Aphrodite
1세기 혹은 2세기
로마, 기원전 3세기 그리스 조각상 모사
09.221.1

성모와 성자
Madonna and Child
1290~1300년경
두초 디 부오닌세냐
이탈리아
2004.442

안데스의 오지
Heart of the Andes
1859년
프레더릭 에드윈 처치
미국
09.95

강의 곡류-뇌우 후 매사추세츠주 노샘프턴의 홀리요크산에서 바라본 풍경
View from Mount Holyoke, Northampton, Massachusetts, after a Thunderstorm—The Oxbow
1836년
토머스 콜
미국
08.228

겨울, 센트럴 파크, 뉴욕
Winter, Central Park, New York
1913~1914년
폴 스트랜드
미국
2005.100.117

플랫아이언
The Flatiron
1904년
에드워드 J. 스타이컨
미국
33.43.39

오래된 뉴욕, 새로운 뉴욕
Old and New New York
1910년
앨프리드 스티글리츠
미국
58.577.2

조지아 오키프-손
Georgia O'Keeffe—Hands
1919년
앨프리드 스티글리츠
미국
1997.61.18

조지아 오키프-발
Georgia O'Keeffe—Feet
1918년
앨프리드 스티글리츠
미국
1997.61.55

조지아 오키프-몸통
Georgia O'Keeffe—Torso
1918년
앨프리드 스티글리츠
미국
28.130.2

조지아 오키프-가슴
Georgia O'Keeffe—Breasts
1919년
앨프리드 스티글리츠
미국
1997.61.23

조지아 오키프
Georgia O'Keeffe
1922년
앨프리드 스티글리츠
미국
1997.61.66

조지아 오키프
Georgia O'Keeffe
1918년
앨프리드 스티글리츠
미국
1997.61.25

조지아 오키프
Georgia O'Keeffe
1918년
앨프리드 스티글리츠
미국
28.127.1

7.
우리가 아는 최선을 다해

랑곤의 노트르담 뒤 부르 성당
Chapel from Notre-Dame-du-Bourg at Langon
1126년경
프랑스
34.115.1~.269

쿠사 수도원
Cuxa Cloister
1130~1140년경
카탈루냐
25.120.398-.954

메로드 제단화(수태고지 세 폭 제단화)
Mérode Altarpiece(Annunciation Triptych)
1427~1432년경
로베르 캄팽 공방
네덜란드
56.70a-c

베리 세인트 에드먼즈 십자가(클로이스터스 십자가)
Bury Saint Edmunds Cross(The Cloisters Cross)
1150~1160년경
영국
63.12

본퐁 회랑
Bonnefont Cloister
13세기 후반~14세기
프랑스
25.120.531-.1052

곡물 수확
The Harvesters
1565년
피터르 브뤼헐 더 아우더
네덜란드
19.164

8.
푸른색 근무복 아래 비밀스러운 자아들

미합중국 제2은행 건물의 정면
Facade of the Second Branch Bank of the United States
1822~1824년
마틴 유클리드 톰프슨
미국
전시실 700

매사추세츠 힝엄의 올드십 교회에서 영감을 받은 예배당 갤러리
Meeting House Gallery, Inspired by the Old Ship Church in Hingham, Massachusetts
1924년, 원본 1681년
미국
전시실 713

하트 하우스의 방
Room from the Hart House

1680년
미국
36.127
전시실 709

개즈비스 호텔 연회장(알렉산드리아 무도
회장)
Ballroom from Gadsby's Tavern(The Alexandria Ballroom)
1792년
미국
전시실 719

조지 워싱턴
George Washington
1795년경
길버트 스튜어트
미국
07.160

델라웨어강을 건너는 워싱턴
Washington Crossing the Delaware
1851년
에마누엘 로이체
미국, 독일 출신
97.34

마호가니 사이드 체어
Mahogany Side Chair
1760~1790년경
미국
32.57.4

생일인 것-50번
Birthday Thing Number 50
2015년
에밀리 르마키스
미국
작가 소장

9.
예술이 무엇을 드러내는지 이해하려고 할 때

쿠로스 대리석 조각상
Marble Statue of a Kouros(youth)
기원전 590~580년경
그리스
32.11.1

아킬레우스의 시신을 옮기는 아이아스가
그려진 목이 긴 테라코타 암포라
Terra-cotta Neck-Amphora, with Ajax Carrying the Body of Achilles
기원전 530년경
'런던 B 235' 화공(추정)
그리스
26.60.20

메디치 아테나(아테나 대리석 두상)
The Athena Medici(Marble Head of Athena)
138~192년경
페이디아스(원본)
로마, 기원전 430년경의 그리스 조각상 모사
2007.293

푸른 쿠란의 2절판 페이지
Folio from the "Blue Qur'an"
850~950년경
튀니지
2004.88

휴대용 쿠란 필사본
Portable Qur'an Manuscript
17세기
이란 혹은 튀르키예
89.2.2156

우마르 아크타 쿠란의 2절판 페이지
Folio from the "Qur'an of 'Umar Aqta'"
1400년경
'우마르 아크타'
중앙아시아, 현재 우즈베키스탄
18.17.1, 2와 21.26.12

에미르 사이프 알 두냐 와일 딘 이븐 무함마드 알 마와르디의 향로
Incense Burner of Amir Saif al-Dunya wa'l-Din ibn Muham- mad al-Mawardi
1181~1182년
자파 이븐 무함마드 이븐 알리
이란
51.56

체스 세트
Chess Set
12세기
이란
1971.193a-ff

미라지, 혹은 애마 부라크를 타고 승천하는 무함마드
The Mi'raj, or The Night Flight of Muhammad on his Steed Buraq
1525~1535년경
술탄 무함마드 누르
이란
1974.294.2

여닫이 덮개가 달린 투구
Helmet with Aventail
15세기 후반~16세기
튀르키예, 튀르크 군대식 갑옷
50.87

모로코식 중정
Moroccan Court
2011년(축조), 14세기 양식
모로코
전시실 456

미흐라브(기도용 벽감)
Mihrab(Prayer Niche)
1354~1355년
이란
39.20

시모네티 양탄자
The Simonetti carpet
1500년경
이집트
1970.105

더비시의 초상화
Portrait of a Dervish
16세기
중앙아시아, 현재 우즈베키스탄(추정)
57.51.27

1800~1825년
미국
66.10.1

월넛 티 테이블
Walnut Tea Table
1740~1790년
미국
25.115.32

10.
애도의 끝을 애도해야 하는 날들

사비니 여인들의 납치
The Abduction of the Sabine Women
1633~1634년경
니콜라 푸생
프랑스
46.160

마호가니 작업대
Mahogany Worktable
1815~1820년
미국
65.156

장미목과 마호가니 카드 테이블
Rosewood and Mahogany Card Table
1825년경
던컨 파이프 공방(추정)
미국
68.94.2

델라웨어강을 건너는 워싱턴
Washington Crossing the Delaware
1851년
에마누엘 로이체
미국, 독일 출신
97.34

실바누스 본 부인
Mrs. Sylvanus Bourne
1766년
존 싱글턴 코플리
미국
24.79

메이플 접이식 테이블
Maple Drop-leaf Table
1700~1730년
미국
10.125.673

메이플과 마호가니 상판 각도 조절 테이블
Maple and Mahogany Tilt-top Tea Table
1800년경
미국
10.125.159

셰이커식 식탁
Shaker Dining Table

새틴우드, 마호가니, 화이트 파인 콘솔 테이블
Satinwood, Mahogany, and White Pine Console Table
1815년경
미국
1970.126.1

옐로 파인과 오크 사다리꼴 다리 테이블
Yellow Pine and Oak Trestle Table
1640~1690년
미국
10.125.701

오크, 파인, 메이플 협탁
Oak, Pine, and Maple Chamber Table
1650~1700년
미국
49.155.2

월넛, 튤립 포플러, 화이트 파인 괘종시계
Walnut, Tulip Poplar, and White Pine Tall Clock
1750~1760년
존 우드 시니어, 존 우드 주니어
미국
41.160.369

마호가니와 화이트 파인 탁상시계
Mahogany and White Pine Shelf Clock
1805~1809년
에런 윌러드, 에런 윌러드 주니어
미국
37.37.1

마호가니와 화이트 파인 벽걸이시계
Mahogany and White Pine Wall Clock
1800~1810년
사이먼 윌러드
미국
37.37.2

마호가니 도토리형 시계
Mahogany Acorn Clock
1847~1850년
포레스트빌 제조 회사
미국
1970.289.6

마호가니 등대형 시계
Mahogany Lighthouse Clock
1800~1848년
사이먼 윌러드
미국
30.120.19a, b

마호가니, 화이트 파인, 튤립 포플러 밴조형 시계
Mahogany, White Pine, and Tulip Poplar Banjo Clock
1825년경
에런 윌러드 주니어
미국
30.120.15

마호가니, 화이트 파인, 튤립 포플러 리라형 시계
Mahogany, White Pine, and Tulip Poplar Lyre Clock

1822~1828년
존 사원
미국
10.125.391

월넛과 화이트 파인 액자 거울
Walnut and White Pine Looking Glass
1740~1790년
미국
25.115.41

강철 설탕 집게
Steel Sugar Nippers
18세기
미국
10.125.593

가죽 소방모
Leather Fireman's Helmet
1800~1850년
미국
10.125.609

가죽 소방 방패
Leather Fireman's Shield
1839~1850년
미국
10.125.608

잡 페릿
Job Perit
1790년
루벤 몰스롭
미국

65.254.1

토머스 브루스터 쿨리지 부인
Mrs. Thomas Brewster Coolidge
1827년경
체스터 하딩
미국
20.75

앙리 라 투렛 드 그루트
Henry La Tourette de Groot
1825~1830년
새뮤얼 로벳 왈도, 윌리엄 주엣
미국
36.114

바다로 지는 노을
Sunset on the Sea
1872년
존 프레더릭 켄셋
미국
74.3

코네스토가 짐 마차용 기중기
Conestoga Wagon Jack
1784년
미국
53.205

은 쟁반
Silver Tray
1879년
티파니사
미국

66.52.1

윌리 메이스, 카드 번호 244, 톱스 덕아웃 퀴즈 시리즈(R414-7)
Willie Mays, Card Number 244, from Topps Dugout Quiz Series(R414-7)
1953년
톱스 추잉검 컴퍼니
미국
버딕 328, R414-7.244

행크 에런, 바주카 블랭크 백 시리즈(R414-15)
Hank Aaron, from the Bazooka "Blank Back" Series(R414-15)
1959년
톱스 추잉검 컴퍼니
미국
63.350.329.414-15.14

호너스 와그너, 화이트 보더 시리즈(T206)
Honus Wagner, from the White Border Series(T206)
1909~1911년
아메리칸 토바코 컴퍼니
미국
63.350.246.206.378

마이크 킹 켈리, 월드 챔피언스 시리즈 1 (N28)
Mike "King" Kelly, from World's Champions, Series 1(N28)
1887년
앨런&긴터 담배 회사
미국
63.350.201.28.3

잭 맥기치, 골드 코인 시리즈(N284)
Jack M'Geachy, from the Gold Coin Series(N284)
1887년
골드 코인 추잉 토바코
미국
63.359.222.284.62

기타
Guitar
1937년
헤르만 하우저
독일
1968.353.1

카만체
Kamanche
1869년경
이란
89.4.325

고토
Koto
20세기
일본
1986.470.3

시요탄카(구애용 플루트)
Siyotanka(Courting Flute)
1850~1900년경
수족

89.4.3371

하프시코드
Harpsichord
1670년경
미켈레 토디니(디자이너), 바실리오 오노프리(도금 작업), 제이콥 리프(조각)
이탈리아
89.4.2929a-e

굴드 바이올린
"The Gould" violin
1693년
안토니오 스트라디바리
이탈리아
55.86a-c

카냐흐테 카나와(늑대거북 등딱지 셰이커)
Kanyáhte΄ ká΄nowa΄(Snapping turtle shell rattle)
19세기
이로쿼이
06.1258

밴조
Banjo
1850~1900년경
미국
89.4.3296

코라
Kora
1960년경
마마두 쿠야테, 지모 쿠야테
세네감비아
1975.59

자일스 카펠 경의 격투용 투구
Foot-Combat Helm of Sir Giles Capel
1510년경
영국(추정)
04.3.274

콜트 패터슨 퍼커션 리볼버, 3번, 벨트 모델, 시리얼 번호 156
Colt Patterson Percussion Revolver, No. 3, Belt Model, Serial 156
1838년경
콜트 제조 회사
미국
59.143.1a-h

콜트 모델 1851 해군 퍼커션 리볼버, 시리얼 번호 2
Colt Model 1851 Navy Percussion Revolver, Serial No. 2
1850년
콜트 제조 회사
미국
68.157.2

피스메이커 콜트 싱글 액션 아미 리볼버, 시리얼 번호 4519
"Peacemaker" Colt Single-Action Army Revolver, Serial No. 4519
1874년
콜트 제조 회사
미국

59.143.4

마담 X(마담 피에르 고트로)
Madame X(Madame Pierre Gautreau)
1883~1884년
존 싱어 사전트
미국, 이탈리아 출신
16.53

북동풍
Northeaster
1895년, 1901년(재작업)
윈즐로 호머
미국
10.64.5

엄마와 아이(낮잠에서 깨는 아이)
Mother and Child(Baby Getting Up from His Nap)
1899년경
메리 카사트
미국
09.27

11.
완벽하지도 않고 완성할 수도 없는 프로젝트

성 바바라
Saint Barbara
1437년
얀 반 에이크
네덜란드
안트베르펜 왕립 미술관

무제
Untitled
2009년
케리 제임스 마셜
미국
예일대학교 미술관, 뉴 헤이븐

흑인 징집병(제임스 헌터)
Black Draftee(James Hunter)
1965년
앨리스 닐
미국
COMMA 재단, 다머, 벨기에

무제(로스엔젤레스의 로스의 초상)
"Untitled"(Portrait of Ross in L. A.)
1991년
펠릭스 곤잘레스토레스
미국, 쿠바 출신
시카고 미술관

더러운 신부 혹은 몹수스와 니사의 결혼식
The Dirty Bride or The Wedding of Mopsus and Nisa
1566년경
피터르 브뤼헐 더 아우더
네덜란드
32.63

12.
무지개 모양을 여러 번 그리면서

마사초의 성 베드로와 팔 연구(앞면): 팔목과 이어진 손뼈, 남성의 몸통, 오른팔(뒷면)
Study after Saint Peter, with Arm Studies(recto); Skeleton of a Hand with Forearm, Male Torso, and Right Forearm(verso)
1485~1495년경
미켈란젤로 부오나로티
이탈리아
국립 그래픽아트 전시관, 뮌헨

소네트 "조반니 다 피스토이아에게"와 시스티나 성당 천장 벽화를 그리는 자신의 캐리커처
Sonnet "To Giovanni da Pistoia" and Caricature on His Painting of the Sistine Ceiling
1508~1512년경
미켈란셀로 부오나로티
이탈리아
카사 부오나로티, 피렌체

리비아인 예언자 연구(앞면)
Studies for the Libyan Sibyl(recto)
1510~1511년경
미켈란젤로 부오나로티
이탈리아
24.197.2

피에타와 예수의 매장 구도 스케치
Sketches for Compositions of the Pietà and the Entombment
1555~1560년경
미켈란젤로 부오나로티
이탈리아
애시몰린 박물관, 옥스퍼드

성 베드로 성당 돔 연구(앞면)
Studies for the Dome of Saint Peter's(recto)
1551~1564년경
미켈란젤로 부오나로티
이탈리아
팔레 데 보자르, 릴

피렌체 요새화 연구: 프라토 디 오그니산티의 세르페의 탑(앞면)
Studies for the Fortifications of Florence: The Torre del Serpe at the Prato di Ognissanti(recto)
1530년경
미켈란젤로 부오나로티
이탈리아
카사 부오나로티, 피렌체

론다니니 피에타
Pietà Rondanini
1552~1564년
미켈란젤로 부오나로티
이탈리아
스포르체스코 성, 밀라노

지붕과 벽돌공 패턴, 세로줄 퀼트
Housetop and Bricklayer with Bars Quilt
1955년경
루시 T. 페트웨이
미국
2014.548.52

통나무집 패턴 퀼트
Log Cabin Quilt
1935년경
메리 엘리자베스 케네디
미국
2014.548.44

게으른 아가씨 패턴, 세로줄 퀼트
Lazy Gal Bars Quilt
1965년경
로레타 페트웨이
미국
2014.548.50

13.
삶은 우리를 내버려두지 않는다

마리우스의 승리
The Triumph of Marius
1729년
조반니 바티스타 티에폴로
이탈리아
65.183.1

목이 긴 테라코타 암포라(정면: 헤르메스와 여신 사이의 아폴론, 후면: 에티오피아 지주들 사이의 멤논)
Terra-cotta Neck-Amphora. Obverse: Apollo between Hermes and Goddess; reverse: Memnon between His Ethiopian Squires
기원전 530년경
그리스
98.8.13

사르디스 아르테미스 신전의 대리석 기둥
Marble Column from the Temple of Artemis at Sardis
기원전 300년경
그리스
26.59.1

남성의 대리석 흉상
Marble Bust of a Man
1세기 중반
로마
12.233

긴 구멍이 나 있는 징(아팅팅 콘)
Slit Gong(Atingting kon)
1960년대 중·후반
틴 므웨룬
앰브림족, 바누아투
1975.93

카누
Canoe
1961년
치나사피치 족장
아스마트족, 인도네시아
1978.412.1134

비스 기둥
Bis Pole
1960년경
주웨
아스마트족, 인도네시아

1978.412.1248

돈 꾸러미(테바우)
Money Coil(Tevau)
19세기 후반~20세기 초
솔로몬제도
2010.326

메두사의 머리를 든 페르세우스
Perseus with the Head of Medusa
1804~1806년
안토니오 카노바
이탈리아
67.110.1

호텔 드 바랑주빌의 장식 판자
Boiserie from the Hôtel de Varengeville
1736~1752년경, 이후 추가 작업
프랑스
63.228.1

해바라기
Sunflowers
1887년
빈센트 반 고흐
네덜란드
49.41

협죽도
Oleanders
1888년
빈센트 반 고흐
네덜란드
62.24

붓꽃
Irises
1890년
빈센트 반 고흐
네덜란드
58.187

감자 깎는 여인(뒷면: 밀짚모자를 쓴 자화상)
The Potato Peeler(reverse of Self-Portrait with a Straw Hat)
1885년
빈센트 반 고흐
네덜란드
67.187.70b

아를의 여인: 조셉-미셸 지누 부인
L'Arlésienne: Madame Joseph-Michel Ginoux
1888~1889년
빈센트 반 고흐
네덜란드
51.112.3

첫걸음(밀레 모작)
First Steps, after Millet
1890년
빈센트 반 고흐
네덜란드
64.165.2

밀짚모자를 쓴 자화상(앞면: 감자 깎는 여인)
Self-Portrait with a Straw Hat(obverse of

The Potato Peeler)
1887년
빈센트 반 고흐
네덜란드
67.187.70a

유대인 신부(이삭과 레베카)
The Jewish Bride(Isaac and Rebecca, known as)
1665~1669년경
렘브란트 판 레인
네덜란드
암스테르담 국립 미술관

멕시코만류
The Gulf Stream
1899년, 1906년(재작업)
윈즐로 호머
미국
06.1234

십자가에 못 박힌 예수
The Crucifixion
1420~1423년경
프라 안젤리코
이탈리아
43.98.5

참고 문헌

작품에 관한 사실 정보는 대부분 메트로폴리탄 미술관 홈페이지(metmuseum.org)를 참고했다. 작품마다 카탈로그 번호, 기술적 정보, 그리고 관련 출판물 정보를 담은 참고 문헌이 기재되어 있다. 메트의 공식 출판물은 거의 모두 metmuseum.org/art/metpublications에서 읽을 수 있으며 무료로 제공된다. 아래에 소개하는 책과 논문은 주제에 따라 분류했다.

그리스 미술

Bremmer, Jan. *The Early Greek Concept of the Soul*. Princeton, NJ: Princeton University Press, 1983.

Estrin, Seth. "Cold Comfort: Empathy and Memory in an Archaic Funerary Monument from Akraiphia." *Classical Antiquity* 35 (October 2016): 189–214. https://doi.org/10.1525/ca.2016.35.2.189.

Griffin, Jasper. *Homer on Life and Death*. Oxford: Clarendon Press, 1980.

Homer. *The Iliad*. Translated by Robert Fagles. New York: Viking Penguin, 1990.

Homer. *The Odyssey*. Translated by Robert Fagles. New York: Viking Penguin, 1996.

Kirk, G. S., and J. E. Raven. *The Presocratic Philosophers: A Critical History with a Selection of Texts*. Cambridge: Cambridge University Press, 1957.

Otto, Walter F. *The Homeric Gods: The Spiritual Significance of Greek Religion*. Translated by Moses Hadas. New York: Pantheon, 1954.

Sourvinou-Inwood, Christiane. *"Reading" Greek Death: To the End of the Classical Period*. Oxford: Clarendon Press, 1995.

Vermeule, Emily. *Aspects of Death in Early Greek Art and Poetry*. Berkeley: University of California Press, 1979.

기획전 <미완성>

Baum, Kelly, Andrea Bayer, and Sheena Wagstaff. *Unfinished: Thoughts Left Visible*. New York: Metropolitan Museum of Art, 2016. Published in conjunction with an exhibition held at the Met Breuer, March 18–September 4, 2016.

기획전 <미켈란젤로: 신이 내린 소묘 화가이자 디자이너>

Bambach, Carmen C., ed. *Michelangelo: Divine Draftsman & Designer*. New York: Metropolitan Museum of Art, 2018. Published in conjunction with an exhibition held at the Metropolitan Museum of Art, November 13, 2017–February 2, 2018.

Buonarroti, Michelangelo. *Michelangelo's Notebooks: The Poetry, Letters, and Art of the Great Master*. Edited by Carolyn Vaughan. New York: Black Dog & Leventhal, 2016.

Gayford, Martin. *Michelangelo: His Epic Life*. London: Fig Tree, 2013.

King, Ross. *Michelangelo and the Pope's Ceiling*. New York: Walker, 2003.

기획전 <지스 벤드 퀼트 작품전>

Beardsley, John, William Arnett, Paul Arnett, and Jane Livingston. *The Quilts of Gee's Bend*. Atlanta: Tinwood Books, 2002.

Finley, Cheryl, Randall R. Griffey, Amelia Peck, and Darryl Pinckney. *My Soul Has Grown Deep: Black Art from the American South*. New York: Metropolitan Museum of Art, 2018. Published in conjunction with *History Refused to Die: Highlights from the Souls Grown Deep Foundation Gift*, held at the Metropolitan Museum of Art, May 22–September 23, 2018.

Holley, Donald. "The Negro in the New Deal Resettlement Program." *Agricultural History* 45 (July 1971): 179–93.

메트로폴리탄 미술관의 역사

"Art Stolen in 1944 Mailed to Museum; 14th Century Painting on Wood Returned to Metropolitan with No Explanation. Panel Broken in Transit. Package Carelessly Wrapped—Expert Believes Damage Can Be Repaired." *New York Times*, January 19, 1949, 29.

Barelli, John, with Zachary Schisgal. *Stealing the Show: A History of Art and Crime in Six Thefts*. Guilford, CT: Lyons Press, 2019.

Bayer, Andrea, and Laura D. Corey, eds. *Making the Met, 1870–2020*. New York: Metropolitan Museum of Art, 2020. Published in conjunction with an exhibition held at the Metropolitan Museum of Art, March 30–August 2, 2020.

"The Cesnola Discussion; More About the Patched-up Cypriote Statues." *New York Times*, April 10, 1882, 2.

Daniels, Lee A. "3 Held in Theft of Gold Ring from Met." *New York Times*, February 16, 1980, 24.

"Five 17th Century Miniatures Are Stolen from Locked Case in Metropolitan Museum." *New York Times*, July 26, 1927, 1.

Gage, Nicholas. "How the Metropolitan Acquired 'The Finest Greek Vase There Is.'" *New York Times*, February 19, 1973, 1.

Gupte, Pranay. "$150,000 Art Theft is Reported by Met." *New York Times*, February 11, 1979, 1.

Hoving, Thomas. *Making the Mummies Dance: Inside the Metropolitan Museum of Art.* New York: Simon & Schuster, 1993.

"Lost to the Art Museum; A Pair of Gold Bracelets Missing from the Collection." *New York Times*, September 18, 1887, 16.

"Lost Goddess Neith Found in Pawnshop; Rare Idol of Ancient Egypt Stolen from Metropolitan Museum Pledged for 50 Cents." *New York Times*, April 24, 1910, 7.

McFadden, Robert D. "Met Museum Becomes Lost and Found Dept. for 2 Degas Sculptures." *New York Times*, February 10, 1980, 38.

"Metropolitan Art Thief Balked, but a Gang in France Succeeds." *New York Times*, April 23, 1966, 1.

"Metropolitan Museum Employee Is Held in Theft of Ancient Jewels." *New York Times*, January 25, 1981, 29.

"Museum Exhibits Come to Life Outdoors as Artful Guards Picket for Wage Rise." *New York Times*, July 3, 1953, 8.

"Museum Is Robbed of a Statuette of Pitt Between Rounds of Guards." *New York Times*, February 5, 1953, 25.

"On (Surprisingly Quiet) Parisian Night, a Picasso and a Matisse Go Out the Window." *New York Times*, May 20, 2010.

Phillips, McCandlish. "Hole Poked in $250,000 Monet at Metropolitan, Suspect Seized." *New York Times*, June 17, 1966, 47.

"Thief Takes a 14th Century Painting from Wall at Metropolitan Museum." *New York Times*, March 23, 1944, 14.

"$3,000 Prayer Rug Is Stolen in Museum but Guard Finds It Hidden Under Man's Coat." *New York Times*, December 16, 1946, 28.

Tomkins, Calvin. Merchants and Masterpieces: *The Story of the Metropolitan Museum of Art*. New York: Dutton, 1970.

무기와 갑옷

Rasenberger, Jim. *Revolver: Sam Colt and the Six-Shooter That Changed America*. New York: Scribner, 2020.

사진

Daniel, Malcolm. *Stieglitz, Steichen, Strand: Masterworks from the Metropolitan Museum of Art*. New York: Metropolitan Museum of Art, 2010. Published in conjunction with an exhibition held at the Metropolitan Museum of Art, November 10, 2010–April 10, 2011.

아메리카 미술

Belson, Ken. "A Hobby to Many, Card Collecting Was Life's Work for One Man." *New York Times*, May 22, 2012.

Flexner, James Thomas. *First Flowers of Our Wilderness*. Volume 1 of *American Painting*. Boston: Houghton Mifflin, 1947.

Garrett, Wendell D. "The First Score for American Paintings and Sculpture, 1870–1890." *Metropolitan Museum Journal* 3 (1970): 307–35. https://doi.org/10.2307/1512609.

O'Neill, John P., Joan Holt, and Dale Tuckers, eds. *A Walk Through the American Wing*. New York: Metropolitan Museum of Art; New Haven: Yale University Press, 2001.

아시아 미술

Bush, Susan, and Hsio-yen Shih, eds. *Early Chinese Texts on Painting*. Cambridge, MA: Harvard-Yenching Institute, Harvard University Press, 1985.

Fong, Wen C. *Beyond Representation: Chinese Painting and Calligraphy 8th–14th Century*. New York: Metropolitan Museum of Art; New Haven: Yale University Press, 1992.

Foong, Ping. "Guo Xi's Intimate Landscapes and the Case of *Old Trees, Level Distance*." *Metropolitan Museum Journal* 35 (2000): 87–115. https://doi.org/10.2307/1513027.

Hammer, Elizabeth. *Nature Within Walls: The Chinese Garden Court at the Metropolitan Museum of Art. A Resource for Educators*. New York: Metropolitan Museum of Art, 2003.

아프리카 미술

Ezra, Kate. *Royal Art of Benin: The Perls Collection in the Metropolitan Museum of Art*. New York: Metropolitan Museum of Art, 1992. Published in conjunction with an exhibition held at the Metropolitan Museum of Art, January 16–September 13, 1992.

LaGamma, Alisa, ed. *Kongo: Power and Majesty*. New York: Metropolitan Museum of Art, 2015. Published in conjunction with an exhibition held at the Metropolitan Museum of Art, September 18, 2015–January 3, 2016.

Neyt, François. *Songye: The Formidable Statuary of Central Africa*. Translated by Mike Goulding, Sylvia Goulding, and Jan Salomon. New York: Prestel, 2009.

악기

Morris, Frances. *Catalogue of the Crosby Brown Collection of Musical Instruments* Vol. II, *Oceania and America*. New York: Metropolitan Museum of Art, 1914.

Winans, Robert B., ed. *Banjo Roots and Branches*. Champaign: University of Illinois Press, 2018.

유럽 미술

Ainsworth, Maryan W., and Keith Christiansen, eds. *From Van Eyck to Bruegel: Early Netherlandish Painting in the Metropolitan Museum of Art*. New York: Metropolitan Museum of Art, 1998. Published as a catalogue of key works in the collection of the Metropolitan Museum of Art, and serves to accompany the exhibition of those works held on September 22, 1998–January 3, 1999.

Bayer, Andrea. "North of the Apennines: Sixteenth-Century Italian Painting in Venice and the Veneto." *Metropolitan Museum of Art Bulletin* 63 (Summer 2005).

Christiansen, Keith. *Duccio and the Origins of Western Painting*. New York: Metropolitan Museum of Art; New Haven: Yale University Press, 2008.

Freedberg, Sydney Joseph. *Painting of the High Renaissance in Rome and Florence*. New York: Harper & Row, 1972.

Gogh, Vincent van. *Van Gogh: A Self-Portrait. Letters Revealing His Life as a Painter*. Selected by W. H. Auden. Greenwich, CT: New York Graphic Society, 1961.

Kanter, Laurence, and Pia Palladino. *Fra Angelico*. New York: Metropolitan Museum of Art; New Haven: Yale University Press, 2005. Published in conjunction with an exhibition held at the Metropolitan Museum of Art, October 26, 2005–January 29, 2006.

Kerssemakers, Anton. Letter to the editor, *De Groene*, April 14, 1912. In *Van Gogh's Letters: Unabridged and Annotated*. Edited by Robert Harrison. Translated by Johanna van Gogh-Bonger. Rockville, MD: Institute for Dynamic Educational Advancement. http://www.webexhibits.org/vangogh/letter/15/etc-435c.htm.

Orenstein, Nadine M., ed. *Pieter Bruegel the Elder: Drawings and Prints*. New York: Metropolitan Museum of Art; New Haven: Yale University Press, 2001. Published in conjunction with an exhibition held at the Museum Boijmans Van Beuningen, Rotterdam, May 24–August 5, 2001, and at the Metropolitan Museum of Art, September 25–December 2, 2001.

Strehlke, Carl Brandon. *Italian Paintings 1250–1450 in the John G. Johnson Collection* and the Philadelphia Museum of Art. Philadelphia: Philadelphia Museum of Art; University Park, PA: Penn State University Press, 2004.

이슬람 미술

Chittick, William C. Ibn 'Arabi: Heir to the Prophets. Oxford: Oneworld, 2005.

Chittick, William C. Science of the Cosmos, Science of the Soul: The Pertinence of Islamic Cosmology in the Modern World. Oxford: Oneworld, 2007.

Ekhtiar, Maryam D., Priscilla P. Soucek, Sheila R. Canby, and Navina Najat Haidar, eds., Masterpieces from the Department of Islamic Art in The Metropolitan Museum of Art. New York: Metropolitan Museum of Art, 2011. Published in conjunction with the reopening of the Galleries for the Art of the Arab Lands, Turkey, Iran, Central Asia, and Later South Asia on November 1, 2011.

Kennedy, Randy. "History's Hands." New York Times, March 17, 2011.
Muslu, Cihan Yüksel. The Ottomans and the Mamluks: Imperial Diplomacy and Warfare in the Islamic World. New York: I. B. Tauris, 2014.

Nicolle, David. The Mamluks: 1250–1517. London: Osprey, 1993.

Sutton, Daud. Islamic Design: A Genius for Geometry. New York: Bloomsbury, 2007.

이집트 미술

Arnold, Dieter. Temples of the Last Pharaohs. New York: Oxford University Press, 1999.

Assmann, Jan. The Mind of Egypt: History and Meaning in the Time of the Pharaohs. Translated by Andrew Jenkins. New York: Metropolitan Books, 2002.

Roehrig, Catharine H. Life Along the Nile: Three Egyptians of Ancient Thebes. Metropolitan Museum of Art Bulletin 60 (Summer 2002).

Roehrig, Catharine H., with Renée Dreyfus and Cathleen A. Keller, eds. *Hatshepsut: From Queen to Pharaoh.* New York: Metropolitan Museum of Art; New Haven: Yale University Press, 2005. Published in conjunction with an exhibition held at the Fine Arts Museums of San Francisco / de Young, October 15, 2005–February 5, 2006; at the Metropolitan Museum of Art, March 28–July 9, 2006; and at the Kimbell Art Museum, Fort Worth, August 27–December 31, 2006.

클로이스터스

Barnet, Peter, and Nancy Wu. *The Cloisters: Medieval Art and Architecture.* New York: Metropolitan Museum of Art, 2005.

현대미술

Sw!pe Magazine, Spring 2010.

Sw!pe Magazine, Spring 2011.

Sw!pe Magazine, Spring 2012.

Tinterow, Gary, and Susan Alyston Stein, eds. *Picasso in the Metropolitan Museum of Art.* New York: Metropolitan Museum of Art; New Haven: Yale University Press, 2010. Published inconjunction with an exhibition held at the Metropolitan Museum of Art, April 27–August 1, 2010.

ALL THE BEAUTY IN THE WORLD

옮긴이 **김희정**

가족과 함께 영국에서 살면서 전문 번역가로 활동하고 있다. 옮긴 책으로 『아인슈타인과 떠나는 블랙홀 여행』, 『나무의 모험』, 『장하준의 경제학 강의』, 『어떻게 죽을 것인가』, 『인간의 품격』, 『채식의 배신』, 『그들이 말하지 않는 23가지』, 『견인 도시 연대기』(전4권), 『진화의 배신』, 『랩 걸』, 『잠깐 애덤 스미스 씨, 저녁은 누가 차려줬어요?』, 『우주에서 가장 작은 빛』, 『완경 선언』, 『배움의 발견』, 『장하준의 경제학 레시피』, 『스웨트』 등이 있다.

옮긴이 **조현주**

컬럼비아대 미술사학과와 동경예술대 대학원을 졸업하고 현재 런던예술대 박사 과정에 재학 중이다. 2016년 메트로폴리탄 미술관 인턴 큐레이터로도 일했다. 글과 인터뷰, 사진, 기물 설치에 관심을 두는 동시대 예술 연구자로 활동하면서 예술의 생태, 가치, 예술 노동 등의 화두에 주목하고 있다. 동시에 번역 연구 모임 Translation Cases를 운영하며 다수의 논문과 전시 도록 번역에 참여하고 있다.

나는 메트로폴리탄 미술관의 경비원입니다

초판 1쇄 발행 2023년 11월 24일
초판 35쇄 발행(양장 특별판) 2024년 11월 24일
개정판 1쇄 발행 2025년 9월 25일
개정판 7쇄 발행 2026년 1월 19일

지은이 패트릭 브링리
옮긴이 김희정 조현주

발행인 윤승현 단행본사업본부장 신동해
편집장 김예원 책임편집 김보람
교정교열 이정현
표지 디자인 어나더페이퍼 본문 디자인 [★]규
마케팅 최혜진 강효경 홍보 허지호
국제업무 김은정 김지민 제작 정석훈

브랜드 웅진지식하우스
주소 경기도 파주시 회동길 20
문의전화 031-956-7352(편집) 031-956-7088(마케팅)
홈페이지 www.wjbooks.co.kr
인스타그램 www.instagram.com/woongjin_readers
페이스북 www.facebook.com/woongjinreaders
블로그 blog.naver.com/wj_booking

발행처 ㈜웅진씽크빅 출판신고 1980년 3월 29일 제406-2007-000046호

한국어판 출판권 ⓒ ㈜웅진씽크빅, 2025
ISBN 978-89-01-29745-3 03840

- 웅진지식하우스는 ㈜웅진씽크빅 단행본사업본부의 브랜드입니다.
- 이 책 내용의 전부 또는 일부를 이용하려면 반드시 저작권자와 ㈜웅진씽크빅의 서면동의를 받아야 합니다.
- 잘못 만들어진 책은 구입하신 곳에서 바꿔드립니다.
- 책값은 뒤표지에 있습니다.